快递行业培训系列丛书

快递服务礼仪与规范

王为民 ◎ 主编

张博超 王欣 ◎ 副主编

人民邮电出版社

北 京

图书在版编目（CIP）数据

快递服务礼仪与规范 / 王为民主编. -- 北京 ：人
民邮电出版社，2012.9
ISBN 978-7-115-28995-7

Ⅰ．①快… Ⅱ．①王… Ⅲ．①邮件投递－工作人员－
礼仪②邮件投递－工作－规范 Ⅳ．①F618.1

中国版本图书馆CIP数据核字(2012)第182200号

内 容 提 要

　　本书立足快递行业服务标准化的要求，紧扣快递行业从业人员服务礼仪与服务规范，分上下两篇全面系统地介绍了快递行业从业人员的服务礼仪与服务规范。上篇介绍了快递从业人员的基本形象礼仪、言谈礼仪和日常交往礼仪；下篇按照快递从业人员的不同岗位分别介绍了快递企业的窗口收寄、揽收投递、电话客服、业务营销等岗位的服务规范与要求。本着提高快递企业不同岗位人员服务技能的宗旨，整合序化教学内容，构建了"案例引导+理论+知识拓展+实践项目"四位一体的教材组织架构。

　　本书以提升快递企业基层岗位员工的服务技能为目标，适合作为高职院校快递服务与管理专业、邮政速递管理专业及相关专业的教材。此外，本书还可作为国内各快递企业服务人员礼仪及服务规范的培训教材和教学参考书，本书还适合快递企业一线揽投服务人员自学之用。

快递服务礼仪与规范

◆ 主　　编　王为民

　　副 主 编　张博超　王　欣

　　责任编辑　刘　琦

◆ 人民邮电出版社出版发行　　北京市崇文区夕照寺街 14 号
　　邮编　100061　电子邮件　315@ptpress.com.cn
　　网址　http://www.ptpress.com.cn
　　北京科印技术咨询服务有限公司数码印刷分部印刷

◆ 开本：700×1000　1/16
　　印张：15　　　　　　　　　　　　2012 年 9 月第 1 版
　　字数：370 千字　　　　　　　　　2024 年 12 月北京第 11 次印刷

ISBN 978-7-115-28995-7

定价：31.00 元

读者服务热线：(010)67170985　印装质量热线：(010)67129223
反盗版热线：(010)67171154
广告经营许可证：京东市监广登字20170147号

　　"快递服务礼仪与服务规范"课程是高职高专快递服务与管理专业的核心专业课程，但是相关的快递服务礼仪与服务规范的教材在市场上寥寥无几。本书针对高职高专快递专业培养高素质技能型人才的培养目标，密切跟踪快递行业发展对服务规范不断提出的新要求和新变化，融合快递服务国家标准的相关内容，结合编者多年的快递专业教学经验进行编写。本书内容吸收了社会上其他服务行业相关的服务礼仪知识与案例，在保持服务行业服务礼仪与服务规范共性的基础上，又突出了快递行业服务礼仪与服务规范的特色性。

　　本书强化快递行业重视客户服务与客户体验的宗旨，注重培养学生的主动服务意识和服务技能；课程以服务快递行业为宗旨、以提高快递基层员工的职业素养和服务技能为指导方针，突出快递服务规范的重要性，把重点放在快递企业各岗位员工服务礼仪的实际应用与服务规范的技能训练上。作为快递服务与管理专业的专业课，课程在内容上紧密结合当前快递企业对员工服务技能的全新要求，重在培养学生的职业能力，本课程在具体实施时注重实践性教学环节，注重教、学、练有机结合，力求理论与实践的一体化，并有针对性地采取案例分析、小组讨论、情境模拟、角色扮演等多重导向的教学模式，体现理论性、实践性、实用性和开放性的要求，力求通过本课程的学习，提高学生快递企业基层岗位的服务意识和客户服务技能。

　　本书以快递服务人员在各个基层岗位的服务过程为主线，将内容体系分为快递服务礼仪与快递服务规范上下两篇，坚持"教学内容实用性、教学方式灵活性、教学项目与岗位实际的对应性"的教学改革方向。在上篇中主要对快递员工的基本常用礼仪进行分类别的具体介绍，这是快递服务的基础；下篇则是针对快递企业的各个主要岗位分章对每个岗位的具体服务规范进行了阐述和解释，使学习者可以有目的地针对感兴趣的岗位进行重点学习。每章的开始设计了"学习目标"和"引导案例"，让学生在学习之前进行主动思考，并通过案例分析引出相关问题，采取问题导向式的学习模式；每章的教学内容中穿插一些阅读材料和小故事，增加趣味性和时代感；每章结束后提供了本章小结、课后阅读、复习思考题、课内或课外实践、案例分析，这些内容既强调了每章学习重点，又强化了技能训练，同时拓展了学生的视野，全方位提高了快递从业人员的服务意识、服务礼仪水平，规范了各岗位的服务技能。最后，本书还配备了丰富多彩的图片和表格，力求图文并茂，增加本书的可读性。

　　本书由高职院校的快递专业授课教师编著，在编著过程中，编者一方面结合自己在相关课程上的授课经验和方法，另一方面走访了邮政速递物流公司及一些国内有影响力的民营快递企业，收集了大量最新的第一手材料和相关案例应用于教材中。

本书由石家庄邮电职业技术学院速递物流系王为民教授负责统稿和审定，本书具体编写分工如下：第 1 章、第 5 章～第 11 章由石家庄邮电职业技术学院张博超老师编写，第 2 章～第 4 章由陕西邮电职业技术学院王欣老师编写。

由于作者水平有限，书中难免有不妥和疏漏之处，敬请广大读者批评赐教，以便我们及时修正。在此，欢迎同行和广大读者互相交流。

编 者

2012年6月

目 录

上篇

快递服务礼仪

　　快递行业是目前快速发展的一个新兴行业，同时也是竞争激烈的一个行业，其快速发展需要良好的快递企业形象作为支撑。从整个快递行业来说，外资快递企业、国有快递企业以及国内的民营快递企业若想在竞争激烈的快递市场中站稳脚跟，必须有良好的自身企业形象做后盾。企业形象的树立需要企业员工的自觉行动，标准化服务礼仪的贯彻是树立快递企业形象的前提条件。

　　为了把礼仪服务落实为快递企业员工的自觉行动，必须使每位员工，特别是领导者真正树立起牢固的企业形象意识，必须提高员工的整体素质。要把服务礼仪与员工的业务技能培训紧密结合，在员工整体的能力素质得到提升的同时，使他们具备一定的内在气质与修养，把礼仪服务不折不扣地落实在具体工作当中，这是推动快递企业服务水平不断提升的重要因素。

第一章

快递服务礼仪概述

 学习目标

　　学生通过本章内容的学习，熟悉快递服务礼仪的含义与基本特点，了解快递企业加强快递礼仪服务的重要性，掌握快递服务礼仪的基本原则、包含的主要内容，以及快递服务工作的特点。

 引导案例

小处不可随便

　　传说有人把于右任先生写的"不可随处小便"重新组合装裱，于是就有了"小处不可随便"的典故。其实，"小处不可随便"是中国人自古以来就贯彻的一条处世原则。古语道："战战栗栗，日谨一日。人莫踬于山，而踬于垤。"意在告诫人们时时提防被小土堆绊倒，这或许是有关"小处不可随便"的最古老的箴言。

　　不光是中国，外国人也有类似的观念。针眼大的窟窿斗大的风，小处随便的人往往不受欢迎，在某些特殊的场合甚至会造成致命的后果。这方面最典型的例子大概是18世纪的法国公爵奥古斯丁。1786年，法国国王路易十六的王后玛丽·安托瓦内特到巴黎戏剧院看戏，全场起立鼓掌。年轻而放荡不羁的奥古斯丁为了引起王后的注意，面向王后吹了两声很响的口哨。当时吹口哨被视为严重的调戏行为，国王大怒，把奥古斯丁投入监狱。而奥古斯丁入狱后似乎就被人遗忘了，既不审讯，也不判刑，就日复一日地关着。后因时局变化，他也曾有过再次出狱的机会，但阴差阳错，终究还是无人问津。直到1836年老态龙钟的奥古斯丁才被释放，当时已经72岁。两声口哨换来50年的牢狱之灾，实在是天大的代价。

与此相反，一滴水可以折射太阳的光辉，小处端正的人往往能取得人们的信任。法国有个银行大王，名字叫恰科，但他年轻时并不顺利，52 次应聘均遭拒绝。第 53 次他又来到了那家最好的银行，直接找到董事长，希望通过面谈，让董事长了解和接纳自己，可是没谈几句就又被拒绝了。恰科有些失意和气愤，但还是保持着平静和礼貌，他说完再见，转过身，低头往外走去。忽然，看见地上有一枚大头针，横在离门口不远的地方。他知道大头针虽小，弄不好也能对人造成伤害，就弯腰把它捡了起来。第二天，他出乎意料地接到了这家银行的录用通知书。原来，他捡大头针的举动被董事长看见了。从这个不经意的小动作中，董事长发现了他品格中的闪光的东西。这样精细的人是很适合做银行职员的。于是，董事长改变主意决定聘用他。恰科也因此得到了施展才华的机会，走向了成功之路。

思考：

你是怎样理解"小处不可随便"这句话的？结合快递企业的岗位谈谈怎样把它应用在快递企业的服务礼仪中。

第一节　快递服务礼仪的含义与特点

一、快递服务礼仪的含义

（一）礼仪概述

1. 礼仪含义

我国素有"礼仪之邦"的美誉，中国礼仪文化源远流长，绵延数千年，它是人类文化的一个重要组成部分，反映着人类社会的文明和进步。

所谓礼仪，是指一定社会结构中人与人之间交往的某种方式和程序，以及实施交往行为过程中相互间表达尊重及友好意愿的行为规范与准则。

礼，本意为敬神，是表示敬意的通称，是人们在社会生活和交往中，通过约束自己的行为、尊重他人来改善人际关系的准则。礼，属于道德的范畴，渗透于人们的日常生活中，体现着人们的道德观念，规范着人们的交往行为。仪，通常指人的外表或指某种仪式，大致有三方面的含义：①礼节、仪式；②法度、准则；③容貌、举止等。礼仪包含了礼貌、礼节、仪表、仪式等内容。

礼貌，一般是指在人际交往中，通过言语、动作、表情、仪表、仪态等方面向交往对象表达尊重、友好、谦虚和恭敬。

礼节，是指人们在日常生活和社交场合中，对他人表示友好、尊重、祝贺、问候、感谢、哀悼、慰问等所惯用的形式。它实际上是礼貌的具体表现方式。

仪表，一般指人的外表，包括容貌、姿态、服饰、风度、个人卫生等。

仪式，是指在一定场合举行的具有专门程序的规范化的活动，如开幕式、升旗仪式、剪彩仪式、宣誓仪式以及服务程式等。

总之，礼貌、礼节、仪表、仪式都是以礼为前提和纽带的，是礼仪从不同角度的具体表现，它们之间是相互渗透、相互联系的。礼貌是礼仪的基础，是礼的行为规范；礼节是礼貌的具体表现形式，是礼的惯用形式；仪表是表示礼貌的系统的完整的过程；仪式又能较好地表现礼貌、礼节和仪表。

2. 礼仪的特征

礼仪作为社会交往中用以沟通思想、交流感情、促进了解、传递信息、规范行为的一种特殊工具和形式，具有以下特征。

（1）社会性

礼仪是一种社会规范，是调整社会成员在社会生活中相互关系的行为准则，是社会各民族、各阶层、各党派、各团体的人所应当共同遵循的。礼仪是以约定俗成的民族习惯和特定文化为依据的，集中反映了一定范围内人们的共同心理、文化和习惯，它不是存在于个别人之中，而是必须得到社会广泛的认可，才能成为人们共同遵循的行为规范。

（2）继承性

礼仪是一个国家、民族文化的重要组成部分，是在本民族固有的传统文化基础上，通过不断吸收其他民族的礼仪文化而逐步完善和发展起来的。任何一种文化都具有继承性，礼仪规范是将人们在长期生活和交往中的习惯以准则的形式固定下来，并且被人们认可。作为一种长期的文化积累，礼仪凝聚了一个国家、民族的人文理念和思维方式。我国是文明古国，正是有几千年来的修礼、崇礼、习礼，才构筑成了完整的中国传统礼仪文化。现代礼仪是在剔除迷信、落后的礼仪的基础上，继承了优秀的传统并加以发扬光大的。

（3）差异性

礼仪是人类历史发展过程中逐步形成并积累下来的一种文化载体，往往因为时间、空间和对象的不同而产生差异。不同民族由于信仰不同而有着不同的礼仪要求；同一民族因时代不同、地域不同、个体不同、生活习惯不同而使得礼仪要求也有差异；不同个体因生活环境、工作领域、文化素养、宗教信仰的不同亦有所差异。

（4）发展性

礼仪规范不是一成不变的，由于社会的不断发展，历史的不断进步，社交范围的不断扩大，人际交往的进一步深化，加上全球经济一体化使得国际间的交流日趋频繁，这些新情况、新特点的出现，要求礼仪也要不断变化和发展。现代礼仪的发展总趋势是礼仪活动更加文明、真诚、融洽、简捷、实用。

（5）综合性

礼仪的综合性表现在两个方面：一是礼仪是一门边缘学科，因此，它内涵较小而外延较广，与其他学科有很大交叉，涉及的学科有公共关系学、美学、伦理学、市场学、语言学、传播学、心理学、民俗学等；二是礼仪包含的内容很丰富，大致有语言规范、仪容规范、仪态规范、服饰规范、职业道德规范、工作岗位规范等，而且针对其中每个具体内容，又都作出了严格的规定。

（二）快递服务礼仪的内涵

快递企业身处在一个竞争激烈的行业中，其员工的一言一行、一举一动都关系到企业自身的形象，甚至还会关系到国家的形象。因此，快递企业员工在提高文化素质和业务技能的同时，学习礼仪，遵行礼仪，用礼仪标准规范自己的言行是非常重要的。

快递服务礼仪是快递企业员工在服务活动中，用以维护快递服务的良好形象，对客户表示尊敬与友好的规范与程式，是一般礼仪在快递业务中的具体运用和体现。

快递服务礼仪是社会礼仪的重要组成部分，但它又不同于一般的人际交往礼仪。快递服务礼仪比一般的人际交往礼仪更具特殊性，内容也更为丰富，它不仅以对客户的尊重为基础，还要根据不同的场合、对象、内容及要求，借助语言、举止、表情、仪容等不同形式来体现这种尊重。同一般人际交往的礼仪相比，快递服务礼仪有很强的规范性和可操作性，并且与快递业务的经济效益密切相关，影响到快递企业的形象，甚至关系到企业未来的生存和发展。

为了提高快递客户服务人员的服务能力，全国各省、直辖市、自治区陆续举办了快递业务员职业技能考试，其中考查的知识就包含着服务礼仪的内容。

图 1.1　快递业务员职业技能考试考场

快递服务礼仪活动的主体是快递企业的员工。每个员工与广大客户直接接触，他们的一言一行都会影响到快递企业的形象和信誉，所以他们在工作中既要掌握日常交往的礼仪，又要遵守快递服务工作中的规范和准则，把礼仪服务与所从事的具体工作相结合。

快递服务礼仪活动的对象是与快递企业有内在联系的广大客户，主要有各级各类行政机关企事业单位、各种团体和广大人民群众。这些客户在所处地域、文化环境、宗教信仰、生活习惯及个人的兴趣爱好等方面都有很大差异。这就要求快递员工在具体的服务工作中应根据服务对象的不同特点，有针对性地开展礼仪活动。

二、快递服务礼仪的特点

快递服务礼仪除了具有一般礼仪的特征外，还具有以下特点。

（1）实践性

研究和完善快递服务礼仪有关理论的最终目的，是为了在实际工作中更好地应用礼仪知识开展服务工作。快递服务礼仪的产生是快递服务客观发展的必然要求，它来源于快递企业服务的实际工作，贯穿于整个业务的始终，并将在深化快递服务质量的工作中不断得到充实与完善，具有广泛的、较强的社会实践性。

（2）专业性

快递服务礼仪是以快递业务为基础发展起来的，其本身具有很强的专业性，从事快递企业服务的工作人员必须经过快递行业专业知识的培训，培养和提高自身的专业修养，其包括业务水平和操作技能。

（3）规范性

快递服务礼仪的规范性是指将快递企业不同岗位的服务人员在服务中的待人接物、礼貌用语、举止仪态及仪表修饰等加以规范，使之合乎礼仪标准，包括服务语言的规范性、服务行为的规范性、仪容仪表的规范性，以及操作流程的规范性等。这些是每个快递员工在为客户服务中必须遵守的规范，这些规范是判断员工是否自律和尊敬客户的一个标尺，也是衡量快递企业服务质量和服务水平的重要标志，对树立快递企业的良好形象起着关键的作用。

（4）服务性

快递企业为社会提供的"产品"是通过服务产生有益效用的，而加强礼仪服务的目的，就是使快递企业服务逐步走上标准化、规范化和科学化的轨道。一般礼仪主要用于日常的人际交往，而快递服务礼仪更多的是用于快递业务对客户的服务中，必须把保证服务质量放在第一位。因此，快递服务礼仪具有明显的服务性，从另一个角度上说它是为快递服务提供"服务"的。

第二节　快递服务礼仪的总体要求

一、快递服务礼仪的基本原则

快递企业经营的业务面临的是整个快递行业的大市场，竞争非常激烈，它的服务对象也很广，涉及各阶层、各行业、各民族的人士，他们的年龄、职业、民族、文化、风俗习惯、宗教信仰等都各有不同，要服务好这些客户，真正满足他们的需求，使他们在享受快递服务的同时感到心情舒畅，就要求快递员工遵守如下快递服务礼仪基本原则。

（一）遵守原则

礼仪规范是为维护社会生活的稳定而形成和存在的，实际上是反映了人们的共同利益要求。社会上的每个成员不论身份高低、职位大小、财富多寡，都有自觉遵守、应用礼仪的义务，都要以礼仪去规范自己的一言一行、一举一动。如果违背了礼仪规范，会受到社会舆论的谴责，自然交际就难以成功。

> **课堂案例　快递延迟谁之过**
>
> 　　一次，有个客户用快递给自己的某位客户寄一份文件，通知对方第二天早晨就能收到。收件客户第二天等了一上午也未收到，于是打电话到快递公司询问，得知由于快递员找不到投递单上的地址，拨打投递单上的联系电话是一位老人接的，说没有这回事，所以没有送到。收件客户说现在告诉你详细的地址，能不能在下午 2 点之前把东西送过来。对方的回复是"快递员要吃中午饭，要休息，最早只能在下午 3 点送到。如果等不及的话，可以自己到公司把货物拿走"。如此答复对于这位客户来讲，下次可能不会再选择这家快递公司。
>
> 　　造成这种情况的原因恐怕不是不懂礼仪知识，主要还是快递员不懂得遵守职业操守，对礼仪规则遵守得不够造成的。

　　快递员工在为客户服务时，用礼仪去规范自己在服务工作中的言行举止，做到遵守公德，守信重诺。

　　遵守公德，就是要求快递员工要严格遵守公共道德。快递员工要将礼仪服务与社会公德结合起来，使两者相互辉映、和谐统一，才能使快递服务达到最为完美的境界。

　　守信重诺，就是要求快递员工在服务过程中言行一致，遵守诺言。现在许多邮政速递局都在实行邮政服务的"首问负责制"，就是要求每一位快递员工要对咨询或服务的客户负责到底。这项制度受到了客户的广泛欢迎，取得了良好效果。

（二）尊重原则

　　孔子说："礼者，敬人也。"敬人是礼仪的一个基本原则，它要求人们在交际活动中互尊互敬，友好相待，对交往对象要重视、恭敬。其实"礼"的本源就是敬人，"礼"的繁体字为"禮"。据考证，"礼"来源于古代祭祀活动。在卜辞中，"礼"写作"豊"，即"曲"、"豆"之合。众多玉石放在盆子里便是"曲"，把盛玉石的盆子放在支架上便是"豊"。"豊"是供人们进行祭祀活动用来敬神的，因此后来加上"示"字旁，便演变成繁体字的"禮"字，用来表示尊敬的意思。所以尊敬是"礼"的本义，是礼仪的重点和核心。在对待他人的诸多做法中最重要的一条，就是要敬人之心长存，处处不可失敬于人，不可伤害他人的个人尊严，更不能侮辱对方的人格。可以说，掌握了敬人的原则就等于掌握了礼仪的灵魂。

小资料

> 　　尊敬的作用是十分巨大的。日本东芝电器公司，曾一度陷入困境，员工士气低落。当士光敏夫出任董事长时，他经常不带秘书，一个人深入各工厂与工人聊天，听工人的意见，更有意思的是，士光敏夫还经常提着一瓶酒去慰劳员工，与他们共饮。他终于赢得了公司上下的支持，员工的士气也高涨起来了。在三年内，士光敏夫终于重振了幕日穷途的东芝公司。士光敏夫的诀窍就是关心、重视、尊重每一个员工，"敬人者，人恒敬之"，他同时也赢得了员工的信服与支持。

　　快递员工在服务中，应做到"四个不讲"（即粗话、脏话不讲，训斥、挖苦的话不讲，有伤自尊心的话不讲，有损人格的话不讲）和"五个一样"（即领导群众一样对待，生人熟人一样尊敬，大人小孩一样热情，情绪好坏一样微笑，查与不查一样认真）。

课堂案例　我不愿意在礼貌上不如任何人

《林肯传》中有这样一件事：一天，林肯总统与一位南方的绅士乘坐马车外出，途遇一老年黑人深深地向他鞠躬。林肯点头微笑并也摘帽还礼。同行的绅士问道："为什么你要向黑人摘帽？"林肯回答说："因为我不愿意在礼貌上不如任何人。"可见林肯深受美国人民的热爱是有其原因的。1982 年美国举行民意测验，要求人们在美国历届的 40 任总统中挑选一位"最佳总统"时，名列前茅的就是林肯。

思考：林肯向老年黑人脱帽致礼体现了礼仪的哪一项原则？

（三）宽容原则

一般来说，交往双方的心理总存在一定的距离，存在不相容的心理状态，这种差异会在交往者之间产生思想隔膜，甚至会使关系僵化，要想缩小这种心理上的差异，求得人与人之间能多一份和谐、多一份信赖，就必须抱着宽容之心。宽容就是要求人们既要严于律己，又要宽以待人，要多容忍他人，多体谅他人，多理解他人，而不能求全责备，斤斤计较，过分苛求，咄咄逼人。唯有宽容才能排除人际交往中的各种障碍，不能宽容他人的人，往往会得理不饶人，使人际间关系恶化。共性是寓于个性之中的，人们应该维护和发展共性，以理解和宽容来增强人们之间的凝聚力。

作为快递企业的员工，应以实现业务量为前提，对客户的不理解采取宽容态度，只要是有利于快递企业的发展，有利于维护好快递服务的形象，个人受点委屈又何妨？目前有些快递企业专门设立了"委屈奖"、"忍耐奖"等，表彰那些受到客户不理解或刁难而始终彬彬有礼、礼貌周到的员工。

（四）真诚原则

交际礼仪的运用基于交际主体对他人的态度，如果能抱着诚意与对方交往，那么交际主体的行为自然而然地便显示出对对方的关切与爱心。因为无论用何种语言表达，行为则是最好的证明。在通常情况下人们可以用假话来掩饰自己的企图，却无法用行为来掩饰自己的空虚，因为体态语是无法掩饰虚假的。因此，唯有真诚，才能使你的行为举止自然得体；与此相反，倘若仅把运用礼仪作为一种道具和伪装，在具体操作礼仪规范时口是心非、言行不一，弄虚作假，投机取巧，或是当面一个样，背后一个样，有求于人时一个样，被人所求时又一个样，将礼仪等同于"厚黑学"，是违背交际礼仪的基本原则的。

使每位客户都体会到快递企业员工的真诚与热情，就一定能赢得客户，赢得市场，在竞争激烈的快递市场中处于不败之地。

（五）适度原则

俗话说："礼多人不怪。"人们讲究礼仪是基于对对方的尊重，这是无可厚非的，但是凡事过犹不及，人际交往要因人而异，要考虑时间、地点、环境等条件。做到热情要适度，谈吐要适度，举止要适度。如果施礼过度或不足，都是失礼的表现。比如见面时握手时间过长，或是见谁都主动伸手，不讲究主次、长幼、性别；告别时一次次地握手，或是不停地感谢，让人觉得厌烦。礼仪的施行只是内心情感的表露，只要内心情感表达出来，就完成了礼仪的使命。如果一味反复重复，似乎有别人不理解、不领情之嫌，画蛇添足，实无必要。

快递企业员工应力争做到热情友好、谦虚谨慎、殷勤接待、自尊自爱、端正稳重、不卑不亢，并使之恰如其分。

（六）自律原则

快递企业员工应加强道德修养，用速递服务礼仪规范自己的言行，从点滴做起。在日常生活中注意养成良好的习惯，尤其是前台营业员、快递员和营销员在与客户交往中，应当有意识地检点、约束自己的个人行为，在岗位上不吃零食，不吸烟，不乱扔废物，不随地吐痰，不违反交通规则，尽量防止自己的行为影响、打扰甚至妨碍到他人，做一个文明守法的公民。

二、快递服务礼仪的内容

快递服务礼仪因其行业的特殊性有着自身特殊的要求，随着社会对快递业务需求的不断增加，快递服务不断朝着多层次、全方位的方向发展，快递企业服务礼仪将会不断被赋予新的内涵，并在实践中得到发展和完善。

快递服务礼仪的主要内容一般包括以下几个方面的内容。

（一）快递员工基本礼仪规范

1. 言谈礼仪

快递员工的服务需要与客户有很多接触，语言技巧运用如何，直接影响着快递业务在客户中的形象，而良好的人际关系又是提高快递服务质量的保证。语言的运用必须合乎礼仪规范的要求。首先，要具有良好的逻辑思维能力和语言表达能力，自己要说明的意思要明白无误地表达出来，不要含糊其辞，使人不得要领，产生厌烦。其次，称谓要得体，语言要礼貌。无论在哪种场合，正确而恰当地使用称谓是一种礼貌，更能很好地反映讲话者对对方的尊敬和亲切，使双方心灵沟通，感情融洽，缩短彼此的心理距离。再次，神情要专注，谈话要讲究艺术。快递企业员工在与客户的交往中，应把注意力集中在客户身上和谈话的内容上，不能满不在乎、心不在焉，否则不仅没有礼貌，还会引起客户的反感。语言技巧运用得好，不仅可以唤起客户的好感，使对方乐于与你交谈，而且能与客户之间形成一种信任、亲切的气氛，使对方感到愉悦。

2. 姿态礼仪

姿态是一种表达人的思想感情的副语言，包括人的体态、姿势、动作、表情等。姿态礼仪主要是要求快递服务人员保持正确规范的站姿、坐姿、走姿、鞠躬等动作，以及正确地运用手势、眼神、笑容等表达对客户的尊重。做到端庄文雅、落落大方，给人以良好的印象，获得他人的好感。

9

姿态可以真实地反映一个人的基本素质，人们的一个眼神、一个微笑、一个微小的动作和体态，都可以传递出非常丰富的内心世界，表达效果比起有声的口头语言有时会更加丰富，更加生动，更能表现出真实、诚恳的心态。恰到好处的姿态是快递员工展示自己才华和修养的主要途径，也是树立快递良好形象的重要组成部分。因此，快递员工无论在服务"窗口"，还是在其他场合，姿态都要庄重、得体、优雅，使客户感到亲切与温馨，架起与客户沟通的桥梁。

3．服饰礼仪

服饰是一种无声的语言，服饰可以折射出一个人的气质、品位、性格、爱好和修养，被视为人的"第二肌肤"。服饰对一个人而言就像一张无言的介绍信，在未开口前，就会传递给交往对象各种各样的信息。服饰美是指穿戴打扮适度得体，适度的修饰可以丰富形象美的内容及弥补仪容方面的某些不足。同时，服饰也能反映出对他人的尊敬与否，合体、庄重的服装，大方、优美的饰物，不仅能使自己产生愉悦感，而且使他人也感受到一种尊重。着装邋遢则意味着对他人不够尊重，是没有礼貌的表现。

图1.2 规范着装的某快递公司投递员为客户服务

快递员工的服饰是组成企业形象的重要因素。在与客户的交往中，快递员工的服饰会给客户留下深刻的印象，尤其是初次交往时，这种印象更加深刻。快递员工要将服饰问题提高到维护个人形象、维护企业形象甚至维护国家形象的高度上来认真地加以认识和对待。从传播学的角度看，服装仅依靠其自身的美，如款式的新颖、色彩的变化、面料的优质等，还不能完成与他人交往的使命，要想真正体现服装的交际价值，展示服装的美感与协调，进而在与人的交往中最大限度地发挥作用，就必须掌握随时间、地点、场合等因素而变化的着装原则。

4．仪容礼仪

仪容礼仪主要是对快递员工在仪容的清洁、美容、美发等方面的要求。

仪容是一个人仪表的基础内容。仪容美的作用是不可轻视的，因为人们在判断对方时，从心理上往往无法消除由于对方仪容所产生的影响。整洁、端庄、美好的仪容，可以使人产生好感，留下深刻而美好的第一印象，从而为交际活动打下良好的基础。认为仪容美是无关紧要的，只有心灵美才是真正的美，这是一种片面的观点。仪容美会从一个侧面反映出一个人的思想修养、精神气质，甚至反映出一个企业的整体形象。心灵美与仪表美，不是对立的，而是不可分割的，是辩证统一的，只有二者互为表里，相得益彰，才是最完善的美。

快递企业员工如果能够注重仪容美，做到仪容整洁、化妆适度、发型得体，不仅能改善服务环境，提高工作效率，同时还能给客户以良好的视觉形象，让客户感到温馨、亲切、舒畅、清新，这是对客户的尊重，同时也充分体现了当代快递企业员工朝气蓬勃、积极向上的精神面貌。

（二）快递员工各岗位服务礼仪规范

从事快递企业相关业务的每一名员工都代表着企业的自身形象，员工都在直接或间接地为社会、为客户提供快递服务，基于这一点，快递员工都应当树立全员礼仪服务思想，在各自的工作岗位上结合本职工作开展礼仪服务活动，这是快递服务礼仪的核心内容。受理快递业务的营业窗口人员、揽收与投递人员、营销与公关人员以及管理层人员都要严格按照本岗位礼仪规范的要求为客户服务。俗话说"没有规矩，不成方圆"，要通过制定一系列的服务标准，从整体形象、文化素质、技术业务能力、服务水平、服务礼仪、用户评价等方面规范员工行为，并以此作为对各类人员培训和考核的依据。

规范快递企业各岗位人员的服务礼仪，目的是加强员工服务意识，培养综合素质，提高工作效率，赢得八方客户，充分体现快递企业员工的良好礼仪修养，从而塑造快递企业自身的新形象。

（三）快递涉外服务礼仪

涉外礼仪是我国公民在对外交往中，用以维护自身形象，向外国友人表示友好与尊敬的约定俗成的规范与准则。我国加入 WTO 后，更多的快递企业开办了国际快递业务，如何才能更好地与那些肤色、信仰、生活方式、文化背景、价值观念以及意识形态等与我们有所不同的外国朋友和睦相处与友好往来这一课题愈益重要，这就要求快递员工必须了解和掌握涉外服务礼仪，这样才能为客户提供更好的国际快递服务。涉外服务礼仪主要包括涉外员工工作的基本原则、涉外接待礼仪，并要了解世界部分国家的习俗礼仪。

第三节　快递服务礼仪在行业发展中的重要性

一、快递企业服务工作的特点

1. 直接性

服务部门为社会提供的产品就是服务，服务人员与客户直接打交道。这种服务的直接性，使得服务人员的仪容仪表、言谈举止、服务态度等方面就显得尤为重要。快递企业在抓生产经营的同时，应加强员工队伍的礼仪修养。

2. 即时性

随着社会的不断发展，人们对服务的要求也越来越高，一方面要求迅速，另一方面要求准时。快递业务对时效性的要求是很高的。为此，为了保证全程时限，快递网中各作业环节都有严格的时限要求。这种即时性主要体现在邮件的传递速度和时间规律两个方面。例如，寄月饼的，希望在中秋节之前收到；寄送法院传票的，需要在法院开庭前送达，等等。因此，快递业务要保证在相关时限内快递准确安全地顺利到达。

3. 感受性

服务部门通过服务所产生的效果，是由客户享受服务之后的自我感受来评判的。客户对服务的感受质量，应是企业最终追求的服务质量，感受质量是由客户所期望的服务和实际接收的服务所决定的。由于每个客户的生活环境不同、生活阅历不同，对所提供的服务感受也不同。总的来说，好的服务让顾客有满足感，会成为回头客。反之，服务不周就失去客户。因此，实施顾客满意战略，来提高顾客的感受性，尽量使客户接受的服务与期望的服务相匹配，也就是使客户付出的费用同享受到的服务相一致，让客户感到"值得"。

4. 质量的模糊性

一般来讲，服务质量是指相关部门所提供的服务符合规定的程序和要求的程度，或是指提供的服务符合顾客要求的程度，或指顾客所付出的代价和获得利益的统一程度。程度本身就是一个很模糊的概念，服务质量的高低，往往是通过顾客对整个服务过程的感受来决定的，由于顾客的需求形式各异，很难规定统一的模式，服务过程中顾客和服务人员相互影响，服务效果也很难保持稳定。对某些顾客来说是满意的服务，而对另一些顾客来说可能并不会满意，这是由于顾客有着不同的文化素质、年龄、性格以及需求等原因造成的。尤其是对于快递服务企业，由于其生产成果不具有实物形态，不能同实物产品那样实行标准化，服务质量的好坏也是通过顾客的满意率来决定的。

由于服务质量的模糊性，快递服务在考核服务质量时，只能根据各方面的综合评价，制定一个相对合理的质量考核标准。综合评价主要从顾客评价、企业评价、社会评价三个方面来进行。其中顾客评价的内容包括客户等待办理业务的时间即服务等待，服务人员办理业务的时间即服务时间，服务人员对待客户的举止表情即服务态度，服务人员在服务中的语气语态即服务语言，服务人员的外表形象即服务仪表等。企业评价，主要指快递企业对员工的文化素质、品德修养、业务技术、应变能力、处理问题的能力及服务效果的评价。社会评价，主要指政府机关、社会团体、新闻媒介等对快递企业从企业形象（包括精神面貌和整体素质）、企业信誉（包括信用度和美誉度）、快递业务效益、企业文明（包括企业文化的培育和职业道德、敬业精神的提高）等方面进行评价。

5. 艺术性

为客户服务既是一门学问，更是一门综合性艺术，它涵盖了服务人员的言谈艺术、仪容修饰艺术、服饰穿戴艺术、举止展现艺术以及表情表现艺术等。服务艺术贯穿于服务过程的每一个环节，体现在服务人员的一举一动、一言一行中，服务人员应掌握并运用各种服务技巧，以达到最佳的服务效果。例如，语言是帮助服务人员达到服务目的的主要手段，语言运用得好可以给客户留下美好的印象。语言艺术性包括礼貌用语艺术、谈话的艺术、聆听的艺术、提问的艺术、拒绝的艺术等。语言运用恰当会达到预期的服务效果；反之，会引起误会或招致顾客的不快，甚至造成严重的后果。顾客越多，服务人员就越要聚精会神地接待，使顾客感受到快递企业的服务人员在接待他们时的亲切感以及对他们的尊重。

二、快递行业注重礼仪服务的必要性

1. 注重礼仪服务是社会主义精神文明建设的需要

礼仪是人类社会文明发展的产物，它不仅有利于维护整个社会的安定团结，而且有利于社会的物质文明和精神文明建设。"讲文明，树新风"是精神文明建设中的一项重要内容。特别是服务行业，作为社会的"窗口"，服务质量的好坏直接反映着一个国家的社会风貌和文明水平。因此，服务行业加强职业道德教育以及加强职业礼仪培训，为社会提供满意的服务，是促进社会发展和加强精神文明建设的重要保证，也是快递业务树立良好形象，稳步走向市场的必然要求。同时，在快递业务中提倡服务礼仪，在社会上起着榜样和示范作用，无声地影响着社会公众和其他组织，起着法律或媒体宣传所起不到的作用，能对社会风尚产生广泛、持久和深刻的影响。

2. 注重礼仪服务是提高服务质量的需要

转变服务观念，改变传统的服务模式，变传统服务为现代服务，变被动服务为主动服务，需要切实解决和处理好如下三个方面的问题。

一是解决好服务意识的问题。要求快递企业的员工树立牢固的服务意识，树立以为消费者或客户提供优质服务为荣的理念，以自己实实在在的服务行为获得公众信任。要树立危机意识，分析严峻的形势，放下架子，摆正位置，全心全意地为客户服务。

二是解决服务机制的问题。关键是要建立健全服务机制和考核机制，一方面把服务工作与员工的利益挂钩，激励员工之间的岗位竞争；另一方面要健全各项管理制度，建立服务等级标准，规范服务活动，制约不良行为，形成崭新的服务机制。

三是解决好服务多元化的问题。现在大多数服务行业的服务举措大同小异，缺乏服务特色，因而在市场竞争中处于弱势。在服务行业中开展礼仪服务，能很好地迎合客户深层需求，提高服务层次，改变服务表层化、简单化的现象，为客户提供多层次、全方位的服务，只有这样才能把服务工作搞好、搞活、搞出特色。

3. 注重礼仪服务是全球经济一体化、参与国际竞争的需要

全体经济一体化是指由于人类在世界范围内的交流日益增多，各国的经济融合发展，国家之间的界限日益模糊，经济不分彼此，呈现出一体化的趋势。随着现代经济的日益全球化，国际快递业务大幅增长，快递企业经营已经发展成为国际性事务。这

就要求我们必须了解和掌握涉外礼仪，维护企业形象，展现民族风采。

中国加入 WTO 后，国际四大快递巨头大举进入中国快递市场，凭借雄厚的资金、先进的管理与我国国内的快递公司争夺市场。有的人把外国公司比喻成"狼"，把我国的企业比喻成"羊"，这个比喻非常形象，要想不被"吃掉"，必须在转变经营理念、转换经营机制的同时，从扩大社会效益出发，以市场为导向，以客户为中心，采用个性化服务，注重服务礼仪，增加服务的附加值，通过优质服务来增强自己的竞争实力，使自身更加强大。

三、快递企业加强礼仪服务的重要意义

1. 以客户为导向，实施客户满意战略，改善企业与客户的关系

快递业务的服务对象是广大客户，没有客户就没有快递业务。快递企业员工与客户之间的关系，是快递服务与客户联系的纽带，员工对客户的态度就是快递企业对待客户的态度。

快递业务的出发点是客户满意，这就要求快递企业必须为客户服务，使客户满意，实施客户满意战略，根据客户的现实需求和潜在需求开发新业务，拓展快递业务的服务领域，同时要不断开发新业务，把客户满意引发的对快递企业形象的信任和忠诚，视为快递业务发展的无形资产。

快递业务应从规范服务礼仪着手，把客户的需求作为提高服务质量的目标和各项工作的出发点，把实现对客户的优质服务作为一项重要的工作来抓。

2. 提高快递服务水平和服务质量，增强快递业务在快递行业中的竞争实力

服务水平实际上也就是服务质量，一般包括服务方针、服务项目、服务技能、服务态度、服务及时性等所体现的服务效果。消费者对服务的需求日益增多，为客户提供优质服务，是快递业务生存与发展的基础。

快递企业规范服务礼仪，能够增强自身的竞争实力。一是有利于树立正确的服务意识。不仅要求基层员工有"服务于客户"的意识和观念，而且还要求管理者和领导者都必须树立一切为客户的观念并以此来指挥生产、安排经营。二是有利于保持良好的服务心态。只有心中装有市场，装有客户，使顾客感到亲切、方便、满意，才能提高服务效果，真正服务于社会。三是有利于加强群体意识。规范服务礼仪可进一步加深同事之间的感情，使他们互相关心，互相帮助，从而更容易做好服务工作。

3. 提高快递员工整体素质，树立良好的社会形象，创造出更好的经济效益和社会效益

快递企业的形象和信誉与快递员工服务的好坏有直接关系。而快递员工素质的高低又决定着快递服务的整体服务质量和服务水平，快递员工的服务形象与服务效果，会直接影响到公众对快递业务的看法，即快递企业自身的形象。因此，提高快递员工的整体素质，加强快递企业员工的服务意识教育、爱岗敬业意识教育及服务礼仪教育显得十分重要。为此，快递行业要加大力度，制定出一整套服务标准和考核方法，一方面从提高员工的整体素质着手，对员工进行文化素质、业务操作技能、礼仪修养等

方面的强化教育；另一方面发动和依靠社会力量对服务人员的服务质量和服务效果进行定性或定量的考核，并实施重奖重罚，以维护快递企业的整体形象。

从最上层的决策者到第一线的工作人员，从快递的服务质量到社区关系的处理，从消费者的评价到新闻媒介的宣传报道等，无一不关系到快递形象的树立。因此，要树立快递企业良好的形象，快递员工应从自我形象的设计开始，逐步完善自我，处处以礼行事，时时严格要求自己，热情为顾客服务，共同树立快递业务的良好形象。

提高快递员工素质，树立企业形象，最终目的是取得良好的社会效益和经济效益。快递企业在创造社会效益的同时，也为自身创造了经济效益，这是快递业务生存和发展的必要条件。

4. 建立现代企业制度，向现代化运营体制迈进

现代企业制度，是指能适应社会主义市场经济要求，符合社会化大生产的依法规范的企业制度。其特征是产权清晰，责权明确，政企分开，管理科学。

优质服务是快递业务生存和发展的根本，是提高经济效益的关键。因此，快递服务应以市场为导向，以客户满意为标准，坚持服务质量第一，创服务名牌企业，做到"人无我有，人有我优"。实行目标管理，建立规范的约束机制，将所有岗位的员工的工作与服务进行规范化、标准化、程序化。同时，运用科学的指标考核体系对管理者和员工进行监督、制约和激励。规范快递服务礼仪是其中的一项主要内容，通过规范服务，实施服务的系统管理，不断创新，以适应市场竞争的需要，为向现代化的快递企业运营模式迈进创造有利条件。

 本章小结

快递服务礼仪是面向广大使用快递服务的客户的，这要求我们每一个员工从自我形象做起，在仪容仪表、举止仪态、服务语言、岗位基本规范上做到更好，更好地为客户服务。

快递行业竞争的核心是客户的争夺，快递公司服务口碑的好坏、服务水平的高低必将成为客户选择的重要参考。谁能完善服务细节、塑造良好的服务形象，谁才能够抢占市场的制高点，成为市场竞争的胜者。快递行业的竞争，最终将回归到服务细节的比拼，各快递公司应从基础服务规范着手，从微笑服务、礼貌服务开始，从进门问好、离开告别的基本服务礼仪做起，以逐渐塑造快递行业的专业形象。

课后阅读

材料一　生活中的礼仪故事

故事一：龙永图在瑞士的经历

中国加入 WTO 首席谈判代表龙永图曾讲了一个耐人寻味的故事：

一次在瑞士，龙永图与几个朋友去公园散步，上厕所时，听到隔壁厕所间里"砰砰"地响，他有点纳闷。出来之后，一个女士很着急地问他有没有看到她的孩子，她的小孩进厕所十多分钟了，还没有出来，她又不能进去找。龙永图想起了隔壁厕所间里的响声，便进去打开厕所门，看到一个七八岁的小孩正在修抽水马桶，怎么弄都冲

不出水来，急得满头大汗，这个小孩觉得他上厕所不冲水是违背规范的。

故事二：礼仪修养的作用

有一批应届毕业生22个人，实习时被导师带到北京的国家某部委实验室里参观。全体学生坐在会议室里等待部长的到来，这时有位秘书给大家倒水，同学们表情木然地看着她忙活，其中一个还问了句："有绿茶吗？天太热了。"秘书回答说："抱歉，刚刚用完了。"小林看着有点别扭，心里嘀咕："人家给你倒水还挑三拣四。"轮到他时，他轻声说："谢谢，大热天的，辛苦您了。"秘书抬头看了他一眼，满含着惊奇，虽然这是很普通的客气话，却是她今天在会议室里听到的唯一一句温馨的话。

门开了，部长走进来和大家打招呼，不知怎么回事，静悄悄的，没有一个人回应。小林左右看了看，犹犹豫豫地鼓了几下掌，同学们这才稀稀落落地跟着拍手，由于不齐，越发显得零乱起来。部长挥了挥手："欢迎同学们到这里来参观。平时这些事一般都是由办公室负责接待，因为我和你们的导师是老同学，非常要好，所以这次我亲自来给大家讲一些有关情况。我看同学们好像都没有带笔记本，这样吧，王秘书，请你去拿一些我们部里印的纪念手册，送给同学们作纪念。"接下来，更尴尬的事情发生了，大家都坐在那里，很随意地用一只手接过部长双手递过来的手册。部长脸色越来越难看，来到小林面前时，已经快要没有耐心了。就在这时，小林礼貌地站起来，身体微倾，双手握住手册，恭敬地说了一声："谢谢您！"部长闻听此言，不觉眼前一亮，伸手拍了拍小林的肩膀："你叫什么名字？"小林照实作答，部长微笑点头，回到自己的座位上。早已汗颜的导师看到此景，才微微松了一口气。

两个月后，毕业分配表上，小林的去向栏里赫然写着国家某部委实验室。有几位颇感不满的学生找到导师："小林的学习成绩最多算是中等，凭什么选他而没选我们？"导师看了看这几张尚显稚嫩的脸，笑道："是人家点名来要的。其实你们的机会是完全一样的，你们的成绩甚至比小林还要好，但是除了学习之外，你们需要学的东西太多了，修养是第一课。"

故事三：小节的象征

一位先生要雇一个没带任何介绍信的小伙子到他的办公室做事，先生的朋友挺奇怪。先生说："其实，他带来了不止一封介绍信。你看，他在进门前先蹭掉脚上的泥土，进门后又先脱帽，随手关上了门，这说明他很懂礼貌，做事很仔细；当看到那位残疾老人时，他立即起身让座，这表明他心地善良，知道体贴别人；那本书是我故意放在地上的，所有的应试者都不屑一顾，只有他俯身捡起，放在桌上；当我和他交谈时，我发现他衣着整洁，头发梳得整整齐齐，指甲修得干干净净，谈吐温文尔雅，思维十分敏捷。怎么，难道你不认为这些小节是极好的介绍信吗？"

无独有偶，美国第25任总统威廉·B·麦金利的好朋友查尔斯·G·道斯曾经讲述过的一件事更能说明问题。

多日来，总统为任命一个重要的外交职务而犯难——他要在两个同样有才干的候选人中选出一个，然而始终举棋不定，难以拍板。突然他回忆起一件事，此事竟如此清晰地浮现在眼前：一个风雨交加的夜晚，总统搭乘一辆市内有轨电车，坐在后排的最后一个位子上，电车停在下一站，上来一位洗衣老妇人，挽着一个沉重的篮子，孤零零地站在车厢的过道上。老妇人面对着的是一位具有绅士风度的男子，该男子举着报纸将脸挡住，故意装作没看见。总统从后排站起来，沿着过道走去，提起那一篮子沉甸甸的衣物，把老妇人引到自己的座位上坐下。该男子仍然举着报纸低着头，对车厢里发生的一切似乎什么也没有看见。总统顺便朝那男子瞅了一眼，那张脸庞深深印入了脑海。

这男人不正是总统要任命的两位候选人之一吗？总统果断地作出决定：取消该人的任命资格，而另一位则理所当然地成为了外交官。

查尔斯·G·道斯说：这位候选人永远不会知道，就是这一点点的自利行为，或者说缺少那么一点点的仁慈之心，因此而失去了他一生雄心勃勃地想实现的东西。

故事四：邮政速递某市某揽投站站长罗某工作事迹

罗某是某省邮政速递物流有限公司 N 市分公司某揽投站站长。他常说："只要需要，我愿意一直干下去，为邮政速递物流事业奉献自己全部的青春和热情。"

某教育有限公司是当地一家主要从事教育书籍和复习试卷销售的企业。2007 年 6 月份的一个下午，罗某冒雨在该教育公司收寄邮件，突然听见一声巨响，该公司仓库大门被大风给吹倒了，大量的雨水正往堆放待发书籍资料邮件的仓库里灌。罗某一看，急忙放好手中的邮件，冲进了仓库，将地上的货物往高处搬，并找来一些木板、编织袋挡住雨水流进来。这时教育公司的周主任也带着几十名员工赶过来迅速将货物搬离。事后，周主任对他说："多亏你了小罗子，要不是你第一个赶到，这些货物就都要被水弄湿，我们公司的损失可就大了！"。从这以后周主任开始试着将一些物品类邮件交由邮政 EMS 来寄递。罗某让该公司切实体验到邮政 EMS 服务的方便与快捷，最终赢得了公司总裁的重视和信任，开始与邮政 EMS 全面合作。目前该公司已是年用邮规模 500 万元以上的省级大客户。

某制造公司是一家从事汽车配件制造的外商合资公司，有大量的配件寄递业务，但该公司管理制度非常严格，外单位人员没有得到邀请不能进入办公楼。为了打开突破口，罗某每天在进口投递邮件里，有针对性地把该公司的邮件挑出来，通过上门投递给负责寄递邮件的销售部主管，最终达成了邮政 EMS 与该公司的合作。

材料二　快递揽投人员的服务礼仪

收发快递已经成为许多公司行政人员每天必做的一项工作，快递这种方便、快捷的联络方式被越来越多的人接受和喜爱，快递人员更应规范自己的各种行为，增强责任心，真正做到"使命必达"。

外表得体　赢得好感

作为一名快递人员，上岗前首先要了解基本的工作规范，以便在今后的工作中可以有规可循。快递员日常工作十分辛苦，由于生活条件的限制，许多人不太注意保持自身卫生，当快递人员运送快递时，有时会因为形象不美观引起客户的反感，甚至使客户产生不信任之感。因此，快递人员仪表应端庄、整洁，保持自身视觉形象的美观，女性不可留怪异发型，不可浓妆艳抹，可适当涂化淡雅的妆容。男性不能剃光头或蓄长发，工作期间不可饮酒，还要注意保持口气清新，不能吃有异味的食品。快递人员若穿着统一制服，还应保持制服整洁、干净、无破损，体现对职业的尊重。

快递人员应干一行爱一行，以崇高的使命感和责任感做好本职工作。遵守各项法律法规，敬业爱岗，文明服务，恪守职业道德，提高服务质量，严禁滥用职权，玩忽职守。快递人员在工作时应对当事人隐私、商业秘密在循法守礼的前提下予以保密。

严守程序　明确责任

对于快递人员来说，在工作时应该严格遵守公司规定的办事程序，不能为了省事而简化交接程序，这也是维护双方利益、避免产生纠纷的最佳途径。当快递人员取件时，必须与发件人交接清楚，签认正确的取件日期、时间、物品内容及发件人签名。快件送达收件人处时，应与收件人当面交接清楚，签认送达时间并由收件人签名确认。快递公司有义务在送达快件后、收件人签收时，提醒对方当面打开检查物品是否合格。这样做既能保护客户利益不受到损害，也可以保证快递公司不会与客户发生物品上的纠纷。

快递公司还应以人为本，提供诚信服务。尤其在送递贵重物品时，更应加强责任心，要把客户的东西当成自己的东西来保存和爱惜。切忌贪图一时之利偷换或拿走客人的物品。此外，消费者在接受服务时也应认真仔细填写单据，以便维权时有据可依。每单任务完成后，快递人员要马上向公司总部报告备案，并由总部告知收件人物品已签收。如果指定收件人不在或由他人代签收，快递员必须立即报告公司进行监控。

严格守时　加强责任

快递作为一项时效性很强的服务项目，送达时间是否准确、及时最能体现服务质量的高低。因此，快递人员应该将遵守时间当做最重要的职业准则。快递员有时会同时送很多快件到他负责的地域范围内，为了客户的利益不受损害，一定要保证在指定时间内送到，这也是赢得客户信任的最佳方式。如果延误了物品的递送，应及时打电话向客户说明情况，并在最短时间内将快件送达。

 课堂互动

实训主题：快递企业各岗位服务礼仪的开展情况。

实训形式：学生 5～8 人为一个小组。

实训任务：对主要快递企业进行调查了解，找出你认为有代表性的某岗位，对该岗位需注意的礼仪进行归纳。

实训步骤：

（1）选择一家想要了解的快递企业；

（2）对该快递企业的岗位礼仪开展情况进行搜集，尽量掌握一些具体的工作中的事例；

（3）对找到的快递企业员工礼仪服务事例进行分析，说说体现了礼仪的哪些原则；

（4）各个小组发表看法后在课上进行交流与讨论；

（5）教师点评。

 复习思考题

1. 简述礼仪的基本特征。
2. 简述快递服务礼仪的内涵。简答快递服务礼仪的特点有哪些。
3. 简答快递服务礼仪的原则。
4. 快递服务礼仪主要涉及快递企业的哪些岗位？
5. 快递企业服务工作的特点是什么？
6. 阐述快递企业加强服务礼仪的重要意义。

案例分析

快递企业人员为何遭客户投诉

陈小姐说，催快递送货的电话她已经打了数个，甚至还亲自跑了一趟，但还是没能如愿拿到快递。"快递没拿到已经够郁闷了，最糟的是打电话时还必须忍受快递企业工作人员的无礼态度。"陈小姐希望承接此快递业务的派送员能够向她道歉。

陈小姐说，12 月 6 日，她的快递到达杭州了，由于当天早上手机没电了，下午开机时才发现有未接来电。陈小姐猜想是快递公司打的，就立即打了过去。"派送员说快递已经送过了，但按了半天门铃都没人应。"陈小姐感到很意外，因为当天她一直在家。考虑到第二天家里没人，陈小姐要求派送员当晚把快递送过去，但派送员表示要等到第二天。无奈之下，陈小姐提出亲自到该快递公司的仓库领取，派送员表示当天下午 6：00 之前都可以。

下午 4 点多，陈小姐专程到该快递公司的仓库取件，可仓库大门紧闭。陈小姐只能再次拨打派送员的电话，对方的回答是要等下午 5：00 他才能回去。一听这话，陈小姐非常气愤。"如果下午你有事可以打电话告诉我，为什么让我白跑一趟？"回到家后，陈小姐继续给派送员打电话，希望他能够把快递送过去。陈小姐说，万万没想到对方的回答是就算晚上有空也不送。

"我打电话给该快递公司的客服投诉，电话不是忙音就是没人接，好不容易打通了，工作人员也没有给出一个明确的说法。"陈小姐说，至今她仍未收到快递，也没有接到该快递公司的任何电话。

该快递公司的派送员也觉得自己挺委屈，"陈小姐没有收到快递是因为寄件方把地址写错了——3 单元写成了 2 单元，我当时马上给陈小姐打电话了，可她的手机始终处于关机状态。"这名派送员说，快递公司的业务很忙，他是不可能一直等下去的。

"因为陈小姐急于拿到快递，所以我才建议她直接去仓库，有工作人员在的话会直接给她的。"这名派送员说，当时陈小姐打电话告诉他仓库没人，他表示会在下午 5：00 赶到，让她在门口等一下，是陈小姐等不住走掉了。至于当晚他说有空也不送，完全是因为陈小姐的态度咄咄逼人。这名派送员承诺，他会尽快把快递送到陈小姐手里。

根据上述材料分析以下问题：

1. 事件中涉及快递公司的哪些岗位？在这些岗位中从快递公司的责任上看哪些服务礼仪方面不到位？

2. 如果你是该名派送员，你会如何为陈小姐服务呢？

第二章
快递从业人员基本形象礼仪

学习目标

学生通过本章内容的学习，熟悉快递从业员工个人形象礼仪包含的主要内容，了解快递员工在仪表、仪容、仪态上的基本要求，掌握快递从业人员在工作岗位上有关仪表、仪容、仪态的注意事项。

引导案例

客户未寄出的蛋糕

作为一家食品公司经理的吴先生为了在年终答谢公司的 VIP 客户，准备在春节期间为这些客户送去公司的新产品进行试吃作为感谢。由于客户分布较为分散，于是便去北京某快递公司希望该快递公司可以为其完成礼品赠送。当他来到这家快递公司的营业厅时，接待他的是一位五官清秀的服务员，接待服务工作做得很好，可是她面无血色显得无精打采。吴先生一看到她就觉得很没有心情，仔细留意才发现，原来这位服务员没有化工作淡妆，在营业厅昏黄的灯光下显得病态十足，这又怎能让来访客户看了有好心情呢？当来到前台办理业务时，他想要找柜台内的服务员进行业务咨询，而服务员却一直对着反光玻璃墙面修饰自己的妆容，丝毫没注意到客户的存在，吴先生经过多次询问服务员才为他办理好业务。最后，来了一个负责为吴先生包装礼品的服务员，在包装的过程中，吴先生无意间发现这名服务员手上涂的指甲油掉了一块，当时他就很不开心，非常担心那块掉落的指甲油是在包装过程中掉到了他的礼品当中。于是，当即就停止了与这家快递公司的合作。

思考：

快递服务员在服务过程中不注重自己的仪容、仪表或过于注重自己的仪容、仪表会对服务质量和客户满意度产生怎样的影响？

第一节　快递从业人员仪表礼仪

仪表仪容就是指人的外表和容貌。仪表即人的外表，一般包括人的容貌、服饰、个人卫生和姿态方面。仪容是指个人的容貌，它是由发式、面容以及所有未被服饰遮掩、暴露在外的肌肤构成的。（本章第一节侧重对仪表进行介绍，第二节侧重对仪容进行介绍。）

讲究仪表、仪容体现了对他人、对社会的尊重，表现出了一个人的精神状态和文明程度，也表现了服务人员对工作的热爱和对客人的热情。仪表端正，衣冠整洁会给人以朝气蓬勃、热情好客、可以信赖的感觉，并使客人增强信任感。

作为一名快递服务人员，其具体穿着在工作岗位中也是有所要求的。

古人讲：礼者，正仪容，修辞令，齐颜色，明服饰。快递从业人员的着装与其服务工作是不可分割的，服饰在服务工作中是非常重要的。老百姓讲：穿衣戴帽，各有所好。意思是：穿着打扮，不能以衣帽取人。但是服务行业则不同，对于所有的服务人员而言，一个人的穿着打扮，就是其个人教养的标志，也是其企业形象的标志。员工的个人服饰反映其企业形象，这是服务行业非常突出的一个特点。

一、女士正式场合着装要求

1. 款式要求

（1）套装，上下着套装是最为正规的。

（2）上面着衬衫，底下着短裙或裤子，配制式的皮鞋。

（3）不露三点：不露肩，在工作场合，不能穿吊带裙，也不能穿无袖的连衣裙；不露膝，即裙子不能太短；不露脚趾，在工作场合，不能穿露脚趾的凉鞋。

2. 衣服颜色及鞋袜

女士在衣服的颜色选择上要比男士丰富。在颜色选择上，商务场合要传递的是信任，以给人专业感和稳重感。

（1）尽量选择一些中性的颜色，比如说黑色、灰色、蓝色、米色等。

（2）应避免的颜色和面料：避免非常明亮的颜色，比如大红色、大紫色；避免一些特别轻浅的颜色，以及那种非常淡的颜色，比如说淡粉色是应该避免的；避免特别明亮、特别闪的一些面料。

（3）鞋子：可穿鞋跟高5厘米左右的黑色高跟鞋，淑女鞋或细带"娃娃鞋"。

（4）丝袜：肉色为主。

3. 配饰要求

工作期间应该根据公司要求时刻佩戴工牌于胸前。可以不佩戴任何饰物；但是如果佩戴了饰物一定要合乎身份，不得佩戴装饰性很强的装饰物、标记和吉祥物。手腕除了手表外尽量不再配有其他饰物。

二、男士正式场合着装要求

男士正式场合宜穿西装、工装等。这里首先重点讲穿西装，工装后文会涉及。穿西装，首先要合体，注意西装的长度、西装长袖的位置、肥瘦等。

1. 西装的颜色、质地、款式和身份场合的搭配

（1）颜色：主要以黑色、深蓝色、深灰色为主色。一般避免浅色西装，因为浅颜色给人轻浮的感觉，不适合正式场合。

（2）面料：纯羊毛面料得体大方，易保养。

（3）衣长：双手自然垂下时西装的下摆在手心。

（4）领子高度：应贴紧衬衫并低于内穿衬衫领子 1.5 厘米左右。

（5）袖长：以握手姿势出现时，衬衫袖长应大约比西装袖长 1.5 厘米。

（6）西装的衣袋：平整，平顺。

（7）西装扣子：避免金属或皮质的休闲扣子。

（8）里衬：尽量选择用手针缝合的高品质混纺材料。

（9）西裤裤长：长度到鞋子与鞋跟的连接处，裤脚盖住鞋面。

（10）拉链：要平顺，平整，质量要好。

（11）裤腰尺寸：以腰间进一手掌为宜，大小适宜。

（12）衬衫颜色：要比西装颜色浅，以白色、浅蓝色、浅灰色为佳。

（13）衣领大小：当扣上最上面的一粒扣子，还能插进两根手指，脖子不感到挤压。

（14）大小合身：腋下部分有 2.5 厘米的余量。

（15）衬衫之内尽可能不穿背心和内衣。

2. 扣子系法

（1）常见的西装，以两粒到三粒纽扣为主。

（2）西装扣子在非工作场合可以不系，特别是单排扣款的西装可以不系。

（3）工作场合必须系扣，三粒扣的西装可以只系住中间的一粒，或者是系住上面的两粒扣子。

（4）各种款式的西装，最基本的原则就是下面的一个扣子永远是不系的，包括双排扣的西装。

（5）穿西装前把左袖口的商标拆掉。

（6）不可以当众脱下西装上衣，也不能把衣袖挽上去或卷起西裤的裤筒，否则，就显得粗俗、失礼。

（7）西装上衣的外胸袋除了放用来装饰的真丝手帕以外，不要再放其他东西。内侧的胸袋，可以放钢笔、钱夹或名片夹，但不要放过大过厚的东西。西装外侧的两个

下摆口袋，原则上不放东西。

3．鞋袜的搭配

鞋子是最能够反映出一个男人修养和品位的东西。正式的鞋子是黑色的、系带的、制式的皮鞋。

袜子首选黑色、深蓝色，而尼龙袜、运动袜、白袜则不适合，袜子的长度应该以跷腿时不露出小腿的皮肤为宜。

表 2.1　　　　　　　　　　　　　　快递人员着装要求

着装类型	男士	女士
商务正装	<ul><li>以长袖衬衫、领带、西装、长裤、皮鞋为主</li><li>衬衫主色以白、蓝、灰为佳</li><li>西装长裤虽不需全套穿着，但应搭配适当</li></ul>	<ul><li>裙装（裙子不宜过短）</li><li>单件式长袖外套，里面可搭配衬衫、针织衫等非休闲式上衣</li><li>裤装（不宜穿紧身裤或休闲裤）</li><li>皮鞋</li></ul>
商务便装	<ul><li>长短袖衬衫，罩衫</li><li>Polo T恤（有领 T 恤）</li><li>工装裤、卡其裤、灯芯绒裤</li><li>皮鞋</li></ul>	<ul><li>长短袖衬衫，罩衫</li><li>Polo T恤（有领 T 恤）</li><li>工装裤、卡其裤、灯芯绒裤、有肩裙装</li><li>皮鞋，有襻（后跟用带绊住的）凉鞋</li></ul>
公司统一工作服	任何员工进入工作场所必须着统一的工作服（标志服）	

一些商务场合着装的示例如图 2.1、图 2.2 所示。

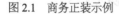

图 2.1　商务正装示例　　　　　　　　　图 2.2　商务便装示例

三、正式场合的着装禁忌

（1）无袖装、无领 T 恤；

（2）紧身装、着装颜色过于艳丽、短透露；

（3）服装上有攻击性语言或超大型印刷广告；

（4）牛仔裤、四袋以上裤装、运动裤、短裤、超短裙；

（5）运动鞋、拖鞋、凉鞋（男性）、无襻凉鞋（女性）、超高跟鞋（跟高 8 厘米以上）；

（6）帽子、手套。

图 2.3　着装禁忌示例

四、工作标志服（工装）着装标准

快递企业员工标志服是快递企业员工在其工作岗位上按照规定必须穿着的，由快递企业统一制作的，色彩、面料、款式统一整齐的服装，也叫制服或工作服、工装、工作装。快递企业员工标志服不仅具有一般服装的功能和特点，而且不同的工作性质、不同岗位对标志服还有不同的要求。

（一）快递从业人员穿着标志服的作用

快递企业员工标志服是企业重要的视觉传达媒体。要求快递企业员工上岗时一律身穿标志服，可以起到以下作用。

1. 体现职业特征，表明级别差异。在不同的工作岗位上，快递企业员工的具体分工也有所不同，标志服对此是有所体现的。快递企业员工穿着标志服可以明确其工作岗位的性质和特点，区分各自的职责和义务，不仅方便工作和生产，方便舆论的监督，也可以增进着装者的荣誉感。

2. 实现整齐划一，树立企业形象。快递企业员工在工作岗位上身着统一的标志服，有助于增强全体员工的合作性与凝聚力，体现出整个快递企业的共性，是建立快递企业形象"静态符号识别系统"的措施之一；可以起到传播快递企业经营理念、工作风范、精神面貌的重要作用，使快递企业形象不断深入人心。

（二）快递企业员工着标志服的基本要求

1. 洁净

快递企业员工上岗时穿着的标志服，一定要保持干净清爽的状态，做到无异味、无异色、无异物、无异迹，给客户以良好的视觉感受。因此，标志服一定要经常清洗，与之配套穿着的内衣、衬衫、鞋袜等亦应定期清洗。

2. 整齐

快递从业人员穿着的标志服，要求整整齐齐，完好无损。如果标志服出现明显的破损，如开线、磨破、纽扣丢失等，必须及时缝补或更换。

3. 平展

穿着标志服时应当保持服装悬垂挺括，线条笔直，不能皱皱巴巴，折痕遍布。为了防止标志服产生折皱，穿着时不要乱靠、乱倚；脱下来应当悬挂或叠好，洗涤之后要进行熨烫。

4. 规范

快递从业人员穿着的标志服要符合着装规范，按规定应与标志服配套穿着的服饰如帽子、衬衫、皮带、鞋袜等，必须一同使用；不能自行其是，随便乱穿，破坏标志服的整体造型，如不系纽扣、不打领带、挽起袖筒和裤腿、乱配鞋袜等；重视四围，领围大小以能插入一指为宜，领带、领结与衣领的吻合要紧凑且不能系歪，胸围、腰围、臀围以穿一套羊毛衣裤时松紧合适为宜，太紧限制行动，太大不利索；工号牌戴左胸正上方；有些岗位戴好手套和帽子。

（三）快递从业人员着工作装的具体标准

1. 女员工工作着装标准

（1）个人卫生：勤洗头，勤洗澡，勤换洗内、外衣。

（2）头部：头发要梳理整齐、美观；发型应朴素，不染异色发，只用一种头发饰物，不得留怪发型；前额刘海不可遮及眼部，头发长度不宜过肩。

（3）脸部必须化淡妆，不可浓妆艳抹；力求自然，表现出青春的自然美。

（4）项部：不宜戴首饰上岗，尤其是垂吊式的、大型夸张的耳环，也不应将项链露于工装之外。

（5）手部：不留长指甲（指甲长度不超过1毫米），不得染指甲。不可佩戴手链、手镯、胸花，也不宜戴戒指（除婚戒外）上岗，特别是夸张、突出的戒指，双手所戴戒指不可超过两只。

（6）上装：上班时须按规定着好工服，要求工服整洁，领口、袖口不能有污迹，扣子应完好、扣齐，尤其是领口和袖口部位。

（7）工牌号：按规定正确佩戴工号牌，工号牌应整洁无破损，字迹清晰。

（8）下装：不得穿黑色或带花纹丝袜，应穿肉色丝袜，走丝或有破洞的袜子不能再穿，袜口不能外露于裙边或裤边。

（9）脚部：一般宜着黑色皮鞋。鞋子应保持清洁、干净，无异味；皮鞋应经常打油擦亮。

2. 男员工工作着装标准

（1）个人卫生：勤洗头，勤洗澡，勤换洗内、外衣。

（2）头部：头发要梳理整齐，头发长度前额不可遮眉，两侧不能盖及耳部，后面不能盖及衣领；发型应朴素，不可留怪发型，不染异色发，也不可烫发。

（3）脸部：不可以留胡须，要求每天剃须。

（4）手部：保持指甲清洁，不得留长指甲（指甲的长度不超过1毫米）。

（5）手部：除婚戒外，不宜佩戴其他首饰，尤其是忌粗大的、夸张的戒指，双手所戴戒指不可超过两只。

（6）上装：上岗时穿着整齐的标志服，确保衣服无污渍。

（7）工牌号：按规定正确佩戴工号牌，工号牌应整洁无破损，字迹清晰。

（8）整装：上班时须按规定着好制服，不可制服、私装混穿；非工作需要时，不可将袖口及裤筒卷起；力求制服整洁、挺括；领口、袖口不能有污迹；衣扣、裤扣要扣好；领带、领结要紧束，领带的大箭头到皮带扣处为标准；衣袋、裤兜内放置东西不要过多，随身携带的钥匙也应放好，不要发出声响；衬衣要干净，下摆扎进裤内，内衣、内裤不能外露。

（9）脚部：一般应着深色袜子和鞋，不可着白袜及白鞋；鞋、袜应保持清洁、干净，无异味；皮鞋应经常打油擦亮。

这里需要特别强调的是，负责收寄和投递的快递服务人员外出工作时一定要统一穿着具有企业标识的服装，并佩戴工号牌或胸卡。

 小资料

邮政企业员工标志服着装规范

一、营业篇

1. 营业春秋装

穿着原则：①三色原则，穿西装总体颜色（穿在身上，露在外面的西装、衬衫、领带、鞋袜的所有颜色）不超过三种（三个色系）。②三一定律：外出正式场合，鞋子、腰带、公文包应是一种颜色，最好是黑色。

穿着要求：衣服要干净合身，没有污点、开裂、破损，扣子齐全，整洁笔挺；背部无头发和头屑，不打皱；袖子不要挽起，上口袋不插笔，所有口袋不要因放置钱包、名片、香烟、打火机等物品而鼓起；裤子要有裤线，长度以轻轻地搭在鞋面为宜，不要卷起裤腿。

搭配原则（男士）：鞋子要穿黑色正装皮鞋，保持干净油亮，不宜钉铁掌，不得穿休闲鞋。男性袜子颜色以深色为好，可以是衣服与皮鞋的过渡色；略长，以坐下跷腿时不露小腿为宜。冬天统一要求内着黑色套头或V领毛衣。

搭配原则（女士）：鞋子要穿黑色皮鞋（统一要求穿船鞋等），鞋面洁净亮泽，无尘土和污物，不宜钉铁掌，鞋跟不宜过高、过厚和怪异；不得穿休闲鞋；春秋穿船鞋时统一要求穿肉色丝袜，冬季穿棉袜；冬天统一要求内着黑色套头毛衣，衣领高在3厘米左右。

2. 营业马甲

穿着原则：正式场合脱上衣时连同马甲一起脱掉；马甲为6粒扣时不扣下面的2粒，其他4粒扣则要求全部扣上。

穿着要求：工作时不要把扣子全部解开。

3. 营业衬衫

穿着原则：按国际惯例，西装里面只穿一件衬衫，在我国，可加一件V领毛衣或毛背心；秋冬季，外面可加风衣或大衣；一般情况，长或短袖衬衫要扎入西裤内；要熨烫平整，领口、袖口保持洁净、无污迹。

穿着要求：①正式场合，着西装打领带，必须将衬衫领扣与袖扣全部扣好。

②一般场合：衬衫单穿时，可以不系领带，可让领口敞开一粒扣；天热时，按袖口宽度可挽袖两次（不超过肘部）。

搭配原则（与领带的搭配）：领带长度要刚好到腰带的位置，扎得要端正；领带上不应有污垢和皱纹；领带与衣领的吻合要紧凑且不能系歪。

搭配原则（与领结的搭配）：领结与衣领的吻合要紧凑且不能系歪。

4. 营业夏裤

穿着要求：长度适中，裤管刚盖住鞋面，不要卷起裤腿；熨烫平整，有裤线；不要在腰带上别任何东西，裤兜里也不能放东西，以免影响线条美。

搭配原则（男士）：穿黑色皮鞋或凉鞋；穿棉袜。

搭配原则（女士）：穿黑色皮鞋或凉鞋；穿肉色丝袜。

5. 营业女夏裙

穿着原则：正式场合上衣下裙，利落优雅，井然有序。

穿着要求：衣服要干净合身；没有污点、开裂、破损，熨烫平整。

搭配原则：穿套裙时配黑色皮鞋或凉鞋；中跟，鞋跟高度不超过4厘米，显得健美、精神，太高影响工作。配肉色连裤袜，不光腿，不穿短袜，袜子不出现残破，袜子里面不加任何衣物。

二、外勤篇

1. 外勤春秋装

穿着要求：衣服要干净合身，没有污点、开裂、破损，扣子齐全，背部无头发和头屑。

搭配原则：穿休闲鞋或旅游鞋；穿深色棉袜；冬天内着黑色套头毛衣，衣领高在3厘米左右。

2. 外勤衬衫

穿着要求：衣服要干净合身，没有污点、开裂、破损，扣子齐全，熨烫平整。天热时，按袖口宽度可挽袖两次（不超过肘部）。

3. 外勤T恤衫

穿着要求：衣服要干净合身，没有污点、破损，扣子齐全，熨烫平整；穿着时把T恤衫扎入裤内。

4. 外勤夏裤

穿着要求：没有污点、破损，熨烫平整；不要在腰带上别任何东西；不要卷起裤腿。

搭配原则（男士）：穿休闲鞋、旅游鞋或正式凉鞋（忌穿露脚趾的凉鞋）；穿薄棉袜。

搭配原则（女士）：穿休闲鞋、旅游鞋或正式凉鞋（忌穿露脚趾的凉鞋）；穿薄棉袜或肉色丝袜。

三、内部作业篇

1. 内部作业春秋装

穿着要求：衣服要干净合身，没有污点、开裂、破损，扣子齐全，背部无头发和头屑。

搭配原则：穿休闲鞋或旅游鞋；穿深色棉袜；冬天内着黑色套头毛衣，衣领高在3厘米左右。

27

2. 内部作业夏装

穿着要求：衣服要干净合身，没有污点、开裂、破损，扣子齐全，熨烫平整。

搭配原则（男士）：穿休闲鞋、旅游鞋或正式凉鞋（忌穿露脚趾的凉鞋）；穿薄棉袜。

搭配原则（女士）：穿休闲鞋、旅游鞋或正式凉鞋（忌穿露脚趾的凉鞋）；穿薄棉袜或肉色丝袜。

（邮政企业员工个人礼仪）

第二节　快递从业人员仪容礼仪

一、工作妆的要求

在服务岗位上有一条基本的仪容修饰的规范：化妆上岗，淡妆上岗。这应该说是岗位要求，而无关服务人员本人爱不爱化妆。进而言之，这是对女性服务人员的岗位要求。男性员工上岗期间不宜化妆，面部清洁、神态端正即可。

具体从事服务工作的女员工化妆的时候，应该注意一些什么呢？

现在不少的女员工化妆都比较盲目，她们觉得只要自己漂亮就好，不知道应该如何具体进行操作，应该在哪些地方引起自己的重视。

服务人员在服务岗位上的化妆，有以下四点需要注意。

首先，一定要自然。什么叫淡妆？所谓淡妆，讲究的就是自然而然，没有明显的痕迹，给别人天然如此、自然美丽的感觉。千万不要标新立异，不要太另类。化妆时自然为美，这是非常重要的。不要过分地去强调去修饰，而要给别人一个感觉：自然而然如此，妆成有却无。化完妆了之后，像没有化妆一样，那才是大有水准。

其次，一定要美化。换而言之，不可异化，不宜化妆时标新立异。

再次，一定要协调。要注意整体化妆的效果，各个部位之间都要讲究妆化得彼此协调。

最后，化妆时一定要避人。服务人员不能在大庭广众之下化妆，在工作岗位上化妆的话，有时还会给人三心二意、用心不专的感觉。

化妆的原则是突出优点、遮盖缺点，在自然光线下化的妆会更加自然。化妆的目的是让人看起来更有精神，以突出自己的额头、眉眼。

下面对女员工的化妆步骤简要地进行介绍（见表2.2）。

表2.2　女员工化妆步骤

步骤	目的	操作要点	注意事项
1. 打粉底	调整面部肤色，使之柔和美化	①选择粉底霜；②用海绵取适量粉底，涂抹细致均匀	①粉底霜与肤色反差不宜过大；②切记要在脖颈部位打上粉底，以免面部与颈部"泾渭分明"

步骤	目的	操作要点	注意事项
2. 画眼线	使眼睛生动有神，并且更富有光泽	①笔法先粗后细，由浓而淡；②上眼线从内眼角向外眼角画；③下眼线从外眼角向内眼角画	①一气呵成，生动而不呆板；②上下眼线不可在外眼角处交会
3. 施眼影	强化面部立体感，使双眼明亮传神	①选择对个人肤色适中的眼影；②由浅而深，施出眼影的层次感	①眼影色彩不宜过分鲜艳；②工作妆应选用浅咖啡色眼影
4. 描眉形	突出或改善个人眉形以烘托容貌	①修眉，拔除杂乱无序的眉毛；②仔细描眉形	①使眉形具有立体感；②注意两头淡，中间浓，上边浅，下边深
5. 上腮红	使面颊更加红润，轮廓更加优美，显示健康活力	①选择适宜腮红；②延展晕染腮红；③扑粉定妆	①腮红与唇膏或眼影属于同一色系；②注意腮红与面部肤色过渡自然
6. 涂唇彩	改变不理想唇形，使双唇更加娇媚	①以唇线笔描好唇线；②涂好唇膏；③用纸巾吸去多余的唇膏；④在中间涂唇彩，提高唇色	①先描上唇，后描下唇，从左右两侧沿唇部轮廓向中间画；②描完后检查一下牙齿上有无唇膏的痕迹
7. 喷香水	掩盖不雅体味，使之清新怡人	①选择适宜的香水类型；②喷涂于腕部、耳后、颌下、膝后等适当之处	①香水切勿使用过量；②香水类型应气味淡雅清新

29

（1）粉底液，液体比膏状的好用。脸上有亮区和暗区，均需化妆，但重点涂暗区即可，否则等于没有化妆，注意上面化入发际线，否则就会像戴面具一样。

（2）粉底，提亮中间 T 区，以及眉骨、太阳穴，尤其是这些部位较凹的地方，通过提亮可以变得突出。

（3）腮红，从笑肌斜向上画到鬓角，具体做法是粉刷沾完粉要先抖一下，然后以旋转的方式画至鬓角。笑肌就是笑起来后从酒窝开始往上的脸颊。

（4）眼睛，眼妆是妆容的最亮点，具体可按照以下顺序。

眼影，可使用棕、金棕、肉色，先用亮色再次提亮眉骨，再用浅棕打底，闭上眼睛从眼窝到全眼皮收于眉骨之前深棕，只涂双眼皮之间的那部分眼皮，直到睫毛根部。眼线，眼线膏比眼线底好用，完全只涂一条线，就是双眼皮最下面的那一条线——睫毛线。夹睫毛，应该从根部向上夹，然后再在中间夹。注意有的女生只在睫毛中间夹一下，这会严重影响效果的。

（5）眉毛，眼睛的左角尖和右角尖向上画垂线交于眉毛，分别是眉头和眉尾，眼睛长度的三分之二（向外）处向上垂线交于眉毛处为眉峰。描眉时要从眉头描到眉峰才可以转折，而且眉峰和眉头之间是眉腰，也是要相对画得最浓的地方。眉毛最后化妆，是因为要根据已经化妆好的眼睛来决定眉毛的浓度，不能比眼睛浓，要注意突出眼睛。

（6）嘴唇，化妆时可按照如下顺序。

选定唇形，唇形直接影响面容。用唇线笔沿嘴唇边缘画出自然的唇形，注意唇峰和嘴角的圆润度。在轮廓线以内涂抹唇膏。用纸巾贴于唇上，吸去多余的唇膏。最后在中间涂唇彩，提高唇色。

二、个人清洁卫生基本要求

（一）男士要求

发式：头发应勤洗，无头皮屑，且梳理整齐。不染发、不留长发，以前不遮额、侧不盖耳、后不触领为宜。

面容：忌留胡须，养成每天修面剃须的好习惯。面中保持清洁，眼角不可留有分泌物。如戴眼镜，应保持镜片的清洁。保持鼻孔清洁，平视时鼻毛不得外露。

口腔：保持口腔清洁，早餐、午餐不吃有异味的食品，不饮酒或含有酒精的饮料。

耳部：耳廓、耳跟后及耳孔边应每日用毛巾或棉签清洗，不可留有皮屑。

手部：保持手部的清洁，要养成勤洗手勤剪指甲的良好习惯，指甲不得长于 1 毫米。

体味：要勤换内外衣物，给人清新的感觉。

（二）女士要求

发式：头发应勤洗，无头皮屑。短发要合拢于耳后，长发应梳理整齐挽起成发髻。不染色彩夸张的发色；短发不过肩；刘海不盖额；佩戴公司统一的发饰。

面容：面部保持清洁，眼角不可留有分泌物，保持鼻孔清洁。工作时需化淡妆，以淡雅、清新、自然为宜。

口腔：保持口腔清洁，早餐、午餐不吃有异味的食品。

耳部：耳廓、耳跟后及耳孔边应每日用毛巾或棉签清洗，不可留有皮屑。

手部：应保持手部的清洁，指甲不得长于1毫米，可适当涂无色指甲油。

体味：勤换内外衣物，给人以清新的感觉。不宜使用香味过浓的香水。

 小资料

仪容仪表检查细则

1. 身体的清洁。①你有否感到身体中哪部分有病痛（不舒服）。②你内衣是否两天换一次。③是否有体臭。④身体是否有炎症出现。

2. 化妆。①是否化妆了。②口红颜色是否适当。③眼影颜色是否合适。④粉底、腮红、睫毛膏等化妆用品是否正确使用。

3. 头发。男员工检查以下几项：①前发前额是否过眉毛；②侧发是否触耳；③后发是否压领；④发型是否古怪，是否有将头发染成其他颜色，是否烫发；⑤头发是否干净，是否有头皮屑；⑥头发是否梳理整齐。

女员工检查以下几项。①前额刘海是否遮眼；②侧发是否盖耳；③后发是否披肩；④发型是否古怪；⑤是否有将头发染成其他颜色，是否烫发；⑥头发是否梳理整齐，头发是否干净，是否有头皮屑。

4. 口部：①牙齿是否黑色或看上去很脏；②牙齿里是否有杂物，如青菜残渣；③牙齿是否感到不舒服，如牙痛等；④牙齿是否有损坏现象；⑤是否有口臭；⑥上班前是否喝了酒，是否吃了辛辣食物、葱蒜或其他气味很浓的食物。

5. 双手：①指甲是否过长（超过1毫米）；②指甲内是否有污秽；③双手是否有灰尘；④是否涂有色指甲油。

6. 鞋子：①是否着黑色皮鞋或指定工鞋；②是否保持清洁、干净，无异味；③皮鞋的带子是否系好；④皮鞋是否有破损之处，是否经常打油擦亮。

7. 短袜或丝袜：①是否有破损、划痕、走丝或破洞；②是否干净；③穿着是否适当；④颜色是否同裤子相配；⑤是否穿着符合要求的袜子，是否着白袜；⑥长袜是否从裤边或裙下露出来。

8. 工服：①工服是否合身；工服是否干净；工服是否有破损之处；工服是否平整；衬衣领子和袖口是否干净；上衣肩是否有头发；工服的标签是否外露；下摆是否扎进裤内，内衣内裤是否过长而外露；领带的位置是否正确。②工服是否有未扣的纽扣，特别是领口与袖口的纽扣；是否按规定着好制服，是否制服、私装混穿；衣袋、裤兜内是否放置东西过多，随身携带的钥匙是否放好（不要发出声响）；是否按规定正确佩戴工号牌，工号牌是否整洁无破损、字迹清晰。

9. 首饰：①有否佩戴多余的首饰；②是否在耳环、手或脚、脖子上挂有昂贵的珠宝。

31

第三节　快递从业人员仪态要求

相对于口头语言来说，行为举止是一种无声的语言，是一个人的性格、修养和生活习惯的外在表现。你的一举一动直接影响着别人对你的评价。因此，有人称它为"动态的外表"。

具体来说，"动态的外表"展现在以下几个方面。

一、站姿礼仪

站立是人们生活交往中的一种最基本的举止。

站姿是人静态的造型动作，优美、典雅的站姿是发展人的不同动态美的基础和起点。优美的站姿能显示个人的自信，衬托出美好的气质和风度，并给他人留下美好的印象。

（一）正确的站姿要求（见图2.4）

（1）头正。
（2）肩平。
（3）臂垂。
（4）躯挺。
（5）腿并。

图 2.4　标准站姿

（6）身体重心主要支撑于脚掌、脚弓上。

（7）从侧面看，头部与肩部、上体与下肢应在一条垂直线上。

（二）手位

站立时，双手可取下列之一手位（见图 2.5）。

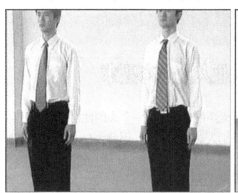

图 2.5（a）双手置于身体两侧

图 2.5（b）右手搭在左手上叠放于体前

图 2.5（c）双手叠放于体后

图 2.5（d）一手放于体前一手背在体后

图 2.5　标准站姿手位

（1）双手置于身体两侧。

（2）右手搭在左手上叠放于体前。

（3）双手叠放于体后。

（4）一手放于体前一手背在体后。

（三）脚位

站立时可采取以下几种脚位（见图2.6）：

（1）"V"型。

（2）双脚平行分开不超过肩宽。

（3）小"丁"字型。

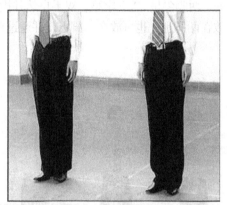 

图 2.6（a）"V"型　　　　　　　　图 2.6（b）双脚平行分开不超过肩宽

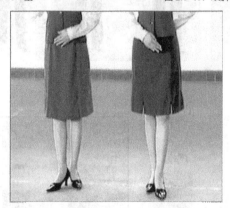

图 2.6（c）小"丁"字型

图 2.6　标准站姿脚位

（四）几种基本站姿

1. 男士的基本站姿（见图2.7（a）～（c））

（1）身体立直，抬头挺胸，下颌微收，双目平视，嘴角微闭，双手自然垂直于身体两侧，双膝并拢，两腿绷直，脚跟靠紧，脚尖分开呈"V"字型。

（2）身体立直，抬头挺胸，下颌微收，双目平视，嘴角微闭，双脚平行分开，两脚间距离不超过肩宽，一般以 20 厘米为宜，双手手指自然并拢，右手搭在左手上，轻贴于腹部，不要挺腹或后仰。

（3）身体立直，抬头挺胸，下颌微收，双目平视，嘴角微闭，双脚平行分开，两脚之间距离不超过肩宽，一般以 20 厘米为宜，双手在身后交叉，右手搭在左手上，贴于臀部。

2. 女士的基本站姿（见图 2.7（d）、（e））

（1）身体立直，抬头挺胸，下颌微收，双目平视，嘴角微闭，面带微笑，双手自然垂直于身体两侧，双膝并拢，两腿绷直，脚跟靠紧，脚尖分开呈 "V" 字型。

（2）身体立直，抬头挺胸，下颌微收，双目平视，嘴角微闭，面带微笑，两脚尖略分开，右脚在前，将右脚跟靠在左脚脚弓处，两脚尖呈 "V" 字型，双手自然并拢，右手搭在左手上，轻贴于腹前，身体重心可放在两脚上，也可放在一脚上，并通过重心的移动减轻疲劳。

（a）

（b）

（c）

（d）

（e）

图 2.7　几种标准站姿

（五）站立注意事项

（1）站立时，切忌东倒西歪，无精打采，懒散地倚靠在墙上、桌子上。

（2）不要低着头、歪着脖子、含胸、端肩、驼背。

（3）不要将身体的重心明显地移到一侧，只用一条腿支撑着身体。

（4）身体不要下意识地做小动作。

（5）在正式场合，不要将手插在裤袋里面，切忌双手交叉抱在胸前，或是双手叉腰。

（6）男子双脚左右开立时，注意两脚之间的距离不可过大，不要挺腹翘臀。

（7）不要两腿交叉站立。

实战训练 站姿训练

1. 背靠墙。即五点一线练习，要求收腹靠墙站立，脚后跟、小腿、臀、肩胛骨、后脑枕部均紧靠贴墙，五点在一条直线上，站立十分钟。

2. 背靠背夹纸板。两人一组，背靠背站立，要求两人脚跟、小腿、臀、双肩、后脑枕部相互紧贴，两人小腿之间或肩部放置纸板，要求保持不掉落，站立十分钟。

3. 头顶书本。将书本放置在头顶，颈部自然挺直，微收下颌，目视前方，头部保持正直，站立十分钟。

4. 对镜训练。

训练要求：学生利用课下时间选择以上四种当中适合自己的方式练习，坚持练习一段时间后可总结自己选择的方式对练习标准站姿有哪些帮助。

二、坐姿礼仪

坐姿文雅、端庄，不仅给人以沉着、稳重、冷静的感觉，而且也是展现自己气质与修养的重要形式。

（一）正确的坐姿要求

正确的坐姿要求如图 2.8 所示。

（1）入座时要轻稳。

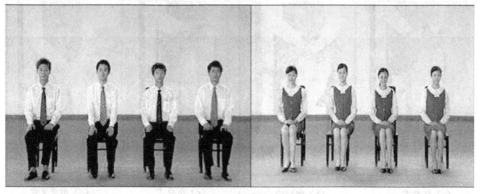

图 2.8 标准坐姿

（2）入座后上体自然挺直，挺胸，双膝自然并拢（女士）或微张（男士并拢、微张均可），双腿自然弯曲，双肩平整放松，双臂自然弯曲，双手自然放在双腿上或椅子、沙发扶手上，掌心向下。

（3）头正，嘴角微闭，下颌微收，双目平视，面容平和自然。

（4）坐在椅子上，应坐满椅子的2/3，脊背轻靠椅背。

（5）离座时，要自然稳当。

（二）双手的摆法

坐时，双手可采取下列手位之一（见图2.9）。

（1）双手平放在双膝上。

（2）双手叠放，放在一条腿的中前部。

（3）一手放在扶手上，另一手仍放在腿上或双手叠放在侧身一侧的扶手上，掌心向下。

（三）双腿的摆法

坐时，双腿可采取下列姿势之一（见图2.10）。

图 2.9　标准坐姿双手摆法

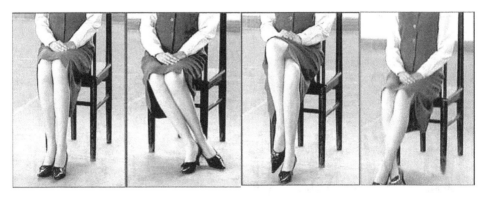

（a）标准式　　　　（b）侧腿式　　　　（c）重叠式　　　　（d）前交叉式

图 2.10　标准坐姿双腿摆法

（1）标准式。

（2）侧腿式（左右两侧均可）。

（3）重叠式。

（4）前交叉式。

（四）几种基本坐姿

1. 女士坐姿（见图2.11）

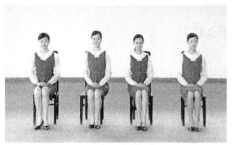

（a）标准式

（b）侧点式　　　　　　　　　　　（c）前交叉式

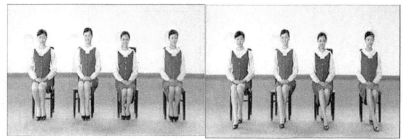

（d）后点式　　　　　　　　　　　（e）曲直式

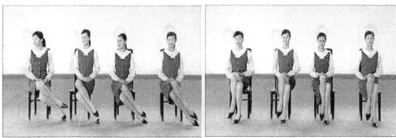

（f）侧挂式　　　　　　　　　　　（g）重叠式

图2.11　女士标准坐姿

（1）标准式。

（2）侧点式。

（3）前交叉式。

（4）后点式。

（5）曲直式。

（6）侧挂式。

（7）重叠式。

2．男子坐姿（见图2.12）

（1）标准式。

（2）前伸式。

（3）前交叉式。

（4）交叉后点式。

（5）曲直式。

（6）重叠式。

（a）标准式　　　　　　　　　　（b）前伸式

（c）前交叉式　　　　　　　　　（d）交叉后点式

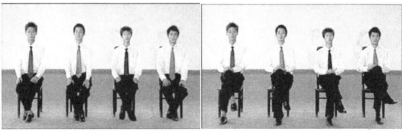

（e）曲直式　　　　　　　　　　（f）重叠式

图2.12　男士标准坐姿

（五）坐的注意事项

（1）坐时不可前倾后仰，或歪歪扭扭。

（2）双腿不可过于叉开，或长长地伸出。

（3）坐下后不可随意挪动椅子。

（4）不可将大腿并拢，小腿分开，或双手放于臀部下面。

（5）不可高架"二郎腿"或"4"字型腿。

（6）腿、脚不可不停抖动。

（7）不要猛坐猛起。

（8）与人谈话时不要用手支着下巴。

（9）坐沙发时不应太靠里面，不能呈后仰状态。

（10）双手不要放在两腿中间。

（11）脚尖不要指向他人。

（12）不要脚跟落地、脚尖离地。

（13）不要双手撑椅。

（14）不要把脚架在椅子或沙发扶手上，或架在茶几上。

实战训练　坐姿训练

1. 两人一组，面对面练习，并指出对方的不足。

2. 坐在镜子前面，按照坐姿的要求进行自我纠正，重点检查手位、腿位、脚位。

3. 每次训练时间为 20 分钟左右，可配音乐进行。

三、走姿蹲姿礼仪

（一）走姿

走姿是人体所呈现出的一种动态，是站姿的延续。走姿是展现人的动态美的重要形式。走姿是"有目共睹"的肢体语言。

1. 正确的走姿要求（见图 2.13）

（1）头正。

（2）肩平。

（3）躯挺。

（4）步位直。

（5）步幅适度。

（6）步速平稳。

2. 变向时的行走规范

（1）后退步。向他人告辞时，应先向后退两三步，再转身离去。退步时，脚要轻擦地面，不可高抬小腿，后退的步幅要小。转体时要先转身体，头稍后再转，如图 2.14 所示。

图 2.13　标准走姿

图 2.14　后退步

（2）侧身步。当走在前面引导来宾时，应尽量走在宾客的左前方。髋部朝向前行的方向，上身稍向右转体，左肩稍前，右肩稍后，侧身向着来宾，与来宾保持两三步的距离。当走在较窄的路面或楼道中与人相遇时，也要采用侧身步，两肩一前一后，并将胸部转向他人，不可将后背转向他人，如图 2.15 所示。

图 2.15　侧身步

3．不雅的走姿

（1）方向不定，忽左忽右。

（2）体位失当，摇头、晃肩、扭臀。

（3）扭来扭去的"外八字"步和"内八字"步。

（4）左顾右盼，重心后坐或前移。

（5）与多人走路时，或勾肩搭背，或奔跑蹦跳，或大声喊叫等。

（6）双手反背于背后。

（7）双手插入裤袋。

实战训练　走姿训练

1．摆臂训练

直立身体，以肩为轴，双臂前后自然摆动。注意摆动的幅度适度，纠正过于僵硬、双臂左右摆动的毛病。

2．步位步幅训练

在地上画一条直线，行走时检查自己的步位和步幅是否正确，纠正"外八字"、"内八字"及脚步过大或过小。

3．稳定性训练

女生穿跟鞋将书本放在头顶中心，保持行走时头正、颈直、目不斜视。

4．协调性训练

配以节奏感强的音乐，行走时注意掌握好走路的速度、节拍，保持身体平衡，双臂摆动对称，动作协调。

注意事项：在进行行走姿训练的时候可以配有音乐，并进行摄像，然后播放录像，使学生了解自己的步态，便于修正。

（二）蹲姿

在日常生活中，人们对掉在地上的东西，一般是习惯弯腰或蹲下将其捡起，而身在工作岗位上的企业员工对掉在地上的东西，也像普通人一样采用随意弯腰或蹲下捡起的姿势是不合适的。

1．基本蹲姿

（1）下蹲拾物时，应自然、得体、大方，不遮遮掩掩。

（2）下蹲时，两腿合力支撑身体，避免滑倒。

（3）下蹲时，应使头、胸、膝关节在一个角度上，使蹲姿优美。

（4）女士无论采用哪种蹲姿，都要将腿靠紧，臀部向下。正确的蹲姿如图 2.16 所示。

蹲姿三要点：迅速，美观，大方。若用右手捡物品，可以先走到物品的左边，右脚向后退半步后再蹲下来。脊背保持挺直，臀部一定要蹲下来，避免弯腰翘臀的姿势。男士两腿间可留有适当的缝隙，女士则要两腿并紧，穿旗袍或短裙时需更加留意，以免尴尬。

图 2.16　基本蹲姿

2．蹲姿实例

（1）交叉式蹲姿

在实际生活中常常会用到蹲姿，如集体合影前排需要蹲下时，女士可采用交叉式蹲姿，下蹲时右脚在前，左脚在后，右小腿垂直于地面，全脚着地。左膝由后面伸向右侧，左脚脚跟抬起，脚掌着地。两腿靠紧，合力支撑身体。臀部向下，上身稍前倾（如图 2.17 所示）。

图 2.17　交叉式蹲姿

（2）高低式蹲姿

下蹲时右脚在前，左脚稍后，两腿靠紧向下蹲。右脚全脚着地，小腿基本垂直于地面，左脚脚跟提起，脚掌着地。左膝低于右膝，左膝内侧靠于右小腿内侧，形成右膝高左膝低的姿态，臀部向下，基本上以左腿支撑身体（如图 2.18 所示）。

3．蹲姿禁忌

（1）弯腰捡拾物品时，两腿叉开，臀部向后撅起，是不雅观的姿态（如图 2.19 所示）。两腿展开平衡下蹲，其姿态也不优雅。

（2）下蹲时注意内衣"不可以露，不可以透"。

图 2.18　高低式蹲姿　　　　　　　　　图 2.19　不雅蹲姿

实战训练　蹲姿训练

练习内容：

练习各种基本的蹲姿，并注意保持平衡和协调。

练习方式：

采用学生分组练习，教师进行指导，并进行全程录像。

练习步骤：

（1）分小组演练，并从中评选出最优秀的学生；

（2）最优秀的学生带领练习；

（3）集中检查每组的练习结果，小组之间进行互评；

（4）教师对小组的表现进行最终的点评；

（5）播放每组展示的练习成果。

 本章小结

　　快递企业的员工形象是快递企业对外展示自己的"流动窗口"，每一位员工给客户留下的印象都关系到快递企业自身的形象。一名优秀的快递企业从业人员应该从基本的仪表、仪容和仪态上严格地要求自己，这本身也是个人外在气质和个人素养的一种展示。

　　本章分别对员工的仪表、仪容、仪态进行了详细的讲解，主要侧重讲解了一些工作场合必须遵守的个人形象礼仪，以及一些需要特别注意的地方，例如，在仪表的学习上，侧重掌握工作装的穿着礼仪等；在仪容的学习上，侧重掌握工作妆的要求等；在仪态的学习上，侧重练习几种主要的基本仪态。通过本章的学习，对提升员工的个人形象可起到一定的指导作用。

课后阅读

材料一　十大领带打法

1．平结——Plain Knot

平结也称单结，是男士选用最多的领带打法之一，几乎适用于各种材质的领带。

打出的结呈斜三角形，适合搭配窄领衬衫。

要诀：示意图中领带宽边在左手边，也可换右手边打；在选择"男人的酒窝"（形成凹凸）情况下，尽量让两边均匀且对称。

2. 双环结——Double Knot

一条质地细致的领带再搭配上双环结颇能营造时尚感，适合年轻的上班族选用。

要诀：该领带打法完成的特色就是第一圈会稍露出于第二圈之外，千万别刻意给盖住了。

3. 交叉结——Cross Knot

交叉结是颜色素雅且质地较薄的领带适合选用的领带打法，喜欢展现流行感的男士不妨多使用"交叉结"。

交叉结的特点在于打出的结有一道分割线，让人感觉非常时髦。

要诀：注意按步骤打完领带是背面朝前。

4. 双交叉结——Double Cross Knot

双交叉结很容易体现男士高雅且稳重的气质，适合正式场合选用。

该领带打法多运用于素色的丝质领带，若再搭配大翻领的衬衫，不但显得很搭配且有种尊贵感。

要诀：宽边从第一圈与第二圈之间穿出，完成的集结充实饱满。

5．温莎结——Windsor Knot

温莎结是因温莎公爵而得名的领带结，是最正统的领带打法。

打出的结成正三角形，饱满有力，适合搭配宽领衬衫。

该集结应多往横向发展。应避免材质过厚的领带，集结也要避免打得过大。

要诀：宽边先预留较长的空间，绕带时的松、紧会影响领带结的大小。

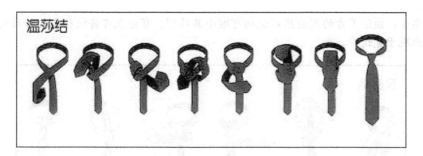

6．亚伯特王子结——The Prince Albert Knot

亚伯特王子结适用于质料柔软的浪漫细款领带，搭配浪漫扣领及尖领系列衬衫。"男人的酒窝"两边略微翘起。

要诀：宽边先预留较长的空间，并在绕第二圈时与窄边尽量贴合在一起，即可完成此一完美结型。

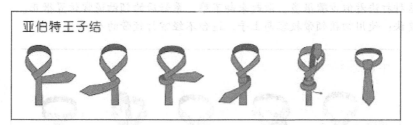

7．简式结（马车夫结）——The Simple Knot

简式结适用于质地较厚的领带，最适合搭配标准式及扣式领口衬衫。简式结简单易打，非常适合在商务旅行时使用。简式结特点在于先将宽端以 180 度由上往下扭转，并将折叠处隐藏于后方完成打结。在完成后可再调整其领带长度，在外出整装时方便快捷。

要诀：简式结（马车夫结）在所有领带的打法中最为简单，尤其适合厚面料的领带，不会造成领带结显得过于臃肿累赘。

8. 浪漫结——The Trend Knot

浪漫结是一种完美的结型，适合用于各种浪漫系列的领口及衬衫。

浪漫结能够靠褶皱的调整自由放大或缩小，而剩余部分的长度也能根据实际需要任意掌控。

浪漫结打出的结形状匀称，领带线条顺直优美，容易给人留下整洁严谨的良好印象。

要诀：领结下方的宽边压以皱褶可缩小其结型，窄边也可将它往左右移动使其小部分出现于宽边旁。

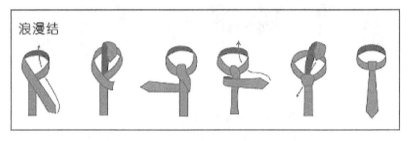

9. 半温莎结（十字结）——The Half-Windsor Knot

半温莎结最适合搭配在浪漫的尖领及标准式领口系列衬衣上。

半温莎结是一个形状对称的领带结，它比温莎结略小。

这种打法看似步骤很多，做起来却不难，系好后的领结通常位置很正。

要诀：使用细款领带较容易上手，适合不经常打领带的人。

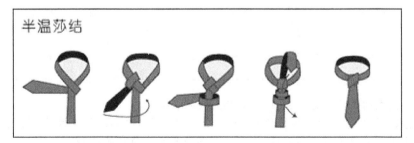

10. 四手结——The Four-Inohand

它是所有领结中最容易上手的，通过四个步骤就能完成打结，故名为"四手结"。

它适合宽度较窄的领带，搭配窄领衬衫，风格休闲，适用于普通场合。

要诀：类同于平结。

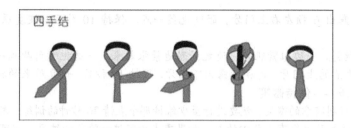

材料二　如何拥有迷人的微笑

有魅力的微笑是天生的，但依靠自身的努力也完全可以拥有。因此，演员或空姐通过微笑练习，能练出迷人的微笑。

笑脸中最重要的是嘴形。因为根据嘴形如何动，嘴角朝哪个方向，微笑也不同。面部肌肉跟其他的肌肉一样，使用得越多，越可以形成正确的移动。

从低音到高音一个音一个音地充分进行练习，放松肌肉后，伸直手掌温柔地按摩嘴周围。

第一阶段——放松嘴唇周围肌肉

放松嘴唇周围肌肉就是微笑练习的第一阶段，又名"哆来咪练习"。嘴唇肌肉放松运动是从低音"哆"开始，到高音"咪"，大声清楚地说三次每个音。不是连着念，而是一个音节一个音节地发音。放松肌肉后，伸直手掌温柔地按摩嘴周围。

第二阶段——给嘴唇肌肉增加弹性

形成笑容时最重要的部位是嘴角。锻炼嘴唇周围的肌肉，能使嘴角的移动变得更干练好看，也可以有效地预防皱纹。如果嘴边显得干练有生机，整体表情就给人有弹性的感觉，所以会显得更年轻。

伸直背部，坐在镜子前面，反复练习最大地收缩或伸张。

图2.20　微笑训练

1. 张大嘴。张大嘴使嘴周围的肌肉最大限度地伸张。张大嘴能感觉到颚骨受刺激的程度，并保持这种状态10秒。

2. 使嘴角紧张。闭上张开的嘴，拉紧两侧的嘴角，使嘴唇在水平上紧张起来，并保持10秒。

3. 聚拢嘴唇。使嘴角在上一条的状态下，慢慢地聚拢嘴唇。出现圆圆的卷起来的嘴唇聚拢在一起的感觉时，保持10秒。

用门牙轻轻地咬住木筷子。把嘴角对准木筷子，两边都要翘起，并观察连接嘴唇两端的线是否与木筷子在同一水平线上。保持这个状态10秒。然后轻轻地拔出木筷子，练习维持此状态。

第三阶段——形成微笑

这是在放松的状态下，根据微笑大小练习笑容的过程，练习的关键是使嘴角上升的程度一致。如果嘴角歪斜，表情就不会太好看。在练习各种笑容的过程中，就会发现最适合自己的微笑。

1. 小微笑。把嘴角两端一齐往上提。给上嘴唇拉上去的紧张感。稍微露出2颗门牙，保持10秒之后，恢复原来的状态并放松。

2. 普通微笑。慢慢使肌肉紧张起来，把嘴角两端一齐往上提。给上嘴唇拉上去的紧张感。露出 6 颗左右上门牙，眼睛也笑一点。保持 10 秒后，恢复原来的状态并放松。

3. 大微笑。一边拉紧肌肉，使之强烈地紧张起来，一边把嘴角两端一齐往上提，露出 10 个左右的上门牙，也稍微露出下门牙。保持 10 秒后，恢复原来的状态并放松。

第四阶段——保持微笑

一旦寻找到满意的微笑，就要进行至少维持那个表情 30 秒钟的训练。尤其是那些照相时不能敞开笑而显得有点伤心的人，如果重点进行这一阶段的练习，就可以获得很大的效果。

第五阶段——修正微笑

虽然认真地进行了训练，但如果笑容还是不那么完美，就要寻找其他部分是否有问题。但如果能自信地敞开笑，就可以把缺点转化为优点，不会成为大问题。

缺点一：嘴角上升时会歪。在训练中让人意想不到的是两侧的嘴角不能一齐上升的人有很多。这时利用木筷子进行训练很有效。刚开始会比较难，但若反复练习，就会在不知不觉中两边一齐上升，形成干练而老练的微笑。

缺点二：笑时露出牙龈。笑的时候易露很多牙龈的人，往往笑的时候没有自信，不是遮嘴，就是脑脯地笑。自然的笑容可以弥补露出牙龈的缺点，但由于本人太在意，所以很难形成自然亮丽的笑。露出牙龈时，可以通过如下嘴唇肌肉的训练方法弥补。

（1）挑选满意的微笑：以各种形状尽情地试着笑。在其中挑选最满意的笑容。然后确认能看见多少牙龈。大概能看见 2 毫米以内的牙龈，就很好看。

（2）反复练习满意的微笑：照着镜子，试着笑出前面所选的微笑。在稍微露出牙龈的程度上，反复练习美丽的微笑。

（3）拉上嘴唇：如果希望在大微笑时，不露出很多牙龈，就要给上嘴唇稍微加力，拉下上嘴唇。保持这一状态 10 秒。

第六阶段——修饰有魅力的微笑

如果认真练习，就会发现只有自己才拥有有魅力的微笑，并能展现那种微笑。伸直背部和胸部，用正确的姿势在镜子前面边敞开笑，边修饰自己的微笑。

自然、灿烂的笑容是给人良好的第一印象的最佳利器，怎么笑得自然又漂亮也是一门学问。首先要由内而外地散发出自信的魅力，自我催眠自己是最可爱、漂亮的，如此笑容才能自然。然后要多面对镜子练习精准又自然的微笑，检查自己的笑是否僵硬或牵强夸张，记住打心眼儿里的笑才是最自然、最坦诚的。最后要仔细观察微笑时牙齿的状况，是否太黄或不整齐，同时保持口气清新也能为自己的笑容加分。除了前面介绍的 6 个阶段的微笑训练法之外，还有一种有效的"百分百笑容练习法"，也能帮助我们训练出自然迷人的微笑。

百分百笑容练习法的步骤如下。

① 放松全身肌肉，姿势端正，左右手手掌朝下。

② 双手合拢置于胸口，嘴角先上扬做三分笑容状。

③ 脸颊肌肉渐渐往上移动，眼睛线条眯起，胸口前的双手逐渐打开。

④ 眼睛开始散发自然的光芒，张开双臂予人友善的感觉。

此外，要想拥有迷人的微笑，还应注意脸部表情的自我检查。

检查牙齿排列：面对镜子，嘴巴呈"E"字张开，仔细检查，看看上下排牙齿的咬合状况及排列的整齐度。

表情：面对镜子拿起手机假装在跟朋友聊天，仔细看看自己说话时的各种表情，例如眉头是否不自觉皱起，还有自己的眼神是否有亮泽变化等，观察后再加以改善表情。

失败的脸部表情有如下几方面。

1. 面无表情，无精打采。早上起来常在不自觉的状态下表情会比较呆滞，而且无精打采。在思考事情的时候，人通常会陷入面无表情的状况，想象如果前面有位帅哥或美女看见了，那该有多糗啊！所以无论何时何地都要注意自己的表情。

2. 眯眼，皱起眉头：近视但又没戴眼镜的人，最容易在看一件东西时会不知不觉眯眼、皱眉头，这种表情会给人刻薄的感觉，不可不加以小心。

3. 当我们生气时，眉宇会打结，甚至呲牙咧嘴或者哭丧着脸，这些都会损害自身形象，需要对此加以注意。

 **课堂互动**

实训主题：快递营业场所工作人员的个人形象展示。

实训形式：学生每5～8人分成一组。

实训任务：通过模拟营业场所受理客户业务，对个人基本形象配以微笑、手势等动作加以展示，更好地对个人仪表、仪容、仪态礼仪加强认识。

实训步骤：

（1）模拟快递营业厅的经营环境，并选取2～3名学生分别扮演客户来此办理业务。

（2）选取4名学生，分别扮演接待员、前台服务员、快件处理人员、快件收派人员等服务人员。

（3）教师和其他同学观摩，并对其服务过程中的仪表、仪容、仪态进行点评和讨论。

复习思考题

1. 快递从业人员的仪表、仪容、仪态在服务过程中有什么作用？
2. 快递企业员工着标志服的基本要求有哪些？
3. 简述快递从业人员在服务岗位上的化妆的注意事项。
4. 男员工在个人清洁卫生上应做到哪些方面？
5. 快递从业人员应该从几个方面注意个人仪态的训练？
6. 简述正确的坐姿要求。

案例分析

员工形象重千金

郑伟是一家快递公司的业务员。在一次工作出班前他临时接到通知，要求他为当地一家著名的德国外资企业派送一份紧急文件，并且该快件必须由客户本人亲自签收。由于时间仓促，他在出发前对自己的形象未能仔细审查，于是就上穿工作制服，下穿牛仔裤，头戴棒球帽，足蹬一双人字拖鞋。这样一身装扮就去送文件了。无疑，他希望自己能在最短的时间将文件送达。然而事与愿违，当他到达那家公司大楼门口却被公司的保安拦在了门外，因为该公司是不允许穿拖鞋者入内的，于是在与保安的纠缠中就耽误了送文件的时间，最后只能由客户自己下楼来取，同时也耽误了客户的正常工作。

根据上述材料分析以下问题：

1. 说说郑伟工作期间在个人的仪表仪容方面有哪些不符合礼仪要求的地方，并对出现的问题进行纠正。

2. 郑伟所犯的个人错误会给他所在的快递公司带来怎样的影响？谈谈个人形象礼仪塑造和快递企业形象之间的关系。

第三章

快递从业人员言谈礼仪

学习目标

学生通过本章内容的学习，熟悉快递从业人员的言谈基本要求，了解快递服务人员的基本礼貌用语、文明用语和电话用语，掌握快递从业人员的服务禁忌用语以及如何在不同场合熟练运用各种用语。

引导案例

一个称谓引发的尴尬

一位先生为一位外国朋友订做生日蛋糕。他来到一家蛋糕店，对服务员小姐说："小姐，您好！我要为我的一位外国朋友订一个生日蛋糕，同时打一份贺卡，您看可以吗？"服务小姐接过订单一看，忙说："对不起，请问先生，您的朋友是小姐还是太太？"这位先生也不清楚这位外国朋友结婚没有，从来没有打听过，他为难地抓了抓后脑勺想想说："小姐？太太？一大把岁数了，太太。"生日蛋糕做好后，服务员小姐将蛋糕交给快递公司并由快递员按地址到酒店客房送生日蛋糕，敲门后，一女子开门，快递员在门外有礼貌地说："请问您是怀特太太吗？"女子愣了愣，不高兴地说："错了！"然后就关上了门。快递员丈二和尚摸不着头脑，抬头看看门牌号，再回去打个电话问那位先生，没错，房间号码没错。再敲一遍，开门，"没错，怀特太太，这是您的蛋糕"。那女子大声说："告诉你错了！这里只有怀特小姐，没有怀特太太！"啪一声，门被大力关上，蛋糕掉地。这一意外情况，就是由于服务过程中在语言上使用了错误的称呼所造成的。在西方，特别是女子，很重视正确的称呼。如果搞错了，引起对方的不快，往往好事就变成坏事。

思考:

在快递企业的日常工作中,快递员工在和客户交流时言谈上要注意哪些问题?

第一节　言谈的基本要求

服务语言,既体现着快递从业人员个人的修养、知识水平,也体现着快递企业的风格和管理水平。因此,快递从业人员拥有的语言技巧、风格及应变能力和表达能力,都会影响快递企业和个人的利益。只有掌握了这些要求和能力,才能从容面对客户提出的各种问题,更好地为客户服务。

在服务客户过程中,服务语言既可使客户对快递服务产生购买兴趣,也可使顾客扫兴而归,或者怒气冲冲,甚至发生口角。因此,快递从业人员在服务中应注重主动性、尊重性、准确性、适度性的和谐统一,做到语气诚恳,语调柔和,用语恰当,音量适中。要熟练运用日常礼貌服务用语,准确使用称呼语、问候语、迎送语、致谢语、答询语、推脱语、致歉语等。可以根据不同情况选择讲普通话或使用方言,如果有必要,还要学会简单的外语交流。严禁使用讥讽、嘲笑、挖苦、催促、埋怨等服务忌语。

服务语言主要涉及口头语言、辅助语言和形体语言等方面。在快递从业人员服务客户的过程中,这些方面都有着各自具体的要求和注意事项。

口头语言是服务过程中语言运用的基本形式。口头语言应使用通俗易懂、简单明了的字句,恰如其分地表达自己的意思,避免产生误会。其最基本的要求是文明、礼貌、亲切、准确,应做到"五声"。服务中的"五声"包括:来有迎声,问有答声,走有送声,不明白有解释声,不满意有道歉声。

辅助语言也很重要。辅助语言是一种伴随着声音出现的特殊语言,属于辅助语言的范畴有语调、语速等。语调体现说话人的心境、态度和情感,起着强化语言内容的作用,根据谈话的内容采取抑扬顿挫的语调,富有感情色彩,容易与客户产生默契和共鸣。快递从业人员在服务中应使用亲切、热情、诚恳和谦恭的语调,以增强语言的表达力和感染力。

语速与交谈效果有密切联系。适当的语速,使口语有节奏感和音乐美。如果口语没有重音,就可能会使顾客听不明白,感到莫名其妙;而滥用重音,则可能会给顾客造成错觉,甚至造成误会。快递从业人员说话时应该根据实际情况决定语句间歇,掌握好停顿的技巧,学会停顿表达意思,才能传达出比言语更多的内容。

━━━┥ 实战训练 ┝━━━

假设你是一名快递服务人员,有一位客户向你投诉他的货物寄出 5 天了,仍未到货,对此他很不满意,面对这样的客户你将如何应对?

学生扮演不同角色,感受不同的说话语调和语速在处理客户投诉中所产生的不同效果。

在服务过程中,也要特别注重形体语言的应用。形体语言又称体态语言、动作语言。它是伴随着有声语言出现或单独使用的无声语言，是指快递从业人员在服务中表露的眼神、表情、动作、手势等，起着补充、强化口语信息的作用。人的身姿体态、举手投足、精神容貌，可以传达各种信息，形体语言应用得当，可使客户更加清楚理解快递从业人员所表达的思想内容，使销售在和谐的气氛中顺利完成。

形体语言的动作幅度不宜过大，次数不宜过多，多余的手势和动作会给人留下装腔作势、缺乏涵养的感觉。服务场合要多用柔和曲线手势，少用生硬的直线条手势，这样才能拉近与客户的心理距离。另外，在与人交谈过程中要尽量避免出现食指指着别人、双手抱头、双手叉腰、挖鼻孔、剔牙齿、手插在口袋等不良手势和行为。

 小资料

销售人员与客户的言谈技巧

一位销售代表走进一家老客户的公司时，看到客户的办公室里有一位年届五十的中年人。当时办公室里的人都称呼该中年人为"老杜"，而且其他客户以为这位销售代表见过此人就没有进行介绍，因此在向"老杜"敬烟时，这位销售代表半亲密半开玩笑地说："老杜同志其实不老嘛！是列位太年轻有为了！"。

说完这话时，一位与该销售代表比较熟悉的客户使了一个眼色。后来，销售代表才明白，原来那位"老杜"是客户公司从外地挖来的部门经理，因为与其他部门经理年龄相差悬殊，所以大家都叫他"老杜"。虽然这种叫法不会令"老杜"感到尴尬，可是销售代表的说法却触动了他的敏感神经。

任何时候，如果不能确定客户的职务或身份，销售代表可以通过他人介绍或者主动询问等方法弄清这一点。当销售代表把客户介绍给他人，或者与客户进行沟通时，还需要在弄清客户职务、职称的基础上注意以下问题。

● 称呼客户职务就高不就低。有时客户可能身兼多职，此时最明智的做法就是使用让对方感到最被尊敬的称呼，即选择职务最高的称呼。

● 称呼副职客户时要巧妙变通。如果与你交流的客户身处副职，大多数时候可以把"副"字去掉，除非客户特别强调。

第二节　基本服务用语

一、礼貌用语

礼貌用语也称敬语，是对人表示友好和尊重的语言，是约定俗成的表示谦虚和恭敬的专门用语，它具有体现礼貌和提供服务的双重性。

礼貌用语的主要内容就是十三种敬语，即称呼语、问候语、迎送语、答询语、推脱语、请托语、致谢语、介绍语、祝贺语、服务语、解释语、致歉语、告别语。比如人们都知道的"十字用语"：问候语——你好；请求语——请；致谢语—谢谢；致歉语——对不起；告别语——再见。

常用的有四种敬语：称呼语、问候语、迎送语、答询语。

1. 称呼语

一般称：使用频率高，比如先生、女士、同志。

姓名称：一般社交场合年轻人直呼其名，自然亲切。

职务称：对有官衔或职称的人适合，显尊重。

亲属称：日常生活中多见，社交场合少用或不用。

2. 问候语

问候，就是人们相见之时询问安好，表示关切，有时也可作为交谈的开场白来使用。快递企业员工遇到客户，无论是相识者还是不相识者，都应主动向对方问候。问候语具有简洁、友好与尊重的特征，并且因人、因时、因地而有所区别。

问候顺序，一般应当由身份较低者向身份较高进行问候。在快递服务工作中，应当由服务员首先向客户进行问候，多人时，由尊而卑；身份相似时，由近及远；有些时候进行统一问候："大家好"、"各位好"。

最常用的问候语有："您好"、"大家好"、"早上好"、"中午好"、"下午好"、"经理好"等；如是熟人，可以具体一些："好久不见了，一向可好"、"您气色真好"、"今天天气不错"等。

3. 迎送语

迎送语是快递企业服务人员迎客之时与送客之际所使用的礼貌用语。常用的有："欢迎光临"、"欢迎您的到来"、"见到您很高兴"等；也可以配合加上问候语，如"您好，欢迎光临"，同时面带微笑，注视对方，点头或鞠躬向对方表示敬意欢迎之情；老客户再次到来时，说"欢迎您再次光临"、"×先生，我们又见面了"来表明自己认识这位客户，使之感到备受重视。

迎送语是快递企业员工在交谈结束，客户离开时，说声再见，表惜别与尊重之意。例如，"回头见"、"明天见"、"欢迎再来"、"请慢走"、"您走好，多保重"、"一路平安"等。

4. 答询语

答询语分为征询语和应答语。

征询语是指在服务过程中，快递企业员工需要以礼貌的语言主动向客户进行征询。分为开放式征询和封闭式征询。

开放式征询适用于主动向客户提供服务和帮助的时候，节省时间，直截了当。比如"您好，我能为您做点什么？""请问您需要办理什么业务？""您好，请问需要帮助吗？"

封闭式征询是适用于向客户征求意见或建议的时候，一般只给对方一个答案进行征询，能够迅速了解客户的意见。如"您是不是想使用特快专递业务？"等。有时同时提出两种或两种以上的答案，供客户选择，给客户提供多种选择余地，是对客户的一种尊重。如"刚才我给您介绍的业务，您看想使用哪一种呢？"等。

应答语是指回答客户的召唤及答复客户问话时的礼貌用语。例如，接受客户吩咐时说:"好的,一定照办。"未听清、听懂客户问话时说:"对不起,请您再说一遍好吗?"不能立即接待客户时说:"对不起,请您稍等。"接待失误或给客户添麻烦时说:"真不好意思,给您添麻烦了。"有事要问客户时说:"打扰一下,请问……"当客户表示感谢或赞扬时说:"没关系,这是我应该做的";"没关系,不要紧。"当客户提意见或建议时说:"您的意见非常宝贵。""这个建议,对我们非常重要。"当客户提过分或无理要求时说:"对不起,十分抱歉,不能帮您。"

5. 推脱语

推脱或拒绝别人,也是一门艺术。在推脱他人时,如果语言得体,态度友好,往往可以"逢凶化吉",使被推脱者的失望心理迅速淡化。反之,如果推脱得过于冰冷、生硬,则很有可能令客户不快、不满,甚而怒气冲冲,酿成口角。因此,对于服务人员而言,如何合理使用推脱用语,是服务过程中的高超技巧。

道歉式推脱用语:"对不起!"直接表达自己的歉疚之意,以求得对方谅解。

转移式推脱用语:"您不再看看别的吗?这个方案其实和您刚才所说的差不多。""您可以去其他营业网点看看。"

解释式推脱用语:"我们这里规定,不能乱开票。""现在是交班时间,暂时不能帮您办理业务。"

6. 请托语

在工作岗位上,服务过程中,任何服务人员都免不了可能会有求于人,需要客户协助完成一些工作。正确使用请托语可以使服务过程更有效率。而请托语使用的关键就是"请"。

标准式请托语:"请稍候!""请让一下!""请等一下!""请排好队!"

求助式请托语:"劳驾您……"、"拜托您……"、"打扰!"、"借光!"、"请关照!"

组合式请托语:"请您帮我一个忙!劳驾您替我扶一下这件货物!"

7. 致谢语

对于服务人员,在以下六种情况下,理应及时使用致谢用语,向他人表达自己的感激之意:一是获得他人帮助时;二是得到他人支持时;三是赢得他人理解时;四是感到他人善意时;五是婉言谢绝他人时;六是受到他人赞美时。

标准式的致谢用语:"谢谢!"

加强式的致谢用语:"十分感谢!""万分感谢!""多谢!"

具体式的致谢用语:"有劳您了!""上次给您添了不少麻烦!"

二、文明用语

文明用语是指在语言的选择、使用之中,应当既表现出其使用者的良好的文化素养、待人处事的态度,又能够令人产生高雅、温和、脱俗之感。

文明当先,是服务人员在工作岗位上使用语言时应当遵守的基本礼仪规范之一。要想在使用文明用语方面真正有所提高,就要认认真真地在称呼恰当、口齿清晰、用词文雅等方面,狠下一番工夫。

1. 称呼恰当

服务礼仪规定，在任何情况下，服务人员都必须对服务对象采用恰当的称呼。

（1）区分对象

服务人员平日所接触的服务对象往往包括了各界人士在内。由于彼此的身份、地位、民族、宗教、年龄、性别等存在着一定的差异，因此，在具体称呼服务对象时，服务人员最好有所分别，因人而异。

正式场合使用的称呼主要分为三种类型。它们一是泛尊称，例如"先生"、"小姐"、"夫人"、"女士"等。二是职业加以泛尊称，例如"司机先生"、"秘书小姐"等。三是姓氏加以职务或职称，例如"毛经理"、"李科长"、"谢教授"等。

使用于非正式场合的称呼主要分为六种类型。一是直接以姓名相称，如"解东"、"陈奇"等。二是直接称呼名字，如"志刚"、"伟萍"等。三是称呼爱称或小名，如"宝宝"、"毛毛"等。四是称呼辈分，如"大爷"、"奶奶"、"阿姨"等。五是姓氏加入辈分，如"刘大妈"、"洪叔叔"、"孙伯伯"等。六是在姓氏之前加上"老"字或者"小"字，如"老张"、"小王"等。

（2）照顾习惯

在实际生活中称呼他人时，必须对于交往对象的语言习惯、文化层次、地方风俗等各种因素加以考虑，并分别给予不同的对待。切不可自行其是，不加任何区分。如"先生"、"小姐"、"夫人"一类的称呼，在国际交往之中最为适用。在称呼海外华人或内地的白领时，亦可酌情采用。但若同样称呼农民，却往往未必会让对方感到舒服和顺耳。

称呼熟人或老人时，往往采用一些非正式的称呼，诸如"哥们"、"大姐"、"王哥"等，这样会使对方倍感亲切。可是若以此称呼城市白领或知识分子，则没准会被理解为"套近乎"。

（3）分清主次

需要称呼多位服务对象时，一般的讲究，是要分清主次，由主至次，依次进行。需要区分主次称呼他人时，标准的做法有两种：由尊而卑。即在进行称呼时，先长后幼，先女后男，先上后下，先疏后亲；由近而远，即先对接近自己者进行称呼，然后依次向下称呼他人。此外是统一称呼。假如对方成员人数多，可以对对方一起加以称呼，而不必一一具体到每个人。例如，"各位"、"诸位来宾"、"小姐们"、"先生们"等。

2. 口齿清晰

在工作岗位上，服务人员在更多的情况下，是要与服务对象直接进行口头交谈。服务人员在使用口语时，不管是遇到何种交往对象，均应做到文明待人。

快递服务人员在工作岗位上运用口语时，重要的是要努力使自己在运用口语与人交际的过程之中，真正做到口齿清晰。唯有做到了这一点，自己所言才能被对方听清楚，搞明白，真正实现双向沟通，否则就极有可能劳而无功，带来不便。

服务人员要做到口齿清晰，主要有待于在语言标准、语调柔和、语气正确等三个方面符合服务礼仪的基本规范。

　　语言标准，主要要求两个方面：一是要讲普通话，二是要发音正确。在这两个方面完全做好了，才能称得上语言标准。

实战训练　绕口令——口齿清晰训练

　　（1）四是四，十是十，十四是十四，四十是四十，不要把十四说成四十，不要把四十说成十四。

　　（2）小光和小刚，抬着水桶上山岗。上山岗，歇歇凉，拿起竹竿玩打仗。乒乒乒，乓乓乓，打来打去砸了缸。小光怪小刚，小刚怪小光，小光小刚都怪竹竿和水缸。

　　（3）杨家养了一只羊，蒋家修了一道墙。杨家的羊撞倒了蒋家的墙，蒋家的墙压死了杨家的羊。杨家要蒋家赔杨家的羊，蒋家要杨家赔蒋家的墙。

　　（4）陈庄程庄都有城，陈庄城通程庄城。陈庄城和程庄城，两庄城墙都有门。陈庄城进程庄人，陈庄人进程庄城。请问陈程两庄城，两庄城门都进人，哪个城进陈庄人，程庄人进哪个城？

　　（5）天上七颗星，树上七只鹰，梁上七个钉，台上七盏灯。拿扇扇了灯，用手拔了钉，举枪打了鹰，乌云盖了星。

　　语调柔和，也是口齿清晰的基本要求之一。语调，一般是指人们说话时的具体腔调。通常一个人的语调主要应当在语音的高低、轻重、快慢方面加以注意。

　　此外，要做到语气正确。语气，即人们说话的口气。在服务人员的口语里，语气一般具体表现为陈述、疑问、祈使、感叹、否定等不同的语句形式。

　　在人际交往中，语气往往被人们视为具有某种言外之意，因为它往往会真实地流露出交谈者的一定的感情色彩。服务人员在工作岗位之上与服务对象口头交谈时，一定要在自己的语气上表现出热情、亲切、和蔼和耐心。特别重要的，是不要有意无意之间使自己的语气显得急躁、生硬和轻慢，这些都是服务人员不宜采取的语气。

　　3．用词文雅

　　对于服务人员来讲，文明用语中的用词文雅主要包括两个方面的基本要求，即尽量选用文雅词语，努力回避不雅之语。前者属于对服务人员的高标准要求，后者则是任何服务人员在其工作岗位上都必须做到的。

　　尽量选用文雅词语，即多用雅语，主要是要求广大服务人员在与服务对象交谈时，尤其是在与其进行正式的交谈时，用词用语要求力求谦恭、敬人、高雅、脱俗。

　　努力回避不雅之语，主要是指服务人员在与人交谈时，不应当采用任何不文雅的语词。其中粗话、脏话、黑话、怪话与废话，则更是在任何情况之下，都不可能出现于服务人员之口。

　　除此之外，服务人员还应当在总体上注意，自己在运用文明用语时，语言内容要文明，语言形式要文明，语言行为要文明。只有三者并重，三位一体，才能够真正地做到用语文明，文明用语。三者之中缺少任何一点，都不可以。

 小资料

某公司快递员服务态度引发的争论

近几年来，随着网购的流行，人们接触快递的机会也越来越频繁。尽管快递公司的业务量提高了，但是服务质量却没有跟上，先签字后验货、送货不上门、货物破损等问题成为人们投诉的热点。

近日，网友"小草的悲哀"在如皋市某论坛发帖《如皋某民营快递，你们送快递的都是些什么素质！》，讲述了其遭遇该快递公司送货不上门的全过程。

2011年4月8日中午，网友"小草的悲哀"正在单位（某学校）吃午饭，这时电话忽然响起，他刚准备接对方就挂了。"小草的悲哀"拿起电话一看是陌生号码，打算吃完饭后再回，谁知道5分钟之后电话又响了。

"喂，是×××吗？"

"是的，请问有什么事？"

"我是××快递公司的快递员，你的书到了，到校门口来取。"

"我上面不是有地址吗，你送到办公室吧。"

"你们学校那么多房间，我怎么找得到啊！"

听完这话，"小草的悲哀"顿时火冒三丈，心里琢磨着，平时受该快递公司那些快递员的气已经受够了，这次绝不能妥协。

"那我不要了，你拿回去吧！"

"小姐，你看下雨天的我给你送快递，你来取一下不可以吗？"

"那下雨了，你们快递就不应该送货上门吗？"

"你在哪幢楼？"

"地址上没写吗？"

"好，我给你送过去！"

一分钟过后，"小草的悲哀"接到朋友的电话，包裹已经由办公室的朋友代为签收。对于快递人员的行为，"小草的悲哀"表示，这种情况不止一次发生，快递人员总是找各种理由拒绝送货上门，而且欺软怕硬，一点儿职业道德都没有。

对于"小草的悲哀"的感受，很多网友深有感触，纷纷跟帖表示自己遭遇过快递员送货服务差等问题。

网友"如皋大小事"：在该公司寄过一次，他们是上帝，我们是求他们办事的，当然要低头哈腰。

网友"jiang589"：把我的快件都寄没了！

网友"迷你"：有次用该快递，一个多星期还没有寄到，就打电话给客服，后来同事打电话问，同事话可能急了点，我打电话去催，客服把我骂得个狗血淋头！

网友"点点"：速度慢不说，态度超坏。电话打了说家里没人，这货就不再派发了。滞留在他们那，还被要求要自己去取货。

当然，也不是人人都对快递员进行责备的，也有不少网友认为快递人员工作辛苦，应该体谅他们，彼此间相互理解，才能和气生财。

网友"652157883"：凡事要换位思考，想想如果那种天气，送快递的是你呢？

网友"乐儿"：我一直都是自己取的，也就多走几步路，取完快件和快递员彼此还寒暄几句，送不送上门无所谓的事了。

网友"潇潇"：该快递公司个人觉得还可以吧，楼主有种高高在上的姿态哦，就算自己去门口取一下也无所谓啊，人家糊口饭也不容易的。

网友"涛哥"：换了我是送件的，你说不要了我立马走，不要拉倒，你自己说的不要了怪不得人。

网友"狂野之吻"：得饶人处且饶人。

三、电话用语

服务人员在自己的工作岗位上，经常会利用电话同服务对象进行交谈。运用电话提供服务时，影响通话效果的往往是通话过程中服务人员的声音、态度和所使用的言词。因此，服务人员在运用电话进行服务时，应符合服务礼仪的规范要求，做到彬彬有礼，用语得体，声音自然、亲切。

（一）通话前的准备

在打电话之前，通话双方，尤其是率先打电话的一方，通常都要进行必要的准备。

（二）拨打电话的准备

拨打电话所应当进行的准备工作大体上有以下五个方面。

图 3.1　电话用语

1. 备好电话号码

在有条件的情况下，拨打电话之前，必须正确无误地预备或查找好对方的电话号码。必要时，还可同时准备好其他联络对方的有效方式，如移动电话号码、传真机号码，或者对方其他的几个电话号码，以备在难以拨通头一个电话号码时使用。

2. 备好通话内容

在联络服务对象之前，大凡重要的电话通话，都应当提前对通话内容有所准备。在进行重要的电话通话之前，最好是备好一份通话提纲。这样在正式通话中，就可以既节约时间与费用，又可以抓住重点，条理分明，不易遗漏。

3. 慎选通话时间

服务人员在拨打电话给他人时，所选择的通话时间，首先应当方便于对方，而不允许利己不利人。在一般情况下，拨打给他人的电话，不宜选择过早、过晚或私人的休息时间。节日、假日、午休或用餐时间，通常不适宜拨打对方电话。打电话去偏远地区或国外时，还应当考虑时差等因素。

4. 选准通话地点

因公进行电话通话前，对于通话的具体地点亦应有所斟酌。除了要兼顾现有条件之外，在选择通话地点时还应当考虑以下几个因素。

（1）电话的主要功能能否满足通话的基本要求；

59

（2）通话内容是否具有保密性，需要保守业务秘密的电话一般不宜在大庭广众下拨打，尤其不宜使用街头公用电话拨打。

（3）尽量不要借用外人或外单位的电话，特别是不宜长时间借用，或者借用其拨打国内、国际的长途电话。

（三）接听电话的准备

服务人员在工作岗位上接听电话，通常也需要事先有所准备。对于服务单位与服务人员个人来讲，接听电话常规的准备工作主要有三点。

1. 确保畅通

服务单位的电话，尤其是已经对外公布号码的热线电话或服务电话，一定要经常检查。发现故障之后，务必要及时检修。更改号码后，要及时对外公告，以保证其畅通无阻，而非形同虚设。

2. 专人值守

服务电话应保持 24 小时有服务人员守候为客户服务，而且在一定时间段内要保证每台电话对应的服务人员不频繁更换。

3. 预备记录

一般来说，服务人员都可能会需要将外来的电话全部或部分地记录在案，作为档案或转达之用。记录电话主要有三种方法：一是进行簿记，二是进行板书，三是进行录音。不论具体采用何种记录电话的方法，都应当将必要的工具，如笔、纸、记事板、录音带等，提前一一备好。

（四）通话初始时的要求

通话初始，是打电话的第一个阶段。在这一阶段之中，对于通话双方的主要要求是：相互问好，自作介绍，进行确认。

1. 双方相互问好

在通话之初，双方开口所讲的头一句话，就是问候对方。既可以恭敬地问候对方："您好！"也可以平和地问候对方："你好！"不允许频繁地跟对方使用"喂"这类的称呼，也不应当开门见山地直奔通话的主题而去，应该在进入主题前加入必要的问候用语。需要由总机接转电话时，问候对方同样必不可缺。如果通话对方率先向自己问好，应立即以相同的问候语回上对方一句。

2. 双方自我介绍

为了让通话对象了解自己的身份，通话双方在通话之初均应以适当的方式向对方略作自我介绍。在一般情况下，正式通话之初的自我介绍，主要分为六种类型。

（1）只报单位的全称。例如，"邮政 EMS"，"申通快递"等。它一般适用于服务单位的电话总机或服务热线电话。

（2）报出单位的全称与具体部门的名称。例如，"EMS××营业厅"，"顺丰快递转运部"等。它主要适用于办公室电话的使用。

（3）报出电话的号码。例如，"7834××××"，"6337××××"等。这一类型的电话自我介绍，主要适用于录音电话的使用。

（4）报出通话人的全名。例如，"吕征"，"杨云"，"白果"，"莫平"等。它通常适用于由专人负责值守的电话，或是专人使用的电话。

（5）报出所在具体部门的名称与通话人的全名。例如，"客服部刘伟"，"转运局李冰"等。它主要适用于内线电话和由总机转接的电话。

（6）报出单位的全称、具体部门的名称以及通话人的全名。例如，"××快递客服部陈文梅"，"××快递公司航空转运局局长吴琼"等。它大都适用于较为正式的对外电话联络。

以上六种类型的自我介绍，通常均应在通话双方相互问好之后使用。一般而言，其中尤以第六种最为正式，它的适用范围也是比较广泛的。

3．双方进行确认

与当面交谈有所不同，若非使用可视电话，在通话之初有必要相互确认一下对方的身份。在许多情况下，即使是熟人之间进行通话亦须这么做。

进行确认的具体方式有二：一是双方自我介绍，二是相互之间进行了解。后一种方式主要是在通话的另一方未作自我介绍时使用。拨打电话的一方，可以用下述方法之一发问："请问……"

接听电话的一方，则可以询问对方："您想找哪个部门？""您找谁？"也可以询问："请问您是哪一位？""请问您如何称呼？"

（五）声音和态度的调控

在具体进行电话通话时，通话双方虽然不一定有机会利用可视技术看到对方，但彼此之间的现场表现，却依旧是对方可以感受得到的。

服务人员在进行电话通话时的具体表现，主要见诸双方通话之时的声音与态度。要求服务人员在通话时以礼待人，检点自己的通话表现，实际上就是要求其不论是在拨打电话还是接听电话时，都要对自己的声音与态度进行有意识的调控。

在通话的整个过程之中，服务人员在个人表现方面应注意的问题如下。

1．声音清楚

电话交谈，主要是借助于声音进行的。由于线路、距离以及其他方面的原因，电话里的声音多多少少总会有一点儿失真。这种情况严重的话就会直接妨碍通话的效果。所以服务人员在打电话时，要力求使对方听清楚自己的声音。

要在通电话时做到声音清楚，主要有以下五点注意事项。

（1）咬字准确。

通话之时如果咬字不准，含含糊糊，那么就会让对方难以听清楚。

（2）音量调控。

在通话时，音量的高低极为重要。过高的音量，会令人耳鼓欲裂；过低的音量，则又会使人听不清楚。在正常情况下，通话时的音量以对方听得清楚而又感觉舒适为宜。

（3）速度适中。

与面对面的交谈相比，通电话时讲话的速度应当有所放慢，不然就可能产生重音，而且还会令人厌烦。但是，通话的速度也不宜放得过慢，否则就会给人以有气无力，勉强应付之感。

（4）语句简短。

通电话时，使用的语句，务必要力求简练、短小。这样不仅可以节省双方的时间，而且也会有助于声音清晰度的提高。

（5）姿势正确。

通话时，应站好或坐好。不要随意在通话时走动，或是兼做其他事情。持握电话的正确姿势，是用手将其轻轻握好，听筒一方靠近耳部约一厘米处，话筒一方则距离口部约有一厘米的间隔。电话若与自己间距不当的话，也会使声音不够清楚。

2. 态度平和

服务人员在利用电话与他人进行联络时，必须有意识地保持平和的态度。在通话时，服务人员的态度显得亲近异常或者过度冷漠，都会令人难以接受。

服务人员在通话时要做到态度平和，主要是要求其平等待人，以便更好地为客户服务。要做到这一点，通常要求服务人员在通话时具体注意以下三点。

（1）不卑不亢。

与他人进行通话，不论双方熟悉与否，关系如何，不管是人求于我，还是我求于人，服务人员都要以尊重友好的态度去对待对方。既不允许妄自尊大，盛气凌人，也不允许低三下四，曲意逢迎。

（2）不骄不躁。

在工作岗位上与任何人通话时，服务人员都要保持头脑冷静，注意自己的态度。在任何情况下，都不允许在电话上滥发脾气，训斥他人，甚至对别人恶语相加。在电话上发牢骚、说气话、讽刺或挖苦人，也是不应该的。

（3）不忘职责。

服务人员在工作岗位上打电话时，务必要牢记，自己是"守土有责"的。如果该打的电话不打，该接的电话不接，该转的电话不转，随意中断通话，或者在通话过程中对对方保持沉默，不理不睬，无论如何都是一种失职的行为。

（六）通话中途注意的细节

通话中途，是打电话的第二个阶段，也是其核心阶段。在这一阶段中，通话双方既要讲究礼待对方，表达好自己的意愿，又不可不注意一些非常重要的细节问题。

1. 内容紧凑

在工作岗位上与人通话，主要是为了服务于人，服务人员对于这一点务必要谨记在心。在一般情况下，通话时除了互致问侯之外，不宜谈论与本意无关的话题。在接打电话时与通话对象东拉西扯，闲聊乱侃，是一种缺乏个人修养的表现。当对方对此类内容冷漠时自己依然故我，则更是不恰当的。

2. 主次分明

在相互问好之后，即应立即转入主题。此时，拨打电话的一方应当单刀直入地告诉对方为何而打电话。有什么事情，有几件事，应当首先讲得一清二楚。例如，可以告知对方："有一件事情想和您商量一下"，"有两件事情需要通知您"，等等。首先给对方一个整体印象，接下来再把自己预先声明的几件事情依次叙说一遍，以做到主次分明，有条不紊。

3. 重复重点

在通话过程中，为了确保重点内容被对方理解得明白无误，必要之时应对其加以适当的重复。如时间、地点、价格、数据、号码等等，通常都是在通话之中应予重复的重点。在通话中，服务人员遇上自己认为的重点之处，即应告知对方："请允许我重复。"而不要不管不顾，或者冒昧地询问对方："你能不能听清楚"、"记住了没有"。

4. 积极呼应

通话时间如果较长，或者通话之中的一方以较长的时间叙说某件事情时，另一方必须全神贯注，认真倾听。不论自己认为对方谈论的东西是否重要，或者自己对此有无兴趣，都不可以长时间地沉默无语，对对方不进行任何配合。如果长时间地在接听电话时一言不发，往往会使对方怀疑自己听得很不专心，甚至根本没有在接听。在通话期间，欲使对方感觉自己始终都在专注地进行倾听，不妨在此过程中经常以适当的短句对对方应声附和一下，这类短句常用的有"是的"，"好的，好的"，"没错儿"，"是这么回事"，"请您继续说"等。

（七）通话告终时的要求

通话告终，是通话的第三个阶段，也是最后的一个阶段。在这一个阶段上，服务人员应当遵守的具体礼仪规范，主要涉及下述五个方面。

1. 再次重复重点

在通话即将告终之际，拨打电话的一方在自认为必要的情况下，可将通话的内容的重点，再次向对方复述一遍。为避免给对方烦闷之感，在重复时应多多采用礼貌用语。接听电话的一方，有时也可以这么做。

2. 暗示通话结束

通话结束时，服务人员应首先向通话对象发出结束通话的暗示。比方说，"您还有什么吩咐"，"那么就这样吧"，"我要讲的就是这些"，"还有没有别的事情"等。这些都可被理解为发话人是打算通话就此打住了。

3. 感谢对方帮助

在通话之中，如果自己的请求得到对方的满足，或者对方直接给予了自己一定程度的帮助，则在即将结束通话时，勿忘向对方正式地进行一次感谢。

4. 代向他人问候

假定通话双方已是旧交，那么在通话结束之前，不妨问候一下对方的同事或家人。如双方长期未曾谋面或通话，则更应当这么做。

5. 互相进行道别

结束通话的最后一句话，应当是"再见！"在任何情况下，这句话都是人们在通话告终之际不可缺少的。假定不讲这一句话,服务人员的电话礼仪水准就会大为降低。

(八)代接电话

在工作之中,服务人员在接听电话时往往遇上这种情况:拨打电话者希望找到的人暂时不在现场。在这种情况下,帮助对方,是服务人员一种义不容辞的义务。接听电话后,如果发现对方所找非己,亦应一如既往地保持友好的态度,不要语气大变,立即挂断电话,更不要对对方的其他请求一概拒绝。

一般而言,服务人员在代接电话时会碰上以下三类情况。

1. 对方要找的人就在附近

此时,应告知对方稍候片刻,然后立即去找。需要注意的是,不要立即大声喊人,不要让对方等候过久,也不要直接询问对方与所找之人是何关系,找他到底有何贵干。

2. 对方要找的人已经外出

此时,应告之对方,他要找的人已经外出,然后再询问一下对方,是否有事需要转达,或者愿不愿意留下姓名和电话号码。对方如有事需要转达,应认真记录下来,并尽快予以转达。如果事关重大,则最好不要再委托他人代劳,以防泄密。

3. 对方要找的人不便接听

有些时候,对方找的人正在忙于他事,不便立即接听,此刻代接电话的人可以实相告于对方,或者告之以他要找的人已暂时外出。随后,可询问一下对方要不要自己代劳,或者要不要替双方预约个方便的通话时间。

(九)电话记录

服务人员在与服务对象或其他人互通电话时,尤其是在接听对方打进来的电话时,经常需要对对方的电话进行必要的记录,用以备忘。

1. 做好电话记录

在进行电话记录时,除了要选择适当的记录工具之外,最重要的是,要力求记好要点内容,并在记完要点之后进行核实。

按照常规,在进行电话记录时,其内容大致上应当包括"6W"在内。所谓"6W"法则,即以"W"为其拼写字母之首(或尾)的6个关键的英文单词。

——"Who",即"什么人"。它应当包括对方的姓名、单位、部门、职务、电话号码,等等。在记录总机接转电话或外地电话时,分机号码与电话区号、国家代码皆不可缺少。

——"When",即"什么时间"。它应当包括对方打来电话的具体的年、月、日、时、分。必要时,还须记下通话所用的时间长度。

——"Where",即"什么地方"。它应当包括对方所在的地方,以及接听电话者当时所处的具体地点。

——"What",即"什么事情"。它主要是指通话时双方讨论的具体事情。

——"Why",即"什么原因"。它所指的是,通话的主要原因,或者双方所讨论的某些事件的前因后果。

——"How"即"如何去处理"。它一般指的是进行电话记录的一方事后对记录所做的处理。

2. 管好电话记录

做好电话记录之后，还须认真地进行妥善的管理。只做记录而不事管理，往往会前功尽弃。

要管好电话记录，主要要求经手办理此事的服务人员认真注意如下四点。

（1）精心保管。

做好电话记录之后，一定要精心保管。切勿随手将其乱扔乱放，从而在需要它时难于找寻。有鉴于此，尽量不要在碎纸或便条上进行重要的电话记录。

（2）认真保密。

对于重要的电话记录，尤其是当其涉及业务秘密之时，务必要求严格地进行保密。在一般情况下，单位专用的电话记录簿须由专人负责保管，不准将其广为传阅，或者随意向外界披露。未经允许，其他服务人员不得随意翻阅本单位专管专用的电话记录簿。

（3）及时处理。

进行电话记录后，有关人员应及时对其进行必要的处理。该汇报的要汇报，该转告的要转告，该办理的要办理。要注意时不我待，不准随意拖延处理时间。在交接班时，有关负责人员要认真做好未曾处理的电话记录的交接。

（4）迅速反馈。

有关人士在接阅电话记录后，应尽快对需要着手办理的事宜进行处置。必要时，要向有关人士通报处置情况。对于尚不清楚的情况，可再进行必要的了解。

第三节　服务禁忌用语

服务人员禁止使用服务忌语，站在提高服务质量这一角度上来讲，是要求广大服务人员使用好行业用语的必然结果。使用服务忌语的最大恶果，在于它往往出口伤人。这种伤害是相互的，在伤害了服务对象的同时，也对自身形象造成伤害。

服务人员禁止使用服务忌语，主要包括以下几个方面。

1. 禁说不尊重之语

在服务过程之中，任何对服务对象缺乏尊重的语言，均不得为服务人员所使用。在正常情况下，不尊重之语多为触犯了服务对象的个人忌讳，尤其是与其自身条件、健康条件方面相关的某些忌讳。

在称呼方面，有可能触犯的禁忌主要有两类。

一是不使用任何称呼。有些快递企业的服务人员懒于使用称呼，直接代之以"喂"、"嘿"、"六号"、"下一个"、"那边的"，甚至连这类本已非礼的称谓索性也不用。这一做法，可以说是非常不礼貌的。

二是使用不雅的称呼，一些不雅的称呼，尤其是含有人身侮辱或歧视之意的称呼，例如"眼镜"、"矮子"、"大头"、"胖哥"、"瘦猴"等，是服务人员绝对忌用的。

2. 禁说不友好之语

在任何情况之下，都绝对不允许服务人员对服务对象采用不够友善，甚至满怀敌意的语言。只有摆错了自己的实际位置，或者不打算做好服务工作的人，才会那么做。

例如，在服务对象要求服务人员为其提供服务时，服务人员使用鄙视对方的语言；当服务对象表示不喜欢服务人员推荐的服务项目，或者是在经过了一番征询，感到不甚合意，准备转身离开时，服务人员使用粗暴的语言；有时，当服务对象对服务感到不满，或者提出一些建议、批评时，个别的服务人员竟然会顶撞对方，使用对抗的语言等。

在工作之中假定使用不友好之语对待服务对象，既有悖于职业道德，又有可能无事生非，或者进一步扩大事端。

3. 禁说不耐烦之语

服务人员在工作岗位上要做好本职工作，提高自己的服务质量，就要在接待服务对象时表现出应有的热情与足够的耐心。要努力做到：有问必答，答必尽心；百问不厌，百答不厌；不分对象，始终如一。假如使用了不耐烦之语，不论自己的初衷是什么，都是不妥当的。

当服务对象询问快递项目的内容时候，不允许对对方答以"我也不知道"，"从未听说过"。当服务对象询问具体的服务价格时，不可以训斥对方："那上面不是写着了吗？""瞪大眼睛自己看去！""没长眼睛吗？"当服务对象要求为其提供服务或者帮助时，不能够告诉对方"着什么急"，"找别人去"，"凑什么热闹"，"那里不归我管"，"老实等着"，"吵什么吵"，或者自言自语"累死了"，"烦死人了"。当下班时间临近时，不可驱赶服务对象："下班了。""抓紧时间。""赶紧点。""你自觉点，还让不让我吃饭！"

4. 禁说不客气之语

服务人员在工作之中，有不少客气话是一定要说的，而不客气的话坚决不说一句。

在劝阻服务对象不要动手乱摸乱碰时，不可以使用攻击性的口气，例如："老实点"，"瞎乱动什么"，"弄坏了你管赔不管赔"。

服务人员只有在工作岗位上不使用服务忌语，时时刻刻牢记服务忌语的危害之处，才能克服以上忌语。

课堂案例　凡客推出 38 条"史上最牛"快递禁语

"你这地方太远，送不了，以后别订了！""换货不归我们管！"……如果在网购时听到这样的语言，快递员可能要吃到不小的罚单。近日，服装网购代表——凡客诚品开始推行其被誉为"史上最牛"的 38 条快递禁语，整顿自身物流的同时，有望成为快递行业的一个新样本。

"凡客诚品刚开始也遇到过不少关于快递的投诉，后来根据客户的投诉，提炼出 38 条禁语。我们的快递员在送货的时候，必须严格执行，如果有投诉，我们将对快递员采取处罚。"凡客诚品物流部负责人告诉记者。

　　凡客诚品副总裁吴某表示，在凡客诚品列出的 38 条禁语中，"不能送！""能不能快点！""你留的电话是错误的，还怪谁！"等诸多快递中经常碰见的"彪悍语录"全部被列入。而诸如"自己看啊！""换货不归我们管！"等看起来相对温和的话语也在 38 条禁语之列。

　　据了解，凡客诚品目前自建了一家名为"如风达"的快递公司，在北京和上海的货物 80% 由自建物流配送。其他的城市，仍交由其他第三方快递来完成。此次推出的 38 条禁语，针对的不仅包括自建物流公司，还包括全国其他几十家合作第三方物流公司。这对于物流行业的预期影响之大可想而知。吴声表示，物流公司除了监管，还要自己提高服务意识才行。加强监管是为了进一步统一凡客诚品自身的物流快递标准，达到最优客户满意度。而提高服务意识，则希望为行业发展提供一个有价值的标准和样本。大运会期间，深圳会成为中国的一个窗口，而物流也会成为深圳的一个窗口，代表深圳的形象。

　　有分析人士认为，凡客诚品的"38 条禁语"等举措，在提升自身物流服务水平的同时，对促进物流行业的自我约束也有积极意义。

 本章小结

　　语言是人与人进行沟通的最为常规的工具，也是快递服务过程中最重要的服务工具之一，服务人员能否正确而适时地使用沟通的语言，直接影响着快递服务的最终效果。服务人员良好的言谈技巧可以对快递企业更好地与客户进行沟通并提升客户满意度产生积极的影响。

　　本章侧重从言谈的基本要求、基本服务用语、服务禁忌用语三个方面对言谈礼仪进行介绍，目的在于帮助快递从业人员在工作中更好地掌握与客户交流的方式，在工作过程中使用规范的文明礼貌用语，并认识到错误的语言交流方式对客户造成的负面影响。一个快递企业要想发展成行业中的标杆，必须对员工的言谈礼仪加强教育和引导，这样才能更好地为客户提供优质的服务。

 课后阅读

工作敬语与忌语举例

（一）服务敬语

1. 同志、先生、小姐、师傅。
2. 老同志、老先生、老师傅。
3. 解放军同志、军人同志。
4. 外地朋友。
5. 请您注意（行为）。
6. 请您小心。
7. 请您别着急。
8. 请稍候，我找别人问问。
9. 对不起，我没说清楚。
10. 人多货物多，请大家互相让一让。

67

11. 刚才我说话急了，请原谅。
12. 别着急，有意见请您提出来。
13. 您别急，慢慢填。
14. 请您慢慢想，别着急，想好了再告诉我。
15. 这个地址不能写错，请您仔细确认。
16. 您别着急，我给您查询一下。
17. 我马上来，请稍等。
18. 请您付款。
19. 这个问题××部门负责解决，我帮您联系。
20. 抱歉，这事我不清楚。
21. 对不起，别着急，我再说一遍。
22. 请等一下，我去换零钱。
23. 只要是运输过程中引起的质量问题，我们都负责退回运费。
24. 我们工作有缺点，欢迎您提意见。
25. 时间快到了，需要我帮您做什么吗？
26. 需要我帮忙吗？
27. 按规定，这种质量问题不是我们的工作造成的，不能够赔偿，请原谅。
28. 不明白的地方我再介绍，是不是今天下订单没关系。
29. 抱歉，我不清楚这事，可以帮您问问。
30. 现在是我吃饭时间，请您找他解决。
31. 这事有专人负责，请您找他解决。
32. 请稍等，马上就到上班时间。
33. 客人较多，请您抓紧时间。
34. 我再说一遍，您听好。
35. 请排好队等候。
36. 我再帮您想想办法。
37. 请提前准备好。
38. 您还有什么不清楚的吗？

（二）服务忌语

1. 嘿！
2. 老头儿。
3. 土老冒儿。
4. 大兵。
5. 你吃饱了撑得啊！
6. 谁让你不看着点儿！
7. 嫌速度慢，别寄啊！
8. 问别人去！
9. 听见没有，长耳朵干吗使的！
10. 我就这态度！
11. 有能耐你告去，随便告哪都不怕！
12. 有完没完！
13. 又没货要寄，问什么问！

14. 你要寄就快点，不寄就赶快让开。下一位！
15. 到底填不填，想好了没有？
16. 喊什么，等会儿！
17. 没见我正忙着呢，着什么急！
18. 交钱，快点！
19. 我解决不了，愿意找谁找谁去！
20. 不知道。
21. 刚才和你说过了，怎么还问？
22. 靠边点儿。
23. 没钱找，等着！
24. 你填单子的时候，怎么不写清楚？
25. 谁给你办的，你找谁。
26. 有意见，找经理去。
27. 到点了，你快点儿！
28. 价格表上都写着呢（墙上贴着呢），你不会自己看呀！
29. 不能退，就这规矩。
30. 你问我，我问谁？
31. 瞎叫什么，没看见我在吃饭？
32. 管不着！
33. 没上班呢，等会儿再说！
34. 不是告诉你了吗，怎么还不明白？
35. 没零钱，自己出去换去。
36. 天天查，真烦人！
37. 别啰嗦，快点讲！
38. 现在才说，早干嘛来着？
39. 越忙越添乱，真烦人。
40. 怎么不提前准备好？
41. 我有什么办法，又不是我让它坏的！
42. 后边等着去。

课堂互动

实训主题：接待客户的语言对话练习。

实训形式：学生 3～4 人为一个小组，采用角色扮演的方式。

实训任务：设置若干的对话情景，通过学生小组成员间的对话进一步深化对基本的言谈礼仪的理解。

实训步骤：

（1）小组成员分别扮演客户和快递企业的服务人员，确定角色人选；

（2）客户提出一些对快递业务的咨询问题，由服务人员进行必要的解答；

（3）客户对快递业务拨打 11183 服务台咨询，客服人员接听电话给予解答；

（4）教师对每个小组的成员表现特别是对其服务过程中的语言使用进行点评。

复习思考题

1. 服务中的"五声"分别指什么？请谈谈你对五声的理解。

2. 请说出日常交往中的一些称呼用语。

3. 在与客户进行电话通话过程中，快递服务人员在个人表现方面应注意的主要问题是什么？简要进行分析。

4. 简述做好电话记录的"6W"法则的内容。

5. 举例说明在称呼方面有可能触犯的语言禁忌。

6. 如果你是一名快递服务人员，你打算如何提高自身的言谈礼仪技巧？

 案例分析

"机械语言"服务引发的客户投诉

一天中午，一位住在某饭店的外国客人到接到某快递公司的来电，通知其去快递公司的营业网点提取快递包裹。当这位客人走入该公司营业厅大门时，站在门口的一位女服务员很有礼貌地向他点点头，并且用英语说："您好，先生。"客人微笑地回道："你好，小姐。"当客人走进营业厅后，指引人员又说了一句："您好，先生。"那位客人微笑着点了一下头，没有开口。客人来到服务柜台，当班的服务员又是同样的一句话："您好，先生。"这时客人只是下意识地点了一下头就说明了来意，等到为客人送包裹的服务员将包裹交予客人时，"您好，先生"的声音又传入客人的耳中，此时这位客人已感到不耐烦了，默默无语地接收了包裹。恰好离开时在大门口又碰见那位女服务员，自然又是一成不变的套话："您好，先生。"客人实在不高兴了，装作没有听见的样子，皱起了眉头，而这位女服务员却丈二和尚摸不清头脑！

这位客人回到饭店后立刻给快递公司总经理写了一封投诉信，信中写道："……我真不明白你们公司是怎样培训员工的？在短短的提取货物这段时间，我遇到的几位服务员竟千篇一律地简单重复一句话'您好，先生'，难道不会使用其他的语句吗？"

根据上述材料分析以下问题：

1. 试分析该快递公司员工的言谈礼仪培训中存在哪些问题？

2. 为什么外国客人会对服务进行投诉？如何你是该快递公司的服务人员，你会如何跟这位客户打招呼呢？

第四章

快递从业人员日常交往礼仪

学习目标

学生通过本章内容的学习，熟悉快递从业人员的日常交往礼仪包含的主要内容，了解宴请客户的基本礼仪，掌握自我介绍、握手、名片礼仪以及拜访客户时应注意的各项礼仪。

引导案例

一次让客户无奈的拜访经历

蓝女士是一家公司的部门经理，一般在独立的办公室办公。有一次，由于天气闷热，她便打开了办公室的门。几分钟后，就在她专心致志地工作时，突然有个人没有敲门就闯了进来，径直走到她的眼前，大声地说："女士，你好！"她当时一点心理准备都没有，顿时被他吓得愣住了。还没等蓝女士开口说话，他马上抢先说道："这是您的快件，请签收！"蓝女士接过快件正要说谢谢，他马上又接着说道："我是××快递公司的快件收派员，主要负责本区域内的快件揽收和派送，如果以后您的公司有需要……"他不停地在介绍他们公司的服务如何好，根本不给蓝女士说话的机会。蓝女士验收过快件之后，就把他请了出去。那人莫名其妙地看着她，居然说："真没礼貌！"

商务拜访中，无论是有求于人，还是人求于己，都要从礼节上多多注意，不可失礼于人，以免损害自己的形象。拜访要选择恰当的时间，不预约而临时拜访在商务交往中是不合适的。不预约就突然拜访，对方可能正忙于工作，如果不接待对方会感觉失礼，也会让你难堪，而进行接待可能又会给对方带来不便。所以，要充分考虑到对方是否方便，应该尽量先预约，选对方比较方便和容易接受的时间拜访，这样才会使得拜访达到预期效果。

思考：

作为快递工作人员，应在日常和客户的交往中遵守哪些礼仪呢？

第一节　自我介绍的礼仪

现代人要生存，要发展，在日常生活和工作中，往往需要与其他人进行沟通，以寻求理解、帮助和支持。自我介绍，是人际交往中主动与别人进行沟通，从而使双方相互认识、建立联系的一种社交方法。因此，自我介绍是一种沟通方式。

有时，我们想结识某个人或某些人，而又无人引见，如有可能，即可自己充当自己的介绍人，自己将自己介绍给对方；有时，我们会应他人的要求，将本人某些方面的具体情况进行一番自我介绍。不管是在哪种情况下，我们都要保持良好的态度，务必做到自然、友善、亲切、随和，显得落落大方，不卑不亢，切勿在自我介绍时缺乏自信心而造成怯场，或者虚张声势，矫揉造作，而给人留下轻浮夸张的印象。

一、自我介绍的要求

（一）五要六不要原则

一位心理学家曾经提出过自我介绍的五要和六不要，可以作为我们自我介绍时的参考和指导。

1. 五要

（1）要镇定而且充满信心。一般人对于自信的人，都会另眼相看，产生好感；相反，如果你畏怯和紧张，可能会使对方产生相应的情绪反应，从而对你有所保留，使彼此之间的沟通产生阻隔。

（2）要预先准备。在公共交际场合中，如果你想认识某一个人，最好预先获得一些有关他的资料，诸如性格、特长及个人兴趣等。有了这些资料，在自我介绍之后，便容易交谈沟通，使双方关系快速融洽。

（3）要热诚地表示自己渴望认识对方。任何人都会觉得能够被人渴望结识是一种荣幸。如果你的态度热诚，别人也会回报你热烈的响应和欢迎。

（4）要善于用自己的眼神表达自己友善、关怀及渴望沟通的心情。眼睛是心灵的窗口，真诚的眼神有时会胜过千言万语，在一瞬间拉近彼此的距离。

（5）要复述对方的姓名。在获知对方的姓名之后，不妨口头重复一次，因为每个人都乐意听到自己的名字，使其有自豪感和满足感。

2. 六不要

（1）不要过分地夸张和热忱。过分用力握手或热情地拍打对方背部的动作，可能会使别人感到诧异。毕竟你们刚刚认识，还没有亲密到这种地步。

（2）不要打断别人谈话而介绍自己，要等待适当的时机。任何时候，无论出于任何目的，打断别人的谈话都是极其无礼的行为。

（3）不要态度轻浮，要尊重对方。无论男女，都希望别人对其尊重，特别是希望别人尊重他或她的优点和成就，因此，在自我介绍时，神态要庄重一些，避免油腔滑调。

（4）不要守株待兔。如果希望认识某一个人，要采取主动，不能等待对方注意自己。主动会加深别人对你的印象和好感，等待则只能留下悔恨和遗憾。

（5）不要只结识某一特殊人物，应该和多方面的人物打交道。人世无常，认识各行业、各层次的人，会令你增广见识，也能在不期然中带给你许多意外的惊喜和帮助，所以，切忌用有色眼镜将人分等分级，轻视小人物。

（6）不要提醒对方的记性不好。如果在你已自我介绍之后，有人仍叫不出你的姓名，不要显出不悦，以免令对方尴尬。最佳的办法是直截了当地再自我介绍一次。

只要遵守以上原则，你的自我介绍一定会取得成功。但是，有些人，特别是性格比较内向、不善言辞的人，常常不知道具体该怎么开始人际交往的第一步，也就是双方结识的第一句话。其实，这并不困难。只要依据自我介绍的实际需要和所处场景，采取一定的方法，就可以达到引起注意，结识并诱发谈话兴趣的目的。

（二）快递企业员工自我介绍的方法

作为快递从业人员，在工作岗位中免不了要对客户进行自我介绍，很多时候一个优秀的自我介绍能为自己的工作带来很多便利。下面讲的就是快递从业人员在工作中应该如何进行自我介绍。

工作和公务交往之中的自我介绍，一般叫做工作式自我介绍。

工作式的自我介绍，主要适用于工作和公务交往之中，应以工作为自我介绍的重点，因工作而交际，因工作而交友。

工作式自我介绍的内容有三要素，通常缺一不可。

① 姓名。应当一口报出，不可有姓无名，或有名无姓。

② 单位。单位及部门，如有可能最好全部报出，具体工作部门有时可以暂不报出。

③ 职务。担负的职务或从事的具体工作，有职务最好报出职务，职务较低或者无职务，则可报出目前所从事的具体工作。

举个例子，可以说："我叫唐果，是大秦快递公司的客户部经理"。"我叫汪洋，我在大地物流公司做投递员。"

除了工作式自我介绍以外，还有适用于其他场合的自我介绍。以下就是几种常用的自我介绍方式。

1. 应酬式

在某些公共场合和一般性的社交场合，如旅行途中、宴会厅里、舞场上、通电话时，都可以采用应酬式的自我介绍。应酬式介绍的对象是进行一般接触的交往对象，或者属于泛泛之交，或者早已熟悉。这种情况下进行自我介绍，只不过是为了确定身份或打招呼而已。因此，此种介绍要简洁精练，一般只介绍姓名就可以。例如："您好，我叫周琼。""我是陆曼。"

2. 交流式

在社交活动中，我们希望某个人认识自己，了解自己，并与自己建立联系时，就可以运用交流式的介绍方法，与心仪的对象进行初步的交流和进一步的沟通。交流式的自我介绍，比较随意，可以包括介绍者的姓名、工作、籍贯、学历、兴趣以及与交往对象的某些熟人关系，可以不着痕迹地面面俱到，也可以故意有所隐瞒，造成某种神秘感，激发对方与你进行进一步沟通的兴趣。例如："你好，我叫刘翔，我在大地物流公司上班。我是汪洋的老乡，都是江苏人。""我叫李东，是汪洋的同事，也在大秦快递，我负责揽收。"

3. 礼仪式

在一些正规而隆重的场合，比如讲座、报告、演出、庆典、仪式等一些正规而隆重的场合，要运用礼仪式的自我介绍，以示对介绍对象的友好和敬意。礼仪式的自我介绍，要包含自己的姓名、单位职务等项，还要加入一些适宜的谦辞敬语，以符合这些场合的特殊需要，营造谦和有礼的交际气氛。

在社交中，我们要根据具体情况采用不同的自我介绍方式，以实现既定的目的和效果。同时，还要注意掌握相应的语气、语速，以适应当时的情境，并且力求做到实事求是，真实可信，不过分谦虚、贬低自己，也不自吹自擂、夸大其辞。这样，才能顺利完成交际中的第一关，为日后进一步交往打下良好的基础。例如"各位来宾，大家好！我叫刘翔，我是大地快递公司的客户经理。我代表本公司对各位的到来表示最热烈的欢迎，希望大家……"

4. 问答式

适用于应试、应聘和公务交往。问答式的自我介绍，应该是有问必答，问什么就答什么。如："先生，您好！请问您怎么称呼？"或者说："请问您贵姓？""先生，您好！我叫刘翔。"主考官问："请介绍一下你的基本情况。"应聘者介绍道："各位好！我叫任义，现年26岁，江苏扬州人，汉族……"

二、自我介绍的注意事项

1. 繁简适度

作自我介绍时，根据不同的交往对象，内容应繁简适度。自我介绍总的原则是简明扼要，一般以半分钟为宜，有情况特殊时也不宜超过3分钟。如对方表现出有认识自己的愿望，则可在报出本人姓名、工作单位、职务（即"自我介绍三要素"）的基础上，再简略地介绍一下自己的籍贯、学历、兴趣、专长及与某人的关系等。当然，在进行自我介绍时，应该实事求是，既不能把自己拔得过高，也不要过分地贬低自己。介绍用语一般要留有余地，不宜用"最"、"极"、"特别"、"第一"等表示极端的词语。

2．讲究态度

在进行自我介绍时，态度一定要自然、友善、亲切、随和，应落落大方、彬彬有礼，既不能唯唯诺诺，又不能虚张声势、轻浮夸张。语气要自然，语速要正常，语音要清晰。

3．真实诚恳

进行自我介绍要实事求是、真实可信，不可自吹自擂、夸大其词。

4．方式灵活

自我介绍的方式因不同的场合而异。如果你应约参加一个宴会，因为迟到，宴会已经开始了，而你的主人又没能把你介绍给来宾，在这种情况下，你就应该走到宾客面前，这样作自我介绍："晚上好！各位，很抱歉来迟了。我叫×××，在××公司做公关工作。"这样一番介绍，即可避免别人想与你谈话却不知你是谁的尴尬局面。

5．巧借外力

自我介绍除了用语言之外，还可借助介绍信、工作证或名片等证明自己的身份，作为辅助介绍，以增强对方对自己的了解和信任。

实战训练　自我介绍训练

1．学生起立，介绍自己，内容包括姓名与姓名文字解释、籍贯、价值观、爱好等。

2．听众对他的自我介绍进行点评（好的地方、不足之处、启发借鉴）。

3．推选出最让人印象深刻的自我介绍。

4．为自己制作一份自我推荐书，并向大家展示。

第二节　握手的礼仪

握手是一种友善的表示，和平的象征。握手除了在见面时表示友好、和善、应酬、寒暄外，还在告辞时表示道别，另外握手也可表示对他人的感谢、祝贺及慰问、安慰等。

一、握手的基本要求

（一）握手的正确方式

1．握手的标准方式

握手时两个人的距离最好保持在 1 米左右。上身略向上倾，四指并拢，拇指张开，掌心垂直地面。用力适度，上下抖动约三下。握手时要友好，面带微笑，并向对方问好。如图 4.1 所示。

（a）男士间的握手礼仪　　　　（b）女士间的握手礼仪　　　　（c）异性之间的握手礼仪

图 4.1　握手礼仪

日常握手标准方式如下。

（1）男士握位：整个手掌。

（2）女士握位：食指位。

（3）男士应握女士的手指部位（或手掌三分之一处），或轻轻贴一下。

2.握手的原则

位尊者有决定权，即由位尊者决定有没有握手的必要。

3.握手的要素

（1）握手力度：适度原则，过犹不及。

稍紧表示热情，但是不可太用力也不可太轻。正确的做法是不轻不重地用手掌和手指全部握住对方的手，然后微微向下晃动。男士与女士握手时，往往只握一下女士的手指部分或者轻轻地贴一下；女士与男士握手时，只需轻轻伸出手掌即可。

（2）握手顺序：女士优先，尊者为先。

（3）握手时间：根据双方关系亲密度来。

灵活掌握，一般应控制在 3~5 秒，如是初次见面，一般应控制在 3 秒左右。时间过短，会被人认为傲慢。匆匆握一下就松手，是在敷衍；长久地握着不放，又未免让人尴尬。切忌握住异性的手久久不放。

（二）握手的顺序

（1）职位、身份高者与职位、身份低者握手，应由职位、身份高者首先伸出手来。

（2）女士与男士握手，应由女士首先伸出手来。

（3）已婚者与未婚者握手，应由已婚者首先伸出手来。

（4）年长者与年幼者握手，应由年长者首先伸出手来。

（5）长辈与晚辈握手，应由长辈首先伸出手来。

（6）社交场合的先至者与后来者握手，应由先至者首先伸出手来。

（7）主人应先伸出手来，与到访的客人相握。

（8）客人告辞时，应首先伸出手来与主人相握。

（三）握手的时机

（1）被介绍给别人时：当你被介绍与人相识时，你应与对方握手致意，表示很愿意结识对方，为相识而高兴。

（2）久别重逢：当朋友久别重逢或多日未见的同学相见时应热情握手，以示问候、关切、高兴。

（3）表示祝贺：当对方取得了好成绩、得到奖励或有其他喜事时，可以用握手来表示热烈的祝贺。

（4）颁奖时：获奖者在领取奖品时，要与颁奖者握手，以示感谢对自己的鼓励。

二、握手的禁忌

在与人握手时要避免以下情况发生，如图 4.2 所示。

（a）忌坐着与人握手　　　　　（b）忌多人同时交叉握手

图 4.2　握手禁忌

（1）不要混淆握手的次序，即谁先伸手不要弄错。

（2）不要用左手与人握手。

（3）不能戴着手套与人握手，社交场合女士穿着晚礼服戴着薄纱手套时除外。

（4）三不戴：不戴帽子，不戴手套，不戴墨镜。

（5）握手时不能一面握手一面东张西望。

（6）握手时一般不能坐着与人握手，应该站着握手，不然两个人都坐着。如果你坐着，有人走来和你握手，你必须站起来。

（7）握手后不能立即用手帕擦手。

（8）当在人多的交际场合，不可多人同时交叉握手。

（9）别人伸手与你握手，你不伸手是不友好的。

（10）握手时不应太过用力。

（11）不能用脏手、湿手与人握手。

（12）不要在握手的时候还将另外一只手心不在焉地放在衣袋里，或者，另外一只手还拿着香烟、报刊等。

（13）不可在握手的时候把对方的手拉过来、推过去，不可握在手里不放，或者握住上下抖个不停。

（14）不要在握住对方的手时点头哈腰、卑躬屈膝；也不可热情过度、喋喋不休。否则会让对方不自在，不舒服，甚至反感、厌恶。

实战训练　握手礼仪

1. 同性之间的握手礼仪，2 人一组，注意男性或女性握手的位置、力度和时间。

2. 异性之间的握手礼仪，2 人一组（一男一女），注意男士与女士握手时的位置和时间。

3. 多人之间的握手礼仪，3～5 人一组，注意握手顺序。

课堂讨论：日常人际交往时握手礼仪有哪些注意事项？

第三节　宴请客户的礼仪

一、座位的礼仪

一般的宴会，除自助餐、茶会及酒会外，主人必须安排客人的席次，不能随便就坐，否则易引起主客及其他客人的不满。尤其有外交使团的场合，大使及代表之间，前后要有序，绝不能弄错。座位礼仪主要包括桌次的顺序和每桌座位的顺序。

二、桌次的顺序

确定主桌顺序的原则："门面为上，以远为大，居中为尊，以右为尊。"其余桌次地位的高低以离主桌位的远近而定，近为主，远为次；平行桌以右桌为高，左桌为低。

1. 两圆桌排列法

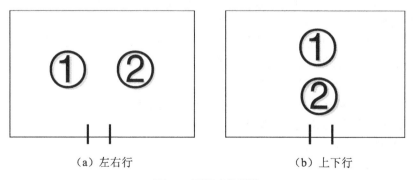

（a）左右行　　　　　　　　　（b）上下行

图 4.3　两圆桌排列法

2. 三圆桌排列法

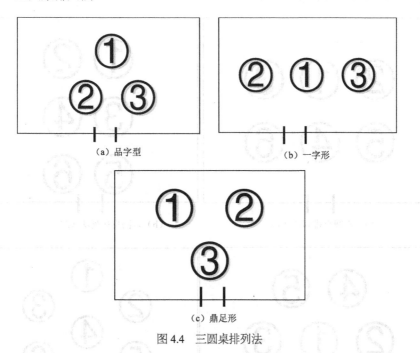

图 4.4   三圆桌排列法

3. 四圆桌排列法

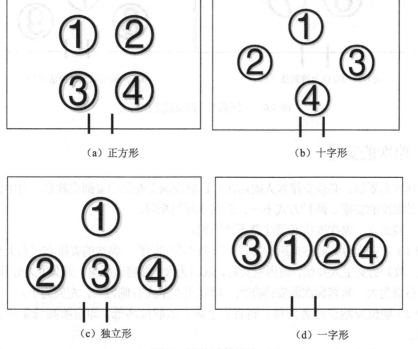

图 4.5   四圆桌排列法

4. 六圆桌及六圆桌以上排法

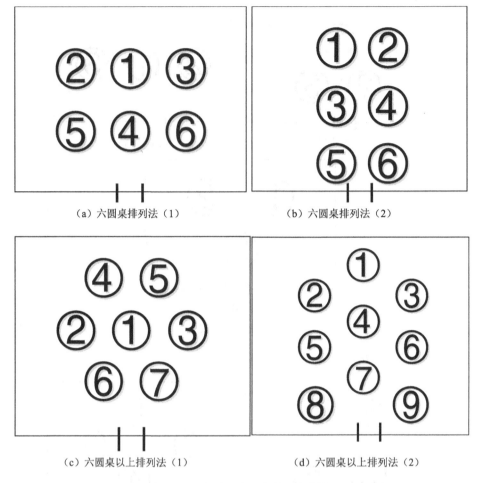

（a）六圆桌排列法（1）　　　　　　　（b）六圆桌排列法（2）

（c）六圆桌以上排列法（1）　　　　　（d）六圆桌以上排列法（2）

图 4.6　六圆桌及六圆桌以上排列法

三、席次的安排

　　宾客邀妥后，必须安排客人的席次。目前我国主要以中餐圆桌款宴，有中式及西式两种席次的安排。两种方式不一，但基本原则相同。

　　一般而言，席次安排必须注意下列原则。

　　（1）以右为尊，前述桌席的安排，遵循尊右的原则，席次的安排亦以右为尊，左为卑。故如男女主人并座，则男左女右，以右为大。如席设两桌，男女主人分开主持，则以右桌为大。宾客席次的安排亦然，即以男女主人右侧为大，左侧为小。

　　（2）职位或地位高者为尊，高者坐上席，依职位高低，即官阶高低定位，不能逾越。

　　（3）职位或地位相同，则必须依官职传统习惯定位。

（4）遵守外交惯例。依各国的惯例，当一国政府的首长如总统或总理款宴外宾时，则外交部长的排名在其他各部部长之前。

（5）女士以夫为贵，其排名的秩序与其丈夫相同。即在众多宾客中，男主宾排第一位，其夫人排第二位。但如邀请对象是女宾，因她是某部长，而她的丈夫官位不显，譬如是某大公司的董事长，则必须排在所有部长之后，夫不见得与妻同贵。

（6）宴宾客有政府官员、社会团体领袖及社会贤达参加的场合，则依政府官员、社会团体领袖、社会贤达为序。

（7）欧美人士视宴会为社交最佳场合，故席位采取分坐之原则，即男女分坐，排位时男女互为间隔。夫妇、父女、母子、兄妹等必须分开。如有外宾在座，则华人与外宾杂坐。

（8）遵守社会伦理，长幼有序，师生有别，在非正式的宴会场合，应以伦理为先。如某君已为部长，而某教授为其恩师，在非正式场合，不能将某教授排在该部长之下。

（9）座位的末座，不能安排女宾。

（10）在男女主人出面款宴而对坐的席次，不论圆桌或长桌，凡是八、十二、十六、二十、二十四人（余类推），座次的安排必有两男两女并坐的情形，这是无法回避的。所以理想的席次安排，以六、十、十四、十八人（余类推）为最佳。

（11）如男女主人的宴会，邀请了他或她的顶头上司如经理，经理邀请了其董事长，则男女主人必须谦让其应坐的尊位，改坐次位。

以上是席次安排的原则。由于席次安排尊卑，宾客一旦上桌坐定，看看左右或前后宾客，尊卑井然。

实战训练　宴请客户训练

实战内容：假如你是某快递公司的大客户经理，时至中秋佳节，为了答谢大客户一直以来对公司的支持，公司将筹划一次答谢宴会，此工作交由你负责，应该如何做准备？

训练方式：以5~6人为一组，制订宴请客户的计划，并制作成PPT向大家展示。

训练步骤：

（1）不同小组之间，分别扮演客户和宴请方，对自己小组的计划进行实施；

（2）总结宴请活动的实施情况，作出报告并制作成PPT；

（3）教师对各个小组的表现进行点评，对PPT的制作水平给出指导。

第四节　拜访客户的礼仪

一、拜访客户时机的选择

拜访客户需要选择适宜时间：首先，要选择客户心情很好的时候，例如：他的公

81

司营运得很好，今年的利润可观或者是刚出一批货的时候。其次，要选择客户不太忙碌的时间，若你明明知道客户公司最近忙成一团，可你还是选那个时段登门拜访，恐怕就不会有太大收获；要避免在刚上班的时间、午休或下班前去拜访客户，尤其不要在下班前去拜访客户，因为你的这种莽撞行为可能会耽误客户需要办理的私事；客户工作告一段落的时间是你前去拜访的一个最佳时段，因为在这个时段客户比较放松，往往能够和你坐下来好好交谈。

（1）不论因公还是因私而访，都要事前与被访者电话联系。联系的内容主要有四点：

① 自报家门（姓名、单位、职务）。

② 询问被访者是否在单位（家），是否有时间或何时有时间。

③ 提出访问的内容（有事相访或礼节性拜访），使对方有所准备。

④ 在对方同意的情况下定下具体拜访的时间、地点。

注意：拜访时间要避开吃饭、休息特别是午休的时间。一般来说，应该与客户提前电话沟通好合适的拜访时间。如对方专门等待你的拜访，应向对方表示感谢。

（2）要守时守约。遵守时间是人们交往中极为重要的礼貌，失约是很失礼的行为。参加各种活动都应按约定的时间到达。如果太早到会使主人因为没有准备好而感到难堪；迟迟不到则又会让主人和其他客人等候过久而不安。如因故迟到，要向主人和其他客人表示歉意。万一因故不能赴约，要有礼貌地尽早通知主人，并以适当的方式表示抱歉。

二、拜访客户时的礼仪

（1）敲门或按门铃。不管是到拜访对象家里或者办公室，事先都要敲门或按门铃，等到有人应声允许进入或出来迎接时方可进去。不打招呼就擅自闯入，即使门原来就敞开着，也是非常不礼貌的。

 小资料

讲究敲门的艺术

要用食指敲门，力度适中，间隔有序敲三下，等待回音。如无应声，可再稍加力度，再敲三下，如有应声，再侧身隐立于右门框一侧，待门开时再向前迈半步，与主人相对。

（2）要注意物品的搁放。拜访时如带有物品或礼品，或随身带有外衣和雨具等，应该搁放到主人指定的地方，而不应当乱扔、乱放。对室内的人，无论认识与否，都应主动打招呼。如果你带孩子或其他人来，要介绍给主人，并教孩子如何称呼。主人端上茶来，应从座位上欠身，双手捧接，并表示感谢。吸烟者应在主人敬烟或征得主人同意后方可吸烟。和主人交谈时，应注意掌握时间。当有要事必须与主人商量或向对方请教时，应尽快表明来意，不要东拉西扯，浪费时间。

（3）要注意行为礼节规范。进屋随主人招呼入座后，要注意姿势，不要太过随便，即使主人是自己十分熟悉的朋友。跷二郎腿、双手抱膝、东倒西歪也都是不礼貌的行为。如果主人家有其他人在家，要微笑点头致礼。

主人不让座不能随便坐下。如果主人是年长者或上级，主人不坐，自己不能先坐。主人让座之后，要口称"谢谢"，然后采用规矩的礼仪坐姿坐下。主人递上烟、茶要双手接过并表示谢意。主人献上果品，要等年长者或其他客人动手后，自己再取用。即使在最熟悉的朋友家里，也不要过于随便。

（4）要控制好拜访时间，掌握谈话技巧。拜访者一般不宜在主人家待的时间太久，要根据情况控制好逗留的时间，掌握好交谈的技巧；与主人交谈要善于察言观色，选择时机表明拜访的目的。如果主人情绪较好、谈兴较浓，待的时间可长一点；如果发现主人心不在焉，说明主人有厌倦情绪，应该及时收住话题，适时起身告辞。

（5）拜访时，要尊重主人的生活习惯。到别人家拜访，应尽量适应主人的习惯。如果主人客厅里没有摆放烟缸，说明主人没有吸烟的习惯，应尽量克制不吸烟。如果主人没有主动邀请，最好不要到主人客厅以外的其他房间去。

（6）跟主人谈话，语言要客气。

（7）在别人家吃饭时，若由于自己不慎而发生了异常情况，例如因用力过猛使刀叉撞击盘子发出声响，或因餐具被碰倒而打翻了酒水等，应沉着不要慌张。如果刀叉碰出声音，可轻轻向主人说一声"对不起"。如系餐具碰撞而将酒水打翻溅到邻座身上，可在表示歉意后协助擦干；如对方是妇女，只要把干净餐巾或手帕递上即可，由她自己来擦干。

（8）在别人家中，事先未得许可就自行去开窗或开门，是没有礼貌的举动，并且在开门窗之前，也要为在座的其他客人的舒适着想。

（9）客人在进餐过程中擅自离席，是不太礼貌的。饭后，至少也应该待半小时再告辞，才不为失礼，否则，自己就好像是专为吃喝而来的。所以，假如你饭后需要立即离开的话，最好是不要接受吃饭的邀请。离开时，通常都是由主客或客人中年龄较长的已婚妇女首先提出要走，等她（或他）准备动身走的时候，别人才可以跟着告辞。否则，无特殊的理由自己就不应先走。

三、拜别客户的礼仪

起身告辞时，要向客户表示"打扰"之歉意。出门后，回身主动伸手与客户握别，说："请留步"。待客户留步后，走几步，再回首挥手致意，说："再见"。

结束拜访时要向客户致谢，感谢对方接受你的访问；带走你的纸杯，以免客户帮你收拾；如果对方送你，应该在出门、到公司前台时多次请客户留步，以方便客户离开。拜访结束后，宜给客户一份致谢函，再次感谢客户接受你的访问。

表 4.1 拜访客户的步骤

步骤	阶段	注意事项
步骤一	事先约定时间	事先以电话说明拜访的目的并约定拜访的时间
步骤二	做好准备工作	（1）了解拜访对象的个人及公司资料 （2）准备拜访时需用到的资料 （3）定好明确的拜访目的 （4）整理服装、仪容 （5）检查各项携带物是否齐备，如名片、笔、笔记本等
步骤三	出发前再与对方确认一次，算好时间出发	注意守时
步骤四	至客户所在处前	（1）再行整装一次 （2）调整情绪 （3）微笑调整
步骤五	进入室内	（1）面带笑容，向接待人员说明身份、拜访目的及拜访对象 （2）从容安稳地等接待人员引导自己于会客室或拜访对象办公室
步骤六	见到拜访对象	（1）握手，行礼，交换名片，寒暄 （2）客户请人奉上茶或咖啡时，不要忘了轻声道谢
步骤七	商谈	（1）谈话时注意规范用语，表达明确 （2）谈话时要目光注视对方，配合表情示意
步骤八	告辞	（1）感谢对方抽出时间接待 （2）面对拜访对象告退，行礼后，轻轻关上办公室的门 （3）若对方要相送，礼貌地请对方留步

84

┃ 实战训练　拜访客户训练 ┃

训练内容：熟悉拜访客户的流程。

训练方式：教师将全班同学分成若干组，每组 4～6 人。

训练步骤：

（1）学生分别确定角色，分别扮演客户和快递人员；

（2）模拟快递企业的收派人员去客户处推介业务的情景；

（3）其他同学观摩，并谈谈在整个拜访过程中有哪些地方不符合拜访礼仪；

（4）教师进行最后的点评。

 本 章 小 结

快递行业是一个服务行业，所以必然涉及很多与人交往的场合。人际交往是一门很深的学问，因此快递从业人员对于一些常用的交际礼仪有必要进行认真的学习。

本章主要介绍了在交往中涉及的自我介绍礼仪、握手礼仪、宴请礼仪、拜访礼仪等，同时在本章课后阅读中还列入了鞠躬礼仪、名片礼仪、接待礼仪、馈赠礼仪等，最大限度地涵盖了快递从业人员日常工作中会应用到的一些礼仪。掌握好交际礼仪，除了对其中的众多细节要熟记于心外，更重要的是要对各种礼仪进行实际的练习实践，从而更好地掌握与客户交往的方式方法。快递企业的发展也需要一支具有高素质交际礼仪的员工队伍。

 课后阅读

一些商务社交礼仪介绍

一、鞠躬礼仪

鞠躬适用于庄严肃穆或喜庆欢乐的仪式场合。

日常生活中学生对老师、晚辈对长辈、下级对上级、表演者对观众等都可行鞠躬礼。

领奖人上台领奖时，向授奖者及全体与会者鞠躬行礼。

演员谢幕时，对观众的掌声常以鞠躬致谢。

演讲者也用鞠躬来表示对听众的敬意。

遇到客人或表示感谢或回礼时，或是遇到尊贵客人，这时可行鞠躬礼。

1. 鞠躬动作要领

行鞠躬礼时面对客人，并拢双脚，视线由对方脸上落至自己的脚前 1.5 米处（15°礼）或脚前 1 米处（30°礼）。男性双手放在身体两侧，女性双手合起放在身体前面。

鞠躬时必须伸直腰，脚跟靠拢，双脚尖处微微分开，目视对方。鞠躬时，弯腰速度应适中，之后抬头直腰，动作可慢慢做，这样令人感觉很舒服。

2. 几种错误的鞠躬方式

只弯头的鞠躬。

不看对方的鞠躬。

头部左右晃动的鞠躬。

双腿没有并齐的鞠躬。

驼背式的鞠躬。

可以看到后背的鞠躬。

二、名片礼仪

名片是当今社会人际交往的重要工具。正确地使用名片，对社会交往能起到促进作用。

使用名片要合乎礼仪规范，做到注意场合，注意顺序，谨慎选用，不失礼节。

（一）名片的用途

名片主要用于介绍自己、结交朋友、保持联系、通报变更等。

在工作和社交中使用名片已成为必不可少的行为方式，初次见面大多会以名片相赠。

（二）名片的内容

名片通常印有姓名、职务、职称、社会兼职、工作单位、通信地址、邮政编码、办公电话、手机号码、电子邮箱等，使对方看到名片一目了然。

（三）名片的放置

名片应放置在较为精致的名片夹里。男士在穿西服时，可把名片夹放在左胸内侧的口袋里；不穿西服时，名片夹可放置在自己随身携带的小提包里，不要把名片放置在腰部以下位置。

（四）名片的递送

递送名片时，应注意以下细节。

（1）职位低的先向职位高的递名片；男士先向女士递名片；晚辈先向长辈递名片。当对方不止一人时，应先将名片递给职位高或年龄较大者；如果分不清职位高低和年龄大小时，应由近到远。

（2）递送名片时，应面带微笑，双目注视对方；如果是坐着，应当起身或欠身。将名片正面朝向对方，用双手的拇指和食指分别握住名片上端的两角送给对方，并说"这是我的名片，请多关照"等寒暄语，不应一言不发。

（3）如果自己的姓名中有生僻的字，应将自己的名字读一遍。

（4）不要用手指夹着名片给人，切勿用左手递交名片。

（5）不要将名片背面对着对方或是颠倒着对着对方。

（6）不要将名片举得高于胸部。

（五）名片的接收

在接收他人名片时，应注意以下细节。

（1）应尽快起身或欠身，面带微笑。用双手接住名片的下端两角，仔细看一遍，并说"谢谢"、"认识您很高兴"等寒暄语；然后再放入上衣口袋。

（2）如果接受了对方名片而自己没带，则一定要向对方解释。

（3）与多位客人见面时，可暂时将接收的多张名片放在自己桌前排列好，以便提示自己。放在桌上的名片上面不应再放其他物品，会谈或宴会结束时一定要带上，不要遗忘。

（六）不需交换名片的情况

（1）对方是陌生人。

（2）不想认识对方。

（3）不愿与对方深交。

（4）对方对自己并无兴趣。

（5）经常与对方见面。

（6）双方之间地位、身份、年龄差距悬殊。

（七）索要名片的方法

一般不要随便向别人索取名片。若有必要索要，可以用以下方法。

（1）向对方提议交换名片。

（2）主动递上本人名片。

（3）向尊长索取名片，应用"今后如何向您请教？"之类的话语和方式。

（4）向平辈或晚辈索要名片，应用"以后怎样与您联系？"之类的话语和方式。

（八）婉拒的方法

（1）不想给对方名片时，可以委婉表示："对不起，我忘了带名片"，或"抱歉，我的名片用完了"。

（2）如本人没有名片，又不想明说，也可以用上述方法表明。

三、接待礼仪

接待是一种常见的礼仪性公务活动。公务接待工作体现了主人对客人的重视程度。接待工作的好坏优劣，直接影响公务活动的开展，关系到企事业单位的礼仪形象。

在社交活动中应十分重视接待礼仪。根据不同的接待对象，安排必要的接待活动，最重要的是要按照礼仪规范以礼待客。

（一）热情有度

接待活动是一项礼节性很强的工作，需要有礼有节。在接待工作中，不论是内宾还是外宾，不论是上级领导还是一般来客，都应以礼相待；同时应做到热情适度，根据不同接待对象给予不同的礼遇。

（二）周到细致

接待活动涉及方方面面的问题，需要把每一个环节、每一个细节都考虑周到。同时应预计到各种可能出现的情况。应多替接待对象着想，应"急客人之所急，想客人之所想"。

（三）内外有别

接待工作应遵循内外有别的原则，本单位、本部门的一些情况，不宜披露的，就不要公开；属于机密事项的，应严守秘密。

（四）节俭务实

接待工作应热情周到，但不能讲排场，不能铺张浪费。内宾接待应尽量减少纯礼节性的迎来送往，要减少陪同人员，从简安排食宿，严格控制馈赠礼品。外宾接待也应注重实效。

接待应注意以下细节。

（1）应主随客便，待客以礼。

（2）有人敲门，应回答"请进"或到门口相迎。客人进来，应起立热情迎接。如果室内不够干净整齐，显得凌乱，应做些必要的整理，并向客人致歉。

（3）敬茶须用双手端送，放在客人右边。如果是夏天酷热天气，应递扇子，或开电扇、空调；冬天气温低，应打开空调。

（4）吃饭时来客，应热情邀请客人一同进餐。客人就餐后，应送上热毛巾，并另换热茶。

（5）客人来时，如自己恰巧有事不能相陪，应先打招呼，致以歉意，并安排其他人陪着，然后再去干自己的事。

（6）客人坚持要回去，不应勉强挽留。送客应到大门外，走在长者后面。分手告别时，应招呼"再见"或"慢走"。

四、馈赠礼仪

馈赠，是人际交往中常见的一种礼节。它是为了表示敬意、友好、祝贺等心意而赠送物品的一种形式。馈赠适当的礼品，可以表达情意，加深理解，增进友谊。

在企业经营活动中也时有涉及馈赠问题。馈赠需要在礼品选择、赠送及收受中遵守一定的礼仪规范。只有符合有关规定的馈赠，才能有利于情意的表达，为受礼方所接受，使馈赠恰到好处。

（一）选择礼品

选择礼品应重点考虑送礼的目的、与受礼者之间的关系、对方的兴趣爱好、风俗禁忌和礼品的价值等因素。

（1）明确送礼目的

赠送礼品一般都有明确的目的性，如，以交际为目的，以酬谢为目的，以公关为目的，以沟通感情、巩固和维系人际关系为目的等。企业的送礼，大多是为了交际和公关，这种性质的送礼，往往是针对交往中的关键人物和部门赠送礼品。私人间送礼，主要是为了沟通感情，建立友谊，巩固和维系人际关系。

（2）重视彼此关系

选择礼品应考虑彼此之间的关系。馈赠对象不同，礼品选择就不一样。送给单位和个人、内宾与外宾、同性与异性、长辈与晚辈、老朋友与新朋友，礼品的选择要求也是不一样的。送给单位的，以纪念性物品为宜；送给外宾的，要突出特色；送给老人的，以实用为佳；送给小孩的，则以益智为好。企业经营活动中的馈赠，选择礼品最好注重纪念性和精神价值，避免馈赠的庸俗化。

（3）关注兴趣爱好

选择礼品还要考虑受赠方的兴趣爱好，要"投其所好"。要提前了解赠送的对象，根据对方的身份、性格、爱好和风俗习惯等选送相宜的礼品。如果不看对象，盲目送礼，即便是珍贵的礼物，也可能引不起对方兴趣。

（4）尊重习俗禁忌

选择礼品应考虑习俗、礼俗和个人禁忌。企业经营活动中禁赠现金、有价证券、昂贵的奢侈品和易于引起异性误会的物品以及涉及商业秘密的物品。还要顾及一些民族、地区禁忌。应考虑礼品数量、颜色、名称等。如广东人忌"4"，因为与"死"谐音；颜色忌黑色、白色，一般认为黑色为不吉利，白色为悲伤；物品忌送钟，因为与"送终"谐音。

（5）价值不宜过重

礼品应以轻巧为宜，不宜过于贵重。送礼不在轻重，而在诚意和适当。过重的礼品，可能会违反有关规定，即使在私人交往中也易造成经济压力，增加受礼方的思想负担。馈赠礼品只在于表达送礼者的诚意，不在于礼品的贵重。

（二）馈赠礼品

认真挑选了礼品，还应注意选择正确的送礼时机和送礼方式。如果处理不当，就会影响馈赠效果。馈赠应注意以下细节。

（1）选择馈赠方式。赠送礼品的方式大致有三种：一是当面赠送，这是最庄重的一种方式。二是邮寄赠送，这是异地馈赠的方式。三是委托赠送，由于赠送人在外地，或者不宜当面赠送，就可以选择委托赠送。

（2）把握馈赠时机。赠送礼品应讲究时机，时机适当，送得自然，收得妥帖。

（3）确定送礼地点。赠送地点需要认真斟酌，选错地点会影响馈赠效果。在企业赠送活动中，赠送地点应当选在工作地点或交往地点。

（4）掌握馈赠礼节。礼品一般要精心包装，精美的包装本身就意味着对受礼者的尊重。面交礼品时，要适当对寓意加以说明。动作要落落大方，并伴有礼节性的语言表达。在赠礼时可说些谦词，如"小小礼品，不成敬意"、"希望您能够喜欢"等。

（三）接受馈赠

受赠如果不讲礼节，会伤害赠送者的感情，也会影响自身形象。接受馈赠应注意以下细节。

（1）慎重受赠。公务活动中收受礼品应遵守有关规定。

（2）收受有礼。对于那些不违反规定的馈赠，应表现得从容大方。接受礼物时，要双手相接，然后与赠送者握手致谢。受礼后，可以当面打开欣赏一番，并加以赞赏。收受礼品后不要随手乱扔，丢在一边。应当接受的礼物，一般不应推来推去，忸怩作态，甚至说"你拿回去吧"之类的话。

（3）拒收有方。应学会拒收礼物。对于有可能影响正常工作的礼物，要坚决地拒收。拒收礼品应当场进行，尽量不要事后退还。拒收时，要感谢对方的一番好意，同时说明不能接受的理由。如果当时无法当面退还，可以设法事后退礼，但要说明理由，并致以谢意。

➡ **课堂互动**

实训主题：熟悉名片的递送与接受、自我介绍、握手、拜访礼仪的综合运用。

实训方式：学生分组，4~5人为一小组，分组模拟角色扮演。

实训任务：使学生学会使用工作名片，并通过实训学会如何进行自我介绍，以及如何与客户进行简单的交流。

实训步骤：

（1）教师课前准备。制作身份卡片若干，卡片上附有详细的人物姓名、职业、岗位、职称、性别、年龄等信息（例如，王亮，男，30岁，大唐物流公司客户经理，任职2年）；

（2）学生自己动手根据自己的身份制作名片；

（3）小组成员间在课堂上练习递接名片、互相称呼以及握手、自我介绍等流程；

（4）教师点评各个流程中每个小组的具体表现和应改进之处；

（5）小组可以不断重新组合，交叉进行不同内容的交际礼仪练习。

 复习思考题

1. 在日常人际交往中，进行自我介绍时应该注意些什么？
2. 与人握手时应该注意哪些问题？
3. 简述宴会礼仪中席次安排的具体原则。
4. 简述拜访客户的一般步骤。
5. 拜访结束拜别客户时应注意的礼仪有哪些？
6. 简述递送名片和接受名片时应注意的细节。
7. 结合快递企业实际，谈谈在拜访客户时可以应用的自我介绍的方式有哪些。

案例分析

拜访中的"度"

小李是某快递公司的业务员，有一次去某小区送快件要离开的时候，碰到了一位以前很熟悉的客户王先生，王先生看他已经送完所有的货物，而且时值炎热的夏天，就邀请小李去自己家坐坐喝水休息一下。到了王先生家后，小李和他坐着聊了一会儿天，突然想起这时有一场自己十分喜爱的足球比赛已经开始了，如果现在赶回家可能就错过许多精彩画面，于是就请王先生给他打开电视机，他津津有味地看了起来，王先生只好忙着去做其他事情了。

根据上述资料分析以下问题：

小李的行为哪些不合乎拜访礼仪？应如何纠正？

下篇

快递服务规范

　　快递行业目前已成为国内竞争程度非常高的一个行业，国内的快递企业起步相对较晚，面对竞争激烈的市场形势，各快递企业要想在与其他快递公司的竞争中处于有利地位，除了必须在快递业务本身的种类和运营模式上不断作出调整，提高快件的时效性和妥投率外，也要在日常的窗口服务、揽收投递和电话客服等工作中加强服务态度和服务方式的提升，从而提高客户满意度，逐步形成自己固定的客户源，并进一步扩大企业的市场规模。

　　目前国内快递企业既有直营模式，也有特许加盟模式。各个快递企业存在从业人员能力参差不齐、地区发展不均衡的特点。若要从根本上提升快递企业的服务质量，就必须制定出具体的服务规范来约束员工的工作行为，同时提升员工与客户的沟通技巧和能力。

第五章

快递服务规范概述

学习目标

学生通过本章内容的学习，熟悉快递行业的服务现状及目前存在的问题，了解快递服务标准制定的作用，掌握快递企业服务岗位的设置情况以及快递服务规范包含的主要内容。

引导案例

快递业提升服务品质 首个操作规范出台

2011年春节前后，快递业出现了引人注目的"爆仓"现象。这让我们看到，虽然近年来取得"超常规"发展，但与需求相比，快递业服务能力与规模上都还存在不足。整个快递行业越来越关注在应对市场需求变化的同时如何转变发展方式，提升服务质量。

快递的服务质量是大家关心的问题。2011年8月，国家邮政局颁布了首个《快递业操作指导规范》(以下简称《规范》)，针对野蛮分拣等违规行为作出了具体的技术要求。

邮寄物品大半被损坏

家住市区人民路某小区的陈女士前几天接到了外地朋友寄来的一个包裹。打开一看，十瓶玻璃瓶装腐乳已大半破损，只剩四瓶还算完好。因为收到包裹时没有当面开包检查，再次询问快递公司对方表示，物品已经被签收，无法向快递公司问责。再加上玻璃制品的寄递本身就不保险，运输途中容易因挤压等出现损伤，这种破损一般没有赔偿。遇到这样的情况，陈女士只能是自认倒霉了。

物品丢失、投递延误、野蛮分拣等，一直是快递业存在的问题。包裹到手之后包装已经破损，打开之后，里面的东西也已经出现了不同程度的损坏，在日常的寄递中，不少市民都有过这样的烦恼。如今，随着《规范》的颁布，快递市场存在的不规范问题将会一一被整治。

快递业操作要求标准化

《规范》要求："快递企业应当建立并执行快件收寄验视制度"，"上门收寄时，严禁将已收取快件单独放置在无人保管的地方"，"快件分拣应当在视频监控之下进行，作业脱手时，离摆放快件的接触面之间的距离不应超过 30 厘米"，"快递企业在接单后，宜在 2 小时内取件；取件后，宜在 3 小时内将快件送交快递营业场所"，"快件需要人工分拣时不得对快件进行猛拉、拖拽、抛扔等破坏性动作"……据悉，这是监管部门出台的首个快递业务操作规范。

《规范》针对快件的分拣等市民关心的问题作出了规范，并针对收件、分拣、运输、投递等快递业的几大环节提出了具体的技术要求。作为被规范的对象，我市多家快递公司也表示会遵照执行。但是，由于不少快递公司存在业务量大、人手紧张的问题，尤其是在春节前夕订单较多时，执行起来还有一定难度。

规范到位还需各方配合

不过，《规范》虽然明确了流程，但服务质量、服务态度方面没有涉及，其中也未规定违规后的具体处罚措施，有市民担心这样的规范对快递人员仍缺乏有效约束。在一家房产公司上班的夏女士经常会叫快递公司寄些个人的东西，快递员一般都是取货走人，即使问也只是象征性地询问里面是什么东西，很少仔细检查。有一次，她还给同学寄了一瓶香水。夏女士表示："按说液态的东西应该是不能寄的，但快递员也取走了。"

对于夏女士反映的这种情况，有快递公司表示，目前绝大多数快递企业在业务操作上都能满足《规范》要求，但是快递员在实际操作中也有他们的难处，比如个别客户借"物品是个人隐私"的理由，拒绝快递员拆包检查；或是部分寄件人在填写快递单时，随意填写内件品名，这在某种程度上，让快递员无法辨识快递单与寄送货品是否相符。这种情况下要真正按照规定执行，就需要靠寄件者和快递员的自觉配合。

思考：

为什么当前快递行业的服务质量是很多快递客户最关心的问题？服务规范的出台对快递行业的发展有什么重要意义？

第一节　快递行业服务现状

一、快递行业服务满意度调查情况

近年来，随着电子商务迅速崛起，快递业进入了一个高速发展时期，取得了不俗的成绩。然而快递业在快速发展过程中，随意倒货、合同陷阱、先签字后验货、赔偿难等问题却屡屡曝光，快递服务已经成为社会上消费者投诉热点之一。不难看出，快递业服务质量与用户期望依然相差甚远。

为客观评价中国快递业对社会各层面的作用，促使各快递企业服务水准的提升，国内某权威机构面向全国使用过快递服务的消费者开展了"中国快递行业服务满意度调查"活动。根据投票显示，消费者对快递服务满意度仅有 7 成，快件收揽派送速度、货物安全、服务态度、理赔保险成了消费者的关注焦点。

（一）快递服务满意度分析

在调查过程中，从消费者对快递服务满意与不满意的因素进行统计汇总，具体情况如图 5.1 所示。

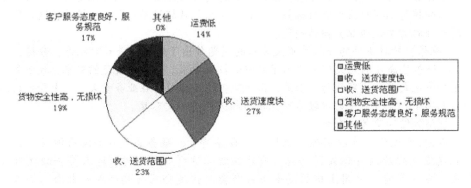

图 5.1　快递服务的满意因素

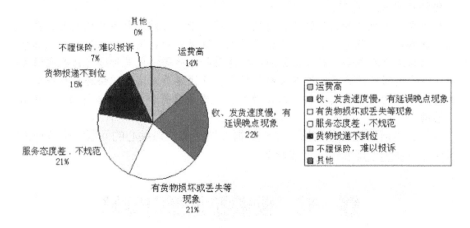

图 5.2　快递服务的不满意因素

从图 5.1 和图 5.2 可以看出：

（1）在揽收环节，消费者对收送货速度快、业务熟练的快递服务满意度较高；而对上门取件时间拖沓，收送货速度慢，有延误晚点现象的快递物流企业较为不满。

（2）在运送范围上，网民对运送范围广，网点覆盖全面的快递公司较为满意。不少网友在建议留言中提及"希望快递派送范围越来越广"、"希望网点能够布及农村，便利网购"等。

（3）货物安全方面，网民对快件外包装完好、没有缺损或丢失的快递较为满意；对私拆货物、货物破损、丢失的现象极不满意。网民提出快递企业需要拒绝野蛮装卸、分拣错误，"希望快递公司们不要再让货物'飞一会儿'了"。

（4）在运送价格上，网民对快递运费透明并且合理的快递公司满意度较高，希望规范各快递企业运费价格。

（5）服务态度方面，网民对快递人员着装统一、态度礼貌、允许先验后签较为满意，并且对电话语音服务提出了较高的要求。

（6）售后服务方面，网民对快递企业提供网络快件追踪、查询服务表示满意，对快件不履保险，难以投诉并且不按标准赔偿等方面表示不满意。

（二）快递服务的关注度分析

在使用快递服务中，当前消费者最关心的因素又是哪些？

从图 5.3 统计结果中可以看出，消费者对以下几方面的关注度普遍较高。

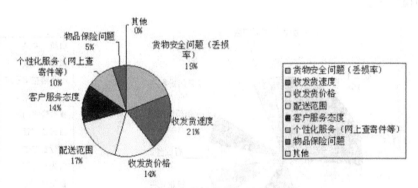

图 5.3　快递服务最受消费者关注的因素

（1）收发件速度。快件收发货速度是被调查者使用快递过程中最关心的因素，占 21%。据 315 消费电子投诉网统计，延误晚点依然是快递行业投诉的主要问题，2010 年涉及该问题的投诉共 15 194 宗，占投诉总量的 50.20%，较 2009 年上升 6 个百分点。"快"字需求最为重要。

（2）货物安全。货物安全问题是快递行业存在已久并且较为突出的问题，19%的被调查者对货物安全问题（丢损率）最为关心，排第二位。

（3）保险售后。除了服务态度、配送范围等依旧是被调查者关注的焦点，值得注意的是，7%的被调查者在不满意快递服务的原因中选择了"不履保险，难以投诉"，随着快递业发展，物品保险问题开始凸显。

（4）快递价格。相较于速度与安全，快递价格关心度反而略低，为 14%。有消费者坦言，"速度和安全"是首要考虑的，在保证这两者的前提下，才会将快递价格作为比较因素。

（5）个性化增值服务。快递增值服务需求也越来越高，10%的被调查者希望快递企业能够提供更好、更完善的个性化服务（网上实时查询等）。

（三）消费者对快递企业的期待

首先从调查情况中概括出消费者最期待改进的 13 个方面及其所占比例，如图 5.4 所示。

调查显示，消费者对快递企业最期待改进的方面是：从业人员素质、行业监管、准入门槛、配送范围、信息化服务、价格透明度、收发速度、货物安全、客服态度、统一着装、网络查询系统、行业立法、赔偿制度、先验再签。

从图 5.4 可以看出，被调查者的期待可以概括为以下几个主要方面。

（1）加强监管力度，建立赔偿机制。值得重视的是，许多被调查者在行业监管力度与建立丢损赔偿机制上提出了需求与建议，也对政府提出了要求。被调查者提出："政府应进一步规范快递行业，建立一定的监督机制，确保货物安全、准时送达"、"快递协会要履行行业监控职责，控制恶性竞争，增强社会信誉度"、"政府监管要到位，总是申诉无门，快递公司有很多理由让你理亏"、"提高快递业准入门槛"等。

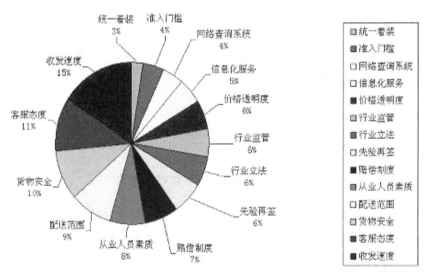

图 5.4　消费者期待快递企业改进的方面

（2）信息化服务。目前，信息化网络发展迅速，被调查者对信息化服务也尤为关注，良好的快递查询跟踪服务，是被调查者迫切需求的。多数被调查者提出，网络查询系统同步需要进一步升级。

（3）从业人员素质与服务形象。多数被调查者提及，希望快递公司能够总体提高从业人员素质，对统一着装等也提出了一定要求。目前来看，邮政 EMS 以及较大的民营快递如顺丰、韵达、海航天天、申通、圆通等在统一着装、统一服务形象等方面做得比较好。

（4）价格透明度。价格透明度是被调查者反复提及的一个词。如何在价格透明上下工夫做好，是快递公司目前需要努力的方面。据了解，在这点上，邮政 EMS 与顺丰速运做得比较好。在邮政 EMS 与顺丰速运的网站上，可以直接查询收发两地之间的价格，透明度较高。

 小资料

国家邮政局公布2011年上半年快递服务满意度调查结果

为引导快递企业提升服务水平，促进快递服务健康发展，国家邮政局委托零点研究咨询集团，对 2011 年上半年度快递服务满意度进行了调查。现通告如下：

一、基本情况

调查的范围是：北京、天津、石家庄、太原、沈阳、大连、哈尔滨、上海、南京、苏州、杭州、宁波、合肥、福州、厦门、南昌、济南、青岛、郑州、武汉、长沙、广州、深圳、重庆、成都、昆明、西安、兰州、乌鲁木齐、呼和浩特 30 个城市。调查的企业有：邮政EMS、民航快递、申通快递、顺丰速运、宅急送、圆通快递、CCES 快递、海航天天、韵达快递、汇通快递、中通快递11 家。调查的方式为定量调查和实地测试。其中，定量调查共获得有效问卷 7362 份，实地测试数量为 939 件。

二、调查结果

快递服务总体满意度为 68.2 分，较 2010 年降低 0.5 分。其中，公众满意度为 73.0 分，较 2010 年提升 2.1 分。实地测试满意度为 63.34 分，较 2010 年降低3.1 分。

快递服务环节中，受理服务和揽收服务满意度得分在 70 分以上，分别达到73.7 分和 71.5 分。其中，受理服务较 2010 年度降低 1.1 分，揽收服务较 2010 年度提升 0.6 分。投递服务和售后服务满意度得分在 70 分以下，分别为 67.2 分和65.3 分。其中，投递服务较 2010 年度提升了 2.9 分，售后服务与 2010 年度基本持平。

受理服务方面，公众对客服电话接通速度比较满意，满意度较高的企业有顺丰速运、邮政 EMS、宅急送。公众对电话受理人员语言不规范，不能主动预约上门时间表示不满意。

揽收服务方面，公众对快递服务揽收人员态度热情、面单规范、快件封装用品质量给予较高评价，满意度较高的企业有顺丰速运、邮政 EMS 和中通速递。公众对于揽收人员不能在约定时间内上门，等待上门取件时间过长，价格不够透明表示不满意。

投递服务方面，公众对服务人员投递业务熟练程度、快件外包装完好程度比较满意，满意度较高的企业有顺丰速运、邮政 EMS 和民航快递。对快件不能在承诺时间内送达、投递人员着装不够规范整洁表示不满意。

售后服务方面，公众对于快递企业提供的查询服务满意度较高，满意度较高的企业有顺丰速运、CCES 快递和宅急送。对用户投诉及问题件处理方面不满意。

从连续几年的快递服务满意度调查结果看，我国快递服务整体水平呈稳步提升态势。其中，前端的受理和揽收服务公众满意度较高，后端的投递和售后服务

满意度较低。

从用户选择快递企业的主要标准看，服务态度是用户最为看重的方面，投递速度、安全性、企业品牌和价格也是用户考虑的主要因素。

从参与调查的企业看，部分企业快递服务水平领先优势明显，并保持稳定。服务水平处于中等的企业较多。企业间满意度得分差距逐步缩小，最高分与最低分相差11.3分，较2010年缩小0.3分。

从全国七大区域满意度情况看，东北地区的公众满意度较高，华中地区表现相对较低，两者相差5.1分。

（四）提升客户满意度的重要性

作为服务行业，客户满意是对快递企业的最高评价，通过客户满意度调查发现并跟踪各服务环节出现的问题，接受社会各界的监督，从而可以推动快递企业成长，提高服务质量和满意度水平。

从满意度调查结果看，中国快递服务的满意度逐年得到稳步提升。为提高服务满意度，国内各大快递企业逐步建立了独立的呼叫中心，实现了快件状态查询、业务咨询投诉建议、自动传真等服务功能，有效地为广大客户提供了高质量、高效率、全方位优质的客户服务与支持，同时很多快递企业自身也开展了每年度的客户满意度调查，将结果作为经营单位重要的考核内容，从而推动内部从提升客户服务质量的角度持续改进和提升。

二、当前快递服务存在的问题

总结上面的调查可以发现，当前快递服务主要存在以下四个问题。

（1）快递行业霸王条款盛行。

快递业属于新兴的产业，由于在法律规定的制定上还处于完善期，一些快递企业存在"霸王条款"的现象屡见不鲜。调查发现，快递公司存在赔偿金额限制、索赔时间限制、扩大不可抗力范围、随意处置逾期和滞留货物等诸多霸王条款。在这次调查中，消费者意见最大的是索赔时间限制，有47.2%的消费者反映快递公司限定索赔时限。几乎所有的快递公司都规定，快递物品一旦损坏、丢失，顾客的索赔时间只限于在货品到达之日起的30天内，过期视为托运人主动放弃权利。对于赔偿金额限制，消费者意见也颇大，在实际投递贵重物品时，某些快递公司没有事先提醒或明示要求消费者作保价投递。如果物品在传递中损坏，消费者要求赔偿时，快递公司往往以消费者没有作保价投递，只给予最低额100元的赔偿。

（2）快递赔偿机制不完善。

索赔难成为消费者最为头痛的问题之一。由于快递从业人员素质不一，服务不够规范，又没有统一的管理部门，很多快递公司在遗失或损坏顾客的物品以后，非但没有主动告知顾客，甚至还欺骗顾客。遇到纠纷时，快递公司往往以种种理由来推卸责任，或者与顾客磨蹭时间，或象征性地给些补偿等，让顾客在精疲力尽后自认倒霉。有的快递公司因本身是挂靠或是加盟外地快递公司的，因此在快递物件丢失后，往往将责任推到外地公司，给解决纠纷平添难度。

（3）快递收发货速度慢。

按目前快递服务业内规则，国内同城快递服务时限在 24 小时内，国内异地城市在 72 小时内，但不少快递公司往往不遵守承诺，快递延误一两天成家常便饭。一些快件明明已经到了本地，快递公司因各种原因无法及时送往顾客手中的，就寻找理由请顾客自己上门领取，这一"去"一"来"，就耽误了时间。此外，少数快递公司还有失职业道德，常常利用航、陆快递资费差异较大的特点，擅自将已受理的航空快递改用铁路、公路寄递，从两者收费差价中牟取利益，导致送达时间延迟；更有一些规模偏小的快递公司，因为缺乏竞争力，不惜用一些虚假的承诺以吸引顾客，而后再转手给资费较低的快递公司寄递，从中赚取差价，使快递变成"慢递"。

（4）收费混乱无标准。

由于缺乏规范的服务标准和相应的职能监管，目前快递行业还没有统一的服务定价标准。而随着快递公司的不断增多，收费混乱现象也日益突出，同一件物品送往同一地点，在不同的快递公司价格不同的情况相当普遍。调查发现，快递公司随意增加快递收费标准的情况常有发生。如一些快递公司在投递海外快件时，实行双向收费，而他们事先并没有就此向顾客说明；快递业务员一般不向消费者提示快递价格，一旦达成协议，收费额则为保价额的 3%～5%，远远高于中国邮政 EMS 同类快递保价 1% 的快递费。例如，100 元的物品，中国邮政 EMS 的快递保价费是 1 元，一些快递公司却要收取 5 元。

第二节　快递服务标准的作用

建立和健全快递服务标准体系对于快递业的发展非常重要，国家邮政局统一协调指导邮政业标准工作，于 2007 年 9 月 12 日发布了《快递服务标准》并在 2008 年 1 月 1 日正式实施，统一了全国的快递服务规范。对于每年度通过快递服务标准验收的快递企业，中国快递协会将为其颁发证书和牌匾，不通过的企业则会被处以不同程度的处罚。

同时，在一些细节上，快递行业的服务标准也在日益完善，2011 年 3 月，国家邮政局发布了《关于做好快递业务旺季服务保障工作的意见》，强化了快递企业旺季的服务规范要求；2011 年 12 月，国家邮政局发布了 2012 年春节起开始实施的针对特殊假日的《快递节假日服务标准》。

2012 年 5 月 1 日，备受瞩目的《快递服务》系列国家标准正式实施，对于进一步推动快递业转型升级，提高服务质量和服务水平，保障用户合法权益，促进快递服务健康发展将起到重要的推动作用。

 小资料

快递节假日服务标准将发布

　　一到春节等法定节假日，快递就关门歇业的状况将终结。国家邮政局新闻发言人韩瑞林在 2011 年年终宣布，法定节假日期间的快递服务标准即将公布，基本原则是歇人不歇业，必须保留部分营业网点满足消费者最基本的快递服务。在当天举行的做好快递业务旺季服务保障通气会上，韩瑞林表示，春节前的小 30 天内，快递服务能力与市场需求矛盾突出，预计局部爆仓很难避免，但整体运行要比去年好得多。

　　韩瑞林透露，快递节假日服务标准将尽快公布，即将到来的春节就将实施。记者了解到，这一标准的原则性要求是，快递公司可以停掉部分网点，但一个区域内必须有网点开门保证最基本的需求；允许不上门取件，由消费者到网点交件；即便网点内有一个快件也要保证快件递送出去。

　　记者了解到，快递管理和协调部门已经和主要快递公司负责人沟通了这一原则要求。

　　那么，为什么快递行业越来越重视服务标准和规范的制定呢？

（一）推行快递服务标准化的必要性

　　第一，快递领域容易出现低水平层次的服务投诉现象，需要有正规的服务标准的制约。快递领域进入的门槛比较低，而发展的速度比较快，这就使快递领域容易出现低水平层次的服务现象，尤其最近几年的"快递热"引发一定的"快递"变"慢递"问题，加剧了快递服务投诉率的增加。

　　第二，快递业务流程本身存在多个环节，需要有制度化的规定。快递过程往往是很长的过程，一个过程经常由诸多环节组成，快递系统的一个重要特性，就是这些环节之间往往存在操作和服务漏洞，如果没有共同的规定可以遵循制约，各个环节各自独立去发展，就可能使快递业务各环节失去沟通和协调。

　　第三，快递的涉及面非常广泛，各快递企业需要有共同遵循的服务标准。快递涉及生产领域、流通领域、消费及后消费领域，涵盖了几乎全部社会产品在社会上与企业中的运动过程，是一个非常庞大而且复杂的领域。仅以快递的共同基础设施而言，我国相关的管理部门，就有交通、铁道、航空、仓储、外贸、内贸六大领域分兵把口，这就会涉及这些领域的更多的行业。实际上，这些领域和行业在各自的发展规划中，都包含有局部的快递规划。这些规划，由于缺乏沟通和协调，更多是从局部利益考虑，往往不可避免地破坏了快递大系统的有效性，必然给今后的快递发展留下诸多的后遗症。所以，必须有一个更高层次的、全面的、综合的快递服务标准，才能够把我国的现代快递业服务纳入到有序的轨道。

　　第四，要跨越低水平的发展阶段，实现我国快递行业跨越式的发展，需要有一整套的与之相配套的服务标准。我国的快递系统建设刚刚起步，已经与发达国家有了几十年的差距，要迅速追赶，需要跨越发达国家曾经用几十年时间建设的低水平发展阶

段。这不只表现在硬件上，也表现在快递服务的基本操作和与客户的礼仪沟通上。但是如果缺乏行业相关监管机构和标准的引导和制约，任其行事，那么必然会有相当多的地区和快递企业服务质量呈现下滑，这对快递行业的发展是极为不利的。

小资料

快递服务国家标准2012年5月1日正式实施

2012年5月1日，国家质量监督检验检疫总局、国家标准化管理委员会联合发布的《快递服务》系列国家标准正式实施了。这次发布的《快递服务》系列国家标准包括三部分内容，分别是GB/T 27917.1-2011《快递服务 第1部分：基本术语》，GB/T 27917.2-2011《快递服务 第2部分：组织要求》和GB/T 27917.3-2011《快递服务 第3部分：服务环节》。各部分既相对独立，又紧密联系，共同构成了《快递服务》标准的全部内容。

与邮政行业标准YZ/T 0128-2007《快递服务》相比，本次发布的国家标准在内容上有了很大的拓展和提升。首先，《快递服务 第1部分：基本术语》从基本概念、业务种类、服务要素、服务环节、服务质量五个方面，全面系统地梳理了快递服务所涉及的基本词汇，形成了较为完整的快递服务术语概念体系。其次，《快递服务 第2部分：组织要求》根据不同经营范围，细化了不同快递服务组织的最低从业人数要求，新增了加盟企业管理和国际业务代理相关规定，并分别从快件安全、人员安全、代收货款安全、突发事件四个方面对快递服务组织的安全管理提出了要求。此外，还专门增加了对国际快递服务时限的相关规定。最后，《快递服务 第3部分：服务环节》细化了对快件验视和封装的相关要求，增加了分拣、封发、运输、无着快件等处理规定，并特别针对快件是"先签后验"还是"先验后签"，明确给出了答案。此外，标准还以较大篇幅，新增了国际快递在各服务环节的具体要求。以上三项国家标准正式实施时《快递服务》邮政行业标准将同时废止。

（二）制定实施快递服务标准的主要作用

（1）可以统一国内快递概念。

国内快递企业的发展借鉴了很多国外的经验，但是由于各国在快递的认识上有着众多的学派，就造成了国内人士对快递的理解存在偏差。快递的发展不单单是学术问题，更重要的是要为国民经济服务，创造更多的实际价值。所以，我们要弄清快递的概念问题，并对快递涉及的相关内容达成统一的认识，为加快快递企业的自身发展扫清理论上的障碍。

（2）可以规范快递公司。

目前我国市场上出现了越来越多的快递公司，其中不乏新生企业和从相关行业转行的企业，层出不穷的快递公司使快递队伍良莠不齐。快递业整体水平不高，不同程度地存在着市场定位不准确、服务产品不合格、内部结构不合理、运作经营不规范等问题，影响了快递业的健康发展。建立与快递业相关的国家标准，对已进入快递市场和即将进入快递市场的企业进行规范化、标准化管理，是确保快递业稳步发展的需要。

（3）可以提高快递效率。

快递服务行业是一个综合性的行业，它涉及运输、包装、仓储、装卸搬运、流通加工、配送和信息等各个方面。我国的现代快递业是在传统行业的基础上发展起来的。由于传统的快递被人为地割裂为很多阶段，而各个阶段不能很好地衔接和协调，加上信息不能共享，造成快递的效率不高，这在很多小的快递公司中表现得尤为明显。

（4）可以使国内快递与国际接轨。

全球经济一体化的浪潮，使世界各国的跨国公司开始把发展目光集中到我国。我国已加入 WTO，我国的快递业必须全面与国际接轨，接纳最先进的思想，运用最科学的运作和管理方法，改造和武装我们的快递公司，以提高竞争力。从我国目前的情况看，快递的标准化规范建设是引导我国快递公司与国际快递接轨的最佳途径。

第三节　快递服务规范的主要内容

102

一、快递企业服务岗位设置

（一）快递企业的服务岗位概况

快递企业主要经营的是快递业务，目前大多数的快递企业收取快件都是采用上门揽收的方式，当然也有部分企业通过自己的固定网点或代理网点收取快件，例如国内最大的快递企业邮政 EMS 则是通过上门揽收、邮政代理网点两种主要方式来收寄客户的快件的。

快递企业的岗位除了上层的领导岗位之外，一般来说下设快递业务部经理、快递业务营销员、快递客户经理、揽投部经理、快递揽投员、内部快件分拣员、信息录入兼查询员、代收货款管理员等。

目前很多快递企业都设有自己的呼叫中心，主要用于接听客户电话，受理业务以及接受客户查询和投诉。因此，呼叫中心的客服人员也是快递企业的重要岗位之一。

我们指的服务岗位主要是指与快递客户接触较多的岗位，大致可分为揽投部经理、揽投人员、呼叫中心客服人员、营销人员、网点（自有或代办）的窗口人员、客户经理等。

（二）快递企业主要服务岗位岗位职责

要学习各岗位的服务规范要求，首先要对这些岗位的岗位职责有一个明确的认识，下面对其中几种主要服务岗位的岗位职责进行介绍。

1. 揽投部经理岗位职责

（1）全面负责营业部生产经营及管理工作。具体负责带领客户经理、区域客户经理搜集、调查、分析本区企事业单位情况，形成完整的客户资料，实行分类归档管理。

（2）辅导或带领客户经理、区域客户经理有针对性地开发客户、维护客户、完成客户签约工作。

（3）做好本区域内重大客户的维护、管理工作，与公司相关经营部门一起做好大客户的交接、走访工作以及资费的管理审查工作。

（4）做好客户服务管理工作，对于用户的投诉，要在第一时间内上门解释，做好售后服务（跟踪）工作，收集、反馈竞争对手的资料以及经营动态。

（5）组织本部门员工学习业务，积极组织、参加培训等活动，并组织开好部门晨会。有计划地组织职工开展业务技术练功活动，提高职工服务质量意识和业务素质，提高岗位技能。

（6）加强收寄验视的把关工作。对于禁限寄邮件的规定要严格遵守。不定期抽查质检员对各项检查工作的履职情况。

（7）严格遵守资费管理规定，严禁套取大客户资费现象的发生，严格遵守发票管理规定，认真要求揽收人员做好发票请领使用及销号工作，严禁丢失发票。

（8）做好员工思想政治工作，检查落实所属员工着装是否统一、服装是否整洁、是否佩戴工号牌上岗。严格考勤管理，检查落实职工是否按时上班、是否执行各项管理制度，做好员工的考核管理。

（9）团结和组织员工，发扬团队精神，开拓创新，努力工作，完成公司下达的各项任务。

2. 区域客户经理岗位职责

（1）组织开展负责区域的各行业客户的产品营销，负责大客户的开发、定期走访以及提供业务咨询、售后服务等，做好职责范围内的邮件揽收任务。

（2）负责片区内客户关系管理工作，客户关系管理工作的内容分为：收集、维护与管理好协议客户的档案信息；协议客户的分析、分类与评价；收集、响应、反馈协议客户需求信息；向协议客户提供相关快件业务的咨询服务。

（3）负责片区内的市场维护工作，片区内快递市场维护工作的内容分为：收集、分析、反馈片区内市场信息；做好快递市场的需求预测；制订业务销售计划，完成销售目标；指导协议客户使用适合的快递业务。客户经理在负责片区内快递市场维护工作时，必须要做到的一点就是要保证所收集到的市场信息的真实性、有效性，客户经理要经常不定期的拜访负责区域的协议客户，询问客户，了解和倾听客户的想法，与客户联络感情。

（4）负责片区内快递企业品牌的培育工作，快递企业的品牌培育工作的内容分为：品牌培育所需信息的收集、分析和反馈；新的快递服务项目上市前的市场调查；了解协议客户对营销活动不断变化的需求；在片区内细化并执行品牌培育方案。作为区域客户经理要做好片区内的品牌培育工作必须重视新业务开展前期的宣传工作。同时，对于客户经理的工作表现需要通过一定的考核方法来加以促进。

（5）服从上级领导的指挥调动，全面完成好所在部门交办的各项任务。

3. 揽投员岗位职责

（1）熟练掌握快递物流邮件投递的相关规定，熟悉自己所在网点主要负责的区域收派路线，掌握该区域内收派路线上的协议客户分布，掌握协议客户固定的邮件揽投时限。

（2）根据营业网点收派路线的组织及工作安排，每日负责在规定的时限内做好投递出班前的准备工作，按要求做好出班检查，在规定投递时限内按照邮件投递的相关要求做好本段道上当日邮件的投递处理工作，做好投递归班检查、登记等工作。投递代收货款的，要严格按要求及时上缴代收货款资金以及当日未妥投代收货款邮件。

（3）严格遵守公司有关上门揽收邮件的相关规定，自觉服从调度，随时做好上门揽收准备，做好本段道上定点协议客户的邮件揽收，维护好所揽收的协议客户，并做好段道上协议客户的开发，在为客户服务时要主动、热情与用户沟通，不说服务忌语，努力学习业务，不断提升自身素养。

（4）每日出班之前必须做好各种特快使用单据以及投递邮件的请领工作。接到派揽通知后，要尽快与用户取得联系，并以最快的速度到达客户端揽收邮件。

（5）严格按规章制度规定，对所有收寄的邮件需会同用户做好验视内件及封装工作，严禁危险品和禁寄品进入邮政渠道。

（6）严格按照特快邮件交接规定（交接验收、勾挑复核、平衡合拢等）与内部处理人员进行交接，确保邮件的及时处理、转运。

（7）严格遵守发票管理规定，认真做好发票请领使用、填写工作，严禁丢失发票，发现发票丢失，或部分存根联丢失情况要第一时间向自己所在网点的经理报告，尽量查找，确认无法查找的要书写一份情况经过报营业部批注处理意见。

（8）严格遵守资费管理规定，严禁截取大客户资费。

（9）在揽收及投递服务过程中，注意收集客户意见、客户相关业务信息以及竞争对手的相关信息，及时主动向揽投部经理汇报，以便采取改进措施，促进业务发展和客户服务工作。

（10）严令禁止利用工作之便向用户索要报酬、好处，严禁向用户借钱，借物。

（11）服从揽投部负责人的指挥调动，全面完成好部门交办的各项任务。

4．呼叫中心客服人员岗位职责

（1）利用呼叫中心平台受理用户来电，并严格按照服务规范和业务标准为用户提供相应服务，处理客户的业务咨询、快件查询、投诉处理。

（2）严格执行快递企业的《员工手册》。

（3）按照呼叫中心系统操作规范和业务标准记录用户来电内容，录入相关信息。

（4）认真记录用户的反馈信息，对用户的意见、想法和批评及时向上级汇报，从而为用户提供更好的产品和服务。

（5）认真解答客户的疑问，使客户满意。

（6）努力学习快递业务知识和管理知识，提高综合能力。

二、快递服务规范的内容

快递服务规范，是指快递服务人员在工作岗位上，在作业过程中和客户服务过程中应当遵守的行为规范和惯例。简单地说，就是快递服务人员在自己的工作场合中适用的工作规范和工作艺术。

2010 年 8 月 26 日，国家邮政局召开会议，审议通过了《邮政业术语》和《快递服务》国家标准。

2012 年 5 月 1 日，国家质量监督检查检疫总局、国家标准化管理委员会联合发布的《快递服务》系列国家标准正式实施。实施的具体效果有待进一步在实践中检验。

当前，很多地区的快递业都在积极推进快递服务规范的推广，旨在进一步规范快递企业的标准化操作和标准化服务。

图 5.5　某地快递服务规范推进会会场

依照《快递服务》国家标准，结合 2011 年发布的《快递业务操作指导规范》，对快递服务规范的主要内容进行如下的概括。

（一）快递组织要求

1. 快递服务组织的服务能力要求

主要包括快递服务组织在服务网络、快件处理场所、信息系统以及人员方面应达到的服务能力。

2. 快递服务场所要求

主要包括快递服务组织的营业场所、快件处理场所和快件监管场所应满足的要求。

3. 安全要求

主要包括快递服务组织在保障人员安全、快件安全、代收货款安全以及突发事件安全方面的要求。

其中"快递服务组织与寄件人结算代收货款的期限不应超过 1 个月，应建立代收货款台账，如实记录寄件人、收件人信息和货款金额等内容，台账保存期限不应少于 1 年"和"在事件处理过程中，应对所有相关的资料进行记录和保存。相关资料和书面记录至少保存 1 年"的硬性指标依据《快递市场管理办法》确定。

4. 服务时限

包括同城快递、跨省快递、港澳台地区快递、亚洲和北美洲地区快递、欧洲地区快递、大洋洲地区快递的服务时限。

对同城快递、跨省快递服务时限的规定主要依据《快递服务》国家标准确定。对港澳台地区快递、亚洲和北美洲地区快递、欧洲地区快递、大洋洲地区快递的服务时限，以日本和韩国作为亚洲的代表，以美国作为北美洲的代表，以西班牙、荷兰、英国作为欧洲的代表，以澳大利亚作为大洋洲的代表，选择北京和贵阳作为寄出地，同时选取上述国家的不同城市作为寄达地，共查询了 400 余对互寄城市的服务时限，并以各洲代表国家最长时限作为标准中所确定的服务时限。

5. 信息管理

主要包括快递服务组织信息系统的功能和信息记录要求，主要依据是一部分快递企业的信息系统功能和查询信息环节。

（二）服务环节

1. 上门取件

主要是上门收寄的接单以及取件等环节的基本要求。明确规定"取件时间宜在 2 小时内"，主要依据部分快递企业的实际经验而定。

2. 内部处理

主要是在《快递服务》国家标准的基础上，对分拣、封发、运输等内部处理环节进行细化，具体规定主要依据部分快递企业的操作规程制定。

3. 投递次数

主要规定"快递服务组织应对快件提供至少 2 次免费投递"，规定符合快递企业经营的实际，同时又有利于保护用户利益。

4. 验收

主要规定了代收货款快件、网络购物、电视购物和邮购等快件以及普通快件验收的基本要求。

5. 无着快件

主要是规定信件类、货币类、有价证券类等无着快件的处理方式，强调对无着快件的处理应在邮政管理部门的监督下进行。规定主要依据部分快递企业的实际操作规定。

6. 申诉

主要规定的是客户申诉的受理条件和受理期限，主要依据《邮政业消费者申诉处理办法》制定。

7. 国际快件的收寄

主要规定了国际快件在接单、验视、称重与计费及国家快递运单填写方面的特殊要求，主要依据部分快递企业的相关规定而制定。

8. 国际快件的出口报关

主要规定了国际快件报关的基本要求，主要根据《中华人民共和国海关对进出境快件监管办法》和部分快递企业的有关经验而制定。

 本章小结

快递行业的发展正开始趋向正规化，这要求国内的快递企业现阶段必须在企业经营中有一套完整的具备约束力的服务规范。鉴于我国快递业起步较晚，行业规范的制定还需要不断地摸索和修正。具备标准行业规范是对快递企业正规化经营与作业的必要保证。

随着快递业操作指导规范和快递服务国家标准的陆续出台，我国的快递行业正呈现欣欣向荣的发展态势。本章在首先介绍了我国快递服务的基本现状与存在问题的基础上，分析了目前制定快递服务标准的作用和意义。同时，针对快递企业的一线服务岗位，对每一个岗位提出了具体的服务要求，并对快递服务规范的内容从组织环节、服务环节等方面的服务规范与标准进行了概括的总结。掌握快递行业的服务规范并以此为准绳，对快递企业的健康有序发展有重要的指导意义。

 课后阅读

快递业在提升品质规范服务中发展壮大

图 5.6 某快递公司繁忙的分拨中心现场

国家邮政局 2012 年 1 月 1 日公布的信息显示，预计到 2015 年，快递业务量将到达 61 亿件以上，年均增长 21%。国家邮政局《快递服务"十二五"规划》还提出，2015 年快递业务收入将达到 1 430 亿元，年均增长 20%，比"十一五"末增长 1.5 倍，占邮政业业务收入的比重达到 55%；新增就业岗位 35 万个以上，从业人员总数达到100 万。

转型整合 提升整体实力

"我们可以将 2011 年定义为快递领域的转型之年。这一年，是'十一五'和'十二五'规划相互衔接的过渡时期；是加快转变发展方式，培育快递成为战略性新兴产业的重要时期。"中国快递协会副秘书长邵钟林在接受记者采访时指出。

市场增速迅猛，快递市场开始进入逐步细分的阶段。面对旺盛的市场需求，许多快递企业简单地惧怕已有竞争对手或新入者挤占市场份额的情绪并不会浓厚；相反，快递企业萌生了与业内或者业外进行初步交流合作的想法和愿望。同时，管理者们也不再满足于原先那种只是把自己的企业做大的念想，逐渐转向了做事业、联手打造社会公众服务产品的方向。这将拉开快递领域的"竞合"时代序幕，与此前一般性的竞争时代相比，"竞合"时代最大的特点是共赢。企业联合相互取长补短，有效地进行资源整合并弥补自身的不足，同时通过规模优势加强整体的竞争实力。

快递行业起步时，有相当数量的企业的体制机制还很不健全，只是因为中国快递市场有着刚性需求，所以快递业务快速地增长。但发展到一定阶段，市场就开始趋向成熟，企业若想继续发展而不被市场淘汰，就需要实现健康、良性的发展，实现发展方式的转变。快递企业已经迸发出对科技应用的积极性。下一步，它们将更加注重服务能力的提升，注重科技投入，积极进行设备和服务终端的更新和改造，切实地去增强企业的整体经营能力。未来快递企业将主动投入，以迎接市场超常规发展的态势，他们积极购地建场地、建分拨中心，增加流水线、车辆和人员等来提升自己的运营能力。

规范管理促健康发展

业内人士指出，快递管理也从市场准入向市场监管转换。随着《中华人民共和国邮政法》的修订实施和快递业务经营许可一年过渡期的结束，快递发展步入新的历史阶段。2011年全国快递市场管理工作将全面转入到行政执法时期，在全国开展为期一年的"规范市场秩序，维护用户权益"执法检查活动，加快施行快递企业分等分级管理，通过"时限准时率、用户申诉率、公众满意度"三项核心指标强化对快递服务的监管，以统计检查为切入点，通过高质量的行业统计数据来监测市场发展的最新动态。

快递咨询网首席顾问徐勇用了乐观的情绪来估量"十二五"期间的快递发展。他认为，"十二五"期间快递的市场规模将逐年扩大，快件量年复合增长率在30%以上，业务收入年复合增长率在25%以上。到"十二五"末，每个工作日快件量将达到2 000万件至2 500万件；快递收入将达到2 000亿元至2 500亿元。

徐勇认为，企业需要改变，发展模式要变，服务类型要变，品牌意识要变。"十二五"期间的快递服务，改变才是力量。徐勇认为，在未来的发展中，快递服务将加速向产业化升级，产业发展集聚化、市场集中化、企业经营集约化。产业呈现集群化发展，市场集中度不断提高，呈现出以下特征：快递业收入占 GDP 的比重增速高于其他产业；市场集中度提高迅猛；市场专业化分工显明；航空快递量增长明显；内资快递企业向国际化延伸。

服务品质决定企业效益

快递企业竞争以往是单纯地追求业务规模的竞争，"跑马圈地"是当时的第一要务，但随着竞争的深化，单纯"铺摊子"、"争市场"的发展方式并不能给企业长久发展的活力，快递企业会更加注重"量"和"收"比例的同步增长，会更加注重其扩张是否产生真正的效益，而效益的提升保障是服务品质提升的重要前提。

因此，快递企业之间的相互攀比将从单一比市场份额，向既重视市场份额，更重视服务质量的方向转化。企业按照2012年出台的快递服务国家标准的要求，普遍大力改善服务质量。通过同质化、低价竞争争夺客户的时代注定不会长久。市场对差异化服务有强大的需求，不同的消费群对快递时限、价格、延伸服务等有不同的需求，快递企业的发展开始向注重需求差异性的理性竞争转化，这同时也是避免恶性竞争的重要途径。其中，快递服务价格的理性回归将是其中的一个关键特征。

　　行业的发展推动国内的消费者在接受快递服务的过程中开始走向理性，他们对快递服务的价格敏感度将逐渐降低，开始关注快递的服务品质。一方面得益于企业竞争方式的转变，部分快递企业的定位将向中高端转型；另一方面则是消费市场呈现新的需求，一部分消费者对产品高品质的需求强于对低价的需求。与往年相比，快递品牌的作用会逐渐加大。过去的市场竞争中，快递企业主要用低价来吸引消费者的注意力，但在消费市场逐渐进入告别价格敏感时代后，单纯低价策略不会长久，最终是快递服务质量的比拼，那些在竞争中积累了口碑的快递企业会得到更多的消费者青睐。在品牌的选择中，消费者需要得到更多的可做参考的社会公共信息。邮政管理部门将日臻完善市场管理手段，随着社会第三方的"快递市场满意度调查报告"的更加科学完善，其调查结果有望向社会公开，连同快递企业分等分级的管理办法的实施，将会帮助消费者作出正确的选择。

 课堂互动

　　实训主题：分析快递行业的服务规范相关文件。

　　实训形式：学生每5个人为一个小组进行讨论。

　　实训任务：对当前重要的服务标准和服务规范进行解读，使学生更深入地了解其中的重点。

　　实训步骤：

　　（1）学生阅读《快递服务》行业标准、《快递服务》系列国家标准（2012年5月1日实施稿）、《快递业务操作指导规范》等文件；

　　（2）教师向学生提出问题，问题是"各文件中规定的主要内容有哪些？每个文件的核心是什么？"

　　（3）组织讨论，以小组为单位，得出结论，分享感想；

　　（4）小组互评，教师点评。

 复习思考题

　　1. 当前的快递服务消费者最关注哪些方面？对快递企业的期待主要表现在哪些方面？

　　2. 当前快递业存在的主要问题有哪些？

　　3. 试说明推行快递服务标准化的必要性。

　　4. 快递服务标准的主要作用有哪些？

　　5. 简要说明快递企业主要的服务岗位有哪些？对于快递企业的主要服务岗位列出其基本岗位职责。

　　6. 什么是快递服务规范？当前快递行业的服务规范大体可归纳为哪几个方面的内容？

课外实践

　　实训主题：调查国内各快递企业的服务规范开展情况。

　　实训形式：学生3人为一个小组。

实训任务：利用课外时间走访本地某家快递企业，了解该企业的快递服务标准实施情况，以及该企业自身有没有制定适合自身情况的服务规范。写出一份调查报告。

实训步骤：

（1）选择一家本地的你熟悉的快递公司；

（2）深入该快递企业，收集公司的服务规范的开展情况；

（3）写出调查报告后，在课堂上进行交流与讨论。

 **案例分析**

中国快递协会首次发布节假日服务规范

每到春节假期，大多数快递企业关门歇业已成惯例。不过，今年这种情况将彻底终结。2011 年 12 月 31 日，中国快递协会发布《春节法定假日期间快递服务指导规范》，要求快递业"歇人不歇业"，春节期间快递网点收派件服务时间每天总体不低于 6 个小时。这是快递行业首次针对节假日发布服务指导规范。

规范要求，各企业应在每个开办业务的城市提供营业网点收件和指定区域派送服务。营业网点收件和派送服务时间可缩短为每天 10∶00—16∶00，总体应不低于 6 个小时。根据业务量情况，企业合理安排值班人员，提供快件跟踪查询服务，畅通投诉受理渠道。已收寄快件要及时妥善处理，不得造成在收派网点、分拨中心的滚存和积压。春节法定假日期间，经营快递业务的企业可根据业务量情况，合理安排人员值班，满足用户的服务需求。各企业应通过其网站和营业场所向社会公布春节期间快递服务安排，包括服务网点、服务范围、服务方式、服务时间、服务时限、服务价格等。各企业在春节法定假日期间服务安排有变动时，应通过其网站和营业场所向社会公布，并做好说明和解释。据悉，该规范适用于指导国家春节法定假日（除夕至初六）期间的快递服务。

此前，国家邮政局新闻发言人韩瑞林表示，2011 年以来我国快递业务迅猛发展，月平均增长同比超过 53%。随着 2012 年春节临近，商务快递高峰和网购促销活动叠加出现，快递业务量大幅增加。2011 年 11 月 11 日和 12 月 12 日网购促销期间，快件日处理量分别突破 1 600 万件和 1 800 万件，比上一年同期增长了 60% 和 80%。2011 年 12 月下旬，快件日处理量多日保持在 1 500 万件左右，快递服务能力与市场需求矛盾突出。

值得关注的是，2012 年春节前的业务旺季与往年有不同的特点，元旦、春节假日比较集中。预计春节前 30 天内，全行业整体快件处理量将达到 3.93 亿件，比 2011 年春节前实际完成的业务量增加 1.43 亿件，增长 57.2%。

2011 年春节前夕，国家邮政局也曾要求快递企业春节期间不歇业，很多大型民营快递公司也承诺春节不放假。但实际上，去年春节期间只有 EMS 和顺丰两家公司在坚持，其余大部分快递都歇业，尤其是很多快递公司的加盟网点歇业时间甚至长达 10 天左右。为保证今年春节假期快递业"不打烊"，2011 年 12 月份，国家邮政局就下发通知，要求各快递企业在业务旺季期间不得擅自停收或停投快件，否则收回快递业务经营许可证。

刚刚过去的 2011 年，网购市场迅猛发展，为了应对如潮水般涌来的快件，很多快递公司都提出了全年无休计划。对于 2012 年春节，大多数快递公司都承诺"不打烊"。不过，由于春节期间的快递业务量最多只有平日的 2 到 3 成，因此各家公司普遍会采取轮休策略，保障快递网络畅通运行。某大型快递公司负责人郭先生告诉记者，对于春节值班的员工，公司会派发红包、定制年夜饭、给予加班费等，人工成本其实相当高。为消化网购旺季的高成本投入，快递公司在 2011 年已经进行了三轮提价。2011 年 12 月下旬，韵达快运、中通速递、汇通快运纷纷发出涨价通告，每票快件在原有基础上增加 0.5 元至 1 元的派送费。

　　根据上述材料分析以下问题：

1. 制定节假日快递服务规范的目的是什么？
2. 此服务规范与快递服务标准之间有何连带关系？
3. 结合案例，谈谈当前火爆的网购市场对快递服务规范提出的新要求。

第六章

快递企业作业环境和设施设备规范要求

学习目标

学生通过本章内容的学习，熟悉快递企业快件作业环境和作业设施设备的基本情况，了解作业环境分拣作业的基本规范，掌握快递企业的车辆管理的基本规范、快递营业场所以及快递处理场地的设施设备要求。

引导案例

快递公司作业场地暴力分拣　国家邮政局发文禁止

2011 年年初，各大视频网站疯传一段"S 快递公司暴力分拣物品"的视频。视频中，在一处快递公司货物的分拣车间，20 余名着装不统一的工人将满地包裹丢来丢去进行分装，期间不少包裹被摔到地上。工人们一边乱扔货物一边还欢声笑语，震得一旁汽车报警器鸣笛声不断响起。

该视频时长 1 分 17 秒，一周内的点击量就突破了 200 万次，但整段视频并未明确显示是该快递公司的仓库。

针对年末快递业务"爆仓"以及部分快递公司暴力分拣包裹的现象，2010 年 12 月 31 日，国家邮政局下发通知，要求各地邮政管理部门按照《国家邮政局关于做好旺季期间快递服务督导工作的通知》和《关于做好 2011 年元旦、春节有关工作的通知》精神，督导企业做好快递服务工作，保障服务质量。

S 公司回应：绝非旗下公司　将"冷处理"

对此视频，多数网友表示愤慨，并表示将坚决抵制 S 快递，但也有部分网友怀疑 S 快递公司遭人陷害。

S 快递公司暴力分拣物品"视频被曝光后，S 快递有限公司立即发出声明，称公司的分拣环节均是通过传送带进行的，绝不存在"暴力分拣"的情形，并表示将对视频事件展开调查。

北京 S 分公司一位马姓负责人表示，北京分公司的总中转站均是在传输带上进行分拣工作的，不可能把快件扔来扔去，且工作人员工作都是同一着装。员工在工作中随机踩踏、丢弃包裹属于严重违规行为，公司将严查此事，一旦查实，将对涉事员工严格处罚。

S 快递上海总部市场总监夏某在接受采访时表示，视频中的仓库"不可能是我们 S 公司的中转站"，公司将"冷处理"此事。

国家邮政局：严禁野蛮装卸"让邮件飞"

记者了解到，时值新年佳节到来之际，各大快递公司包裹业务量大大增加，部分快递公司甚至出现了爆仓情况。

针对快递行业快速上升的申诉率和消费者的质疑这一现象，国家邮政局下发专门通知，要求各地邮政管理部门督促快递企业总部加强对所属品牌企业的管理，严格要求所属企业和网点按照规范的操作流程，做好快件揽收、分拣和投递工作，严禁出现野蛮装卸和分拣扔件等问题。发现企业有损害消费者权益的行为，将坚决依法查处。

思考：

阅读上面的案例后，你认为现代快递企业的作业环境如何加以规范？

第一节　快递企业作业环境规范

作为一家正规的快递企业，必须具备基本的业务作业环境。我们所说的作业环境主要是进行快件处理和分拣封发的场所，在这一节中主要对快递企业的生产作业环境进行简要的介绍，同时对快递企业在所处环境下应该遵守的规范进行介绍。

快递企业应当加强对分拣场地的管理，严格执行通信保密规定，制定管理细则，严禁无关人员进出场地，实行封闭式作业，禁止从业人员私拆、隐匿、毁弃、窃取快件，确保快件的安全。

对快件的分拣作业应当在视频监控之下进行。

―| 课堂案例　忙碌的分拣现场 |―

王某在中国人最看重的节日—2012 年的 1 月的春节期间迎来了一年中最忙碌的时候，他枯燥机械的工作此时也成了老百姓的"祝福中转站"。

31 岁的王某是中国邮政哈尔滨邮区中心局国际速递分拣分局特快组班组长，事实上，工作中他就是一名普通的快递分拣员。

当大多数中国人都在家中与亲人团聚时，王某工作的分拣大厅依然一派忙碌景象，在这个面积相当于 5 个篮球场的分拣大厅内，1/3 的区域被堆积如山的快递包占据，通过铁路、公路途经哈尔滨的特快专递在这里 24 小时不间断地分拣、中转。

平均每天，王某至少处理 1 000 份邮件，拆袋、拾起、分拣、分放、装袋，要完成对一份邮件的分拣过程，他至少弯腰 4 次，一天下来，超过 4 000 次。王某开玩笑说，如果运动会设立弯腰这个项目，他有信心拿第一。

春节期间亲朋好友传递祝福的信件和礼物量增多，与春运这一中国特有的年度人口大迁移几乎同时，中国的快递业也经历了前所未有的高峰。国家邮政局要求快递企业保证重点地区网点春节正常营业，承担社会责任，然而只有邮政 EMS（中国邮政特快专递）能够保证所有营业网点照常提供收件和派件服务。

作为平时的竞争对手，众多民营快递公司春节前陆续停止部分地区的快件收取。他们表示，春节期间加盟企业放假休息，加之南方多雨雪天气造成大量货件积压，投诉和成本的上涨将会给企业造成更大压力，倒不如歇业放假。

邮件量激增加上许多民营快递公司纷纷放假，大量邮件涌入国有的中国邮政特快专递，导致其不得不超负荷运转。

据哈尔滨邮区中心局国际速递分拣分局庞局长介绍，春节期间该局需要处理的业务量是平时的 2—3 倍，为保证邮件按照承诺的时间送到客户手中，邮政的职工们不得不加班加点，正常的休息根本无法保证。

近一个月，王某一直没有放假，每天至少加班到 20 时，工作时间接近 12 小时。由于长时间加班无暇顾家，王某的妻子和 3 个月大的孩子住在娘家，他说"天天加班，这段时间很难与妻儿相聚"。

图 6.1　某快递公司的快件分拣处理场地

一、分拣前规范要求

快递企业在分拣前，应当对分拣场地和分拣设备进行检查，确保分拣场地整洁，无灰尘、无油污、不潮湿；分拣设施设备工作正常。

快递企业应当根据车辆到达的先后顺序、快件参加中转的紧急程度，安排到达车辆的卸载次序；卸载完成后，应检查车厢各角落，确保无快件遗漏在车厢内。

快递企业在分拣前，应当对快件总包进行开拆，开拆前应当检查总包封条是否牢固，袋身有无破损，开拆后应当核对总包内快件数量是否与总包袋牌或内附清单标注的数量一致。

对每一件快件，应当检查外包装是否完整，快递运单有无缺失，并确认是否属于发件范围。

二、分拣传送时的规范要求

快递企业使用皮带机进行快件的分拣传送时，应当确保皮带机匀速流转，快件摆放均匀，防止快件滑落。

快递企业由人工进行快件分拣传送时，如需进行较远距离搬运，应当将快件装入货物搬运设备（如手推车）进行搬运，不得对快件进行猛拉、拖拽、抛扔等破坏性动作。

分拣时，应当按收件地址、快件种类、服务时限要求等进行分拣，对于当日进入分拣场所的快件，应在当日分拣完毕。

5 千克以下的快件，放入分拣用托盘，确保小件不落地，并应当建立总包进行中转；5 千克以上的快件，码放到指定的位置，码放遵循大不压小、重不压轻、易碎件单独摆放的原则。快件分拣脱手时，离摆放快件的接触面之间的距离不应超过 30 厘米，易碎件不应超过 10 厘米。

三、分拣问题件的处理要求

分拣过程中发现问题快件，应当及时做好记录并妥善处理；对破损快件应当在确认快件与快递运单书写信息无误后进行加固处理。

发现禁寄物品，应当立即停止寄递，对各种反动报刊和书籍、淫秽物品、毒品及其他危险品，应当及时通知国家有关部门处理，并及时报告当地邮政管理部门。

四、分拣后装车的规范要求

5 千克以下的快件，宜建立总包进行装车，总包应牢固加封；5 千克以上的快件可单独装车，码放遵循大不压小、重不压轻、易碎件单独摆放的原则。

若一辆车有 2 个以上（包括 2 个）卸载点，用物流隔离网将不同卸货点的快件隔离，并固定隔离网的位置，防止车辆中途颠簸导致快件混散。

快件全部装车完毕后，应当对车辆进行封车，对分拣现场进行清理，防止快件遗落。

总之，快递企业要严格要求自身，进一步加强作业环境规范管理，努力提升服务质量和快件时效，为广大消费者提供优质的快递服务，将快递企业的品牌进一步做大做强。

第二节　快递企业服务车辆管理规范

快递企业服务车辆是指快递企业自有，专门从事快件业务揽收、投递、运输的营运车辆。快递服务车辆均应按照全国各省邮政管理部门统一规定的标准（见图 6.2、图 6.3）喷涂各快递企业的名称、专用颜色、专用标志。快递企业服务车辆应喷涂统一标志。

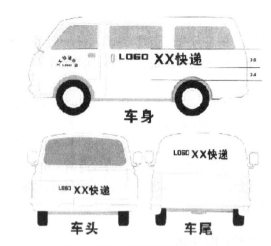

图 6.2　面包车快递车辆的标志图

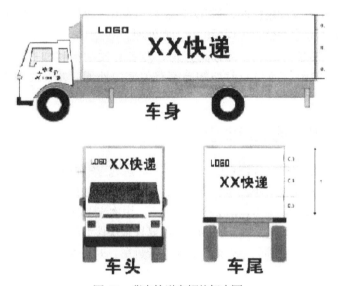

图 6.3　货车快递车辆的标志图

一、快递车辆管理概述

所有干线运输车辆宜实行双人派押，宜安装全球定位系统终端。对运输车辆要进行日常维护和定期保养，在车辆出发前，应当进行必要的车辆安全检查，保证车况良好。

公路运输途中，如车辆发生故障或交通事故等，运输人员不得擅自离开现场和打开后车厢门。故障车辆装载的快件应当由快递企业及时妥善处理。

如租用社会车辆进行运输，快递企业应与承运单位签署安全保障服务合同，并对车辆加装必要的监控设备。

二、快递车辆管理规范要求

进一步规范快递服务业的车辆管理，着力解决快递企业收取、派送快件的运输车辆(以下简称快递车辆)的通行、停车作业问题，既能方便快递业务的正常运行，又能确保道路交通秩序畅通、安全、有序。

> **课堂案例　安徽省出台快递车辆通行规定**
>
> 　　2010 年 6 月，安徽省邮政管理局联合省公安厅、省交通运输厅和省工商行政管理局出台了《关于快递车辆通行有关问题的通知》(皖邮管〔2010〕30 号)以下简称(《通知》)。《通知》明确了 5 项规定解决快递车辆进城通行、停靠和装卸作业的问题，将快递车辆的确认权由邮政管理部门实施，为快递车辆通行创造了良好条件。
>
> 　　一是首次对快递车辆进行了规范定义，规定快递车辆和驾驶人员登记造册，经省邮政管理部门确认后，向公安交通管理部门和交通运输部门备案。二是在国家对城市快递车辆的车型定型前，允许备案的载客快递车辆在城市区域装载运输快件。三是经公安交通管理部门同意，在确保安全的前提下，备案的 9 座以下载客快递车辆可在禁限路段通行。对中型以上载客快递车辆在城区通行，由各地公安交通管理部门根据当地情况规定。四是对备案快递车辆发生交通事故予以便捷处理，轻微事故将及时放行，一般事故优先保障快件运输，事故车辆经检验鉴定后及时放行。五是按统一式样喷涂快递车辆，不需办理户外广告登记。
>
> 　　安徽省邮政管理局为解决快递车辆通行问题做了大量基础工作，于 2009 年开展了快递车辆通行专项调查，基本掌握了全省快递车辆的类型和分布情况。同时多方反映企业诉求，积极协调相关部门争取政策支持。《通知》的出台对完善安徽城市快递递送网络，提高快递服务专业化水平具有促进作用。

1. 明确快递车辆类型，统一标志

快递企业从事快递业务的机动车辆由所在的省市自治区邮政管理局核准，仅限于专门用于收取、派送快件等快递服务活动的电动车、电瓶车、摩托车、面包车以及小型货车，在市内通行应为 12 座以下客运机动车或总质量 5 吨以下的微型、轻型货车。快递车辆必须喷涂由省市自治区邮政管理局统一制定式样的颜色和标志，省市自治区邮政管理局对申报喷涂统一标志的车辆资料进行审核，将符合条件的快递车辆统一编号，一车一号，到省市自治区交通部门的支队车管所办理相关变更登记业务，资料在市交警支队备案。

对非本省市自治区内牌照快递运输车辆，在本省市自治区某一区市长期从事经营并确需在通行禁限区域通行的，由省市自治区邮政管理局核发"快递专用车辆统一标志编号证"和"快递服务"邮政行业车辆专用证，严格遵循当地的市快递运输车辆的通行和停车规定。

图 6.4   停放整齐、统一标志的邮政 EMS 车辆

2. 规范快递车辆停车秩序

快递车辆停车作业时应尽量停放在附近的公共停车场。无公用停车场，需在禁止停车路段停车的，在驾驶人员不离开驾驶室，不影响车辆正常通行的前提下，可以临时停车，时间控制在 10 分钟以内，快件收取、派送结束后立即驶离。

电动车、摩托车、电瓶车在不影响车辆正常通行的前提下，有条件的可以在人行道停放，无条件的可在投递单位附近路段临时停车 10 分钟，处理完快件收取、派送后立即驶离。快递车辆运输过程中应尽量避免车辆在市区交通高峰时间主要路段停靠。

3. 加强快递车辆安全管理

快递车辆驾驶人要随车携带"快递服务"邮政行业车辆专用证和"快递服务机动车统一标志编号证"，服从交警的管理，特别是车辆停放对道路通行有影响和干扰时，必须在交警指定的地点停放。同时严禁有酒后驾驶、超速、超员、超载等严重交通违法行为发生。年内记分满 12 分，发生 3 次以上超员 20% 或超速 50% 以上违法行为，重大交通事故负主要责任以上的驾驶人，通报所在省市自治区邮政管理局，撤销车辆和驾驶人的专用资格，并按照有关规定严格处罚。

快递企业要加强对运输车辆和驾驶人的管理，按时对车辆安全性能进行检查、审验，对驾驶人进行交通安全教育，督促驾驶人要自觉遵守《道路交通安全法》及相关法律法规，自觉维护道路交通秩序和安全。

4. 规范快递车辆的行进线路

快递服务车辆需通行禁限行区域的，由所在省市自治区邮政管理部门统一审核，送相关公安交通管理部门审定并核发通行证件。准予持通行证件的快递服务车辆通行核定的禁限行区域。

第三节　快递企业设施设备规范

一、快递企业营业场所设施设备规范

现代企业都十分注重企业的环境形象管理，把它作为管理工作的重要内容来抓，环境形象是企业生产、生活条件的建设状况和总体表现，它反映着企业的整体管理水平、经济实力和精神面貌。温度适宜、色彩明快、整洁雅致、平等互助的环境，不仅可以保证员工精力充沛、心情舒畅，提高生产效率和服务质量，而且能给社会公众和客户留下整洁、舒适的第一印象。

很多快递企业为树立和宣传其良好形象，近些年逐渐在主要城市建立快递旗舰店，而良好的环境显得十分重要。

"走进某速递专营店，让人有一种耳目一新的感觉。宽敞明亮的大厅，整齐有致的展台布置以及前台营业人员的微笑热情服务，使人备感亲切。大厅一角的客户接待处，水仙花散发出淡淡清香，各类宣传资料整齐地摆放在一旁，前来办理业务的顾客可随意翻阅。置身于该速递专营店大厅，让人无不感受到 H 市某速递物流公司科学管理、服务热情的工作作风。"

以上这段话是对 H 市某速递物流公司速递专营店的形象展示，从中你可以得到哪些体会？

图 6.5　内部设施设备完整的 EMS 旗舰店

图 6.6　某市邮政速递旗舰店门面

近日，位于某市盘江路的邮政速递服务旗舰店正式对外营业。这是该市邮政局的第一个速递服务旗舰店，专门为市民提供 EMS 速递业务受理、查询、咨询、投诉处理等一站式的服务和最新的速递产品展示。

近年来，该市邮政局积极整合内部资源，充分发挥邮政整体优势，不断提高速递业务服务水平，不断提升邮政速递的市场竞争能力，利用邮政速递全心、全速、全球的网络优势和信誉优势，大力推介地方土特产品。先后推出了"思乡月"中秋月饼寄递，"金州六绝"家乡特产寄递等服务，为全市广大群众提供了方便、快捷、优质的邮政速递服务。

某市邮政局速递服务旗舰店的建立标志着市邮政速递改革已向纵深发展，邮政速递旗舰店不仅是展示邮政品牌形象的旗舰店，更是邮政速递业务管理完善的旗舰店。

（一）营业场所设施设备概述

快递企业宜具有固定的、易识别的营业场所，如搬迁或停业应通过各种渠道和有效方式告知用户，并及时上报邮政管理部门。

快递营业场所应满足以下要求：

——有企业标志，并配备必要的服务设施；

——有符合相关规定的消防设施；

——有符合相关规定的视频监控设备，做到工作区域全覆盖；

——提供各种业务单据和填写样本；

——在显著位置悬挂证明快递企业取得合法经营快递业务资格的快递业务经营许可证、工商营业执照；

——在显著位置粘贴《禁寄物品指导目录》；

——悬挂场所名称牌和营业时间牌，标牌保持干净、整洁；

——在显著位置公布：服务种类，服务范围，资费标准，服务承诺，服务电话、电子邮箱和企业网址，监督投诉电话或者电子邮箱。

应在营业场所悬挂或张贴业务宣传画，设置业务宣传栏（板、台），提供各种业务单式的填写样本和宣传资料，品种齐全，数量充足。

注意：应在营业场所显著位置设置禁烟标志。

营业厅内应达到"四净四无"，即地面净、桌面净、墙面净、门面净，无灰尘、无纸屑、无杂物、无异味，保持现场卫生、整洁、明亮。客户视线范围内不应摆放私人物品。

对营业场所内外的环境宜进行美化和绿化，如选用天然或人工常绿植物进行装饰。

营业场所内不允许从事与经营范围无关的活动。

（二）营业场所环境的重要性

对企业内部员工来说，环境可以影响到精神面貌、行为模式、工作态度和工作质量。整洁、优美的岗位环境，不仅给员工以舒适感，而且还能培养出员工热爱企业的主人翁精神，把工作或劳动当成是一种激励和享受。

对企业外部公众来说，企业环境是他们认识和评价企业形象的窗口。优美的企业环境，能给外部公众留下企业管理水平高、员工精神面貌好的印象。一个秩序混乱、脏乱不堪的企业是不能提供高质量的产品和服务的，因为在这样环境中的领导和员工是缺乏责任感的。

快递企业良好的营业环境本身就是一种礼仪，它可以使客户一走进营业大厅就感受到和谐、亲切的气氛，能在舒适的环境办理自己的业务，这也是快递服务所蕴涵的价值之一。在同等付出的基础上，消费者所获得的价值越多，便会对快递的产品和服务越满意。

（三）营业服务环境的要求

1. 环境建设要体现快递企业特色

快递企业的营业环境与建筑是业务的一部分，代表着快递企业的形象、性质、特征以及深刻的企业文化特色。环境与建筑是企业固有的传达媒体，要力求向社会公众传达丰富的企业信息，并且统一在企业的 CIS（企业形象识别系统）总目标之下。快递企业应该有意识地通过对营业环境外貌的规则设计，形象地展示快递企业的风采。

快递企业每个营业厅都要对外部设计、内部装修、柜台布置、人员着装以及服务设施进行统一，从而给客户留下深刻的印象，产生强烈的认同感。

2. 快递企业营业服务环境的营造要体现快递企业特色

快递营业环境的设计必须有利于提高员工的工作效率，并给客户以端庄、稳重、可靠的印象，充分体现快递业务高效有序、企业实力强大的特点，增加公众的信赖感。

要注意营业环境整体设计风格、营业柜台的布局、商品的陈列、灯光的色调以及由此所造成的空间效果。营业厅内部装饰的手法很多，常用的有花卉、盆景、工艺品等，往往使人产生愉悦感。营业厅的采光设计不仅是技术问题，也是对客户的礼仪礼貌问题。科学地配置、调节室内的照明度，既能满足工作要求，又能美化环境，给人以美好的印象。所以在可能的条件下，营业厅应采用大玻璃，尽量用自然采光。当自然采光光线不足时，要利用灯光照明。灯具选择要美观大方，并且布局合理，光线的设计要明亮、柔和、舒适，能起到调节客户感觉和视觉的作用。

声音运用得好能引起愉快的心理效应，和谐优美、轻柔舒缓的声音能使人心情愉快，减轻疲劳。因此应有意识地营造一个高雅、舒适、安静的听觉环境。应对各种产生强噪音的机器设备进行专门处理，工作场所内部忌高声说话，还可以采用播放音乐的办法来抑制噪声。

工作场所内空气清新、温湿度适宜也是环境营造的重要内容。营业厅的设计要通风，室内空气要保持一定的湿度和温度，一般温度在 20℃ 左右，相对湿度在 40%～60%。在自然通风的基础上，可以进行人工通风，如安装排风扇，经常打扫卫生和吸尘，营业厅内也可以摆有多盆观赏性绿色植物，进行调节。有条件的还可以安装空气净化器、去湿机、加湿器、空调机等设备，并随时调节室内温湿度。

保持空气的清新，营业厅的整洁明亮，为客户提供四季舒适的环境，会带给客户一种享受现代化的高品质快递服务的感觉，可以增加快递企业向客户提供的产品的价值。

3. 服务设施要周到安全

营业厅内要重视各项服务设施的设置，处处体现为客户着想，关心客户、尊重客户的企业服务理念，增进与客户的感情。

营业大厅的布置要让客户感受到整洁、方便、亲切和舒适。经营面积较大的营业厅应该设有电子显示墙，不时播映出"欢迎光临"、"欢迎使用××快递"等礼貌用语，并交替出现各项服务项目的介绍等。营业大厅外墙上应挂有对外营业时间的标志。营业厅内应悬挂快递企业主要业务的宣传画、国内各地区邮政编码、各类业务的资费标准、禁寄限寄物品说明等。

客户在办理快递业务时常用到的写字台、笔、墨水、胶水、老花镜等用具，以及为方便客户书写、休息的比较宽大舒适的座椅等都应当配备齐全。为了减少在业务繁忙时出现的客户因焦急等待而烦燥的情况，营业厅内还应配备有报纸杂志、饮用水等。这些服务设施要合理布局，摆放有序。较大型的营业厅应该设有服务台或者咨询台，为客户解答疑问，提供必要帮助。服务设施的精心安排既能体现出快递服务对客户的关心与礼貌，又能使客户感到亲切与温馨，同时树立起快递企业的良好形象。

4. 服务环境要整洁卫生

营业厅内外整洁卫生是快递企业文明经营的标志和基本要求。良好的卫生环境可以振奋营业人员和客户的精神，为有效沟通创造良好的环境。优雅和谐、整洁卫生是营业环境礼仪的重要内容。

每天开始营业前，应把营业厅内外地面打扫干净，营业厅外地面上无落叶、塑料袋等杂物，车辆摆放整齐有序。营业厅外的围墙、栏杆、台阶上要注意保持干净，及时清扫，不能粘贴有脏物、广告之类的东西。雨雪天气，可以在营业厅门口摆放防滑垫，方便客户进出。

营业厅内要保持清新洁净，空气流通。墙上无积尘、无蜘蛛网，窗上无灰垢、无污痕，地上无纸屑、无烟蒂，室内无杂物、无垃圾。门窗、玻璃、货架、电脑、打印机、电子秤、柜台、桌椅等都要擦洗一新，做到窗明几净、干净整洁。在柜台摆放的商品，要定期检查除尘，摆放整齐。将工作时用到的邮戳调好日期，常用物品整理好摆放好以方便取用。卫生工作除了每天班前班后做好外，在营业时间还应该随时自己检查，注意保持，并不断清扫客户丢弃的纸屑等杂物，做到地面无污物、无痰迹。

二、快递企业快件处理场所设施设备要求

┃课堂案例　绿色环保的包裹处理中心┃

2011年下半年，联邦快递在美国芝加哥奥黑尔国际机场新建了一个包裹分拣中心。

该中心拥有大芝加哥地区独立建筑物上最大的绿色屋顶。屋顶全部被植被覆盖，面积达1.6万平方米，相当于三个足球场的大小。

绿色屋顶能减少空气污染和雨水径流，使屋顶的使用年限由过去的15—20年提高到40—50年，每年可降低能耗达35%，同时还减少了机场噪音的干扰。

新包裹分拣中心的绿化举措还包括使用LEED认证的机场设施，回收机场建设材料，使用清洁排放车辆和建筑设备，以及使用节能照明设施等。

思考：为什么国内的快递企业和国外快递企业都很重视分拣场地设施的建设?

┃课堂案例　法国知名快递企业更新先进分拣系统┃

法国Chronopost International公司提供欧洲领先的国际快递服务，并开始对其现有的配送中心进行现代化改造，其中包括在巴黎戴高乐机场安装BEUMER皮带横移式分拣机，以快速灵活地分拣国内、国际的快递包裹。该改造订单总价值超过750万欧元，总长度达到720m。这些BEUMER分拣机宽1400mm，是BEUMER制造过的最大宽度。订单中还包括两个子项目：2010年春季开始运营的国内快递货物分拣系统，以及2010年秋季完工的国际快递分拣系统。

BEUMER皮带横移式分拣机由一系列传送带构成，它的摆放位置与包裹检出方向相垂直，以方便包裹入货速度与分拣速度相适应，并以合适的角度被分拣到不同的传送带，从而运送货物到达目的地。相对于其他交叉带式分拣机，这种分拣机减少了50%的元件，而且传送带之间的距离也减少到最短，使用户可以安排更小、更紧密的出货口，减少分拣机的占地面积。传送带由免维护直流电动机驱动，采取非接触供电方式，配合零接触的线性驱动系统，可以减少设备的磨损。

快递企业设置的处理场所应当封闭，且面积适宜；配备相应的符合国家标准的处理设备、监控设备和消防设施；对快件处理场所进行合理分区，并设置问题快件处理区和贵重快件保管区；保持整洁，并悬挂企业标志；快件处理场所的设计和建设，应当符合国家安全机关和海关依法履行职责的要求。

图6.7　现代化快递企业的分拣设备

快件处理场所的面积和设施设备配备宜参照如下标准：

年快件处理量（万件）	面积	设施设备
50	不少于 200m²	分拣格、称重台、工具架、托盘、电脑、视频监控系统
500	不少于 2 000m²	除上述设备外，还应具备：货物搬运设备（例如手推车）、条码识读器、安全检查设备（例如 X 光机）
1 000	不少于 4 000m²	除上述设备外，还应具备：门禁系统、半自动皮带输送设备
2 000	不少于 8 000m²	除上述设备外，还应具备：快件半自动或自动分拣系统、远程影像监控系统
3 000	不少于 10 000m²	除上述设备外，还应具备：叉车、快件自动分拣系统、场所统一指挥调度系统
≥4 000	不少于 15 000m²	等同于年处理量 3000 万件的处理场所

注：所有快件处理场所面积均不应少于 50m²。

 本章小结

快递企业的内部作业环境和快递企业的相关设施设备必须符合一定的规范要求。快递企业的内部处理环节对分拣快件提出了较高的要求，特别是在对快件安全的保护方面。同时快件处理场所、服务车辆、营业场所的设施设备必须配备到位，这是快递服务的基本硬件保障。

本章侧重对快递分拣作业环境规范、服务车辆的管理规范、设施设备规范三个方面进行介绍，目的在于使学生了解快递企业在快件分拣处理和揽投过程中都要确保快件的安全性，对于在营业厅办理业务的客户为其提供完善的服务设施和良好的服务环境。现代化的快递企业对于这些环节都特别重视，掌握快递企业在快件处理作业场所和营业场所的设施要求是非常必要的。

 课后阅读

材料一　某民营快递企业营业场所的规范化建设

站在中国快递业成长、改革和发展的潮头，某总部位于上海的民营快递企业要实现其企业使命，规范化发展至关重要。无论是从为客户提供标准化和优质的快递服务来看，还是从推动企业长远发展、打造持续经营的该快递企业的百年老店来说，致力于快递服务的规范化是我们当前及今后一段时期内要努力奋斗的目标。

营业场所规范化不仅是广大客户的需求，也是行业监管部门的要求，更是该民营快递为客户提供优质服务的前提条件。国内快递业经过三十年左右的发展，已经进入了品牌竞争时代。快递企业必须解放思想，转变观念，尽快改变"小作坊式"的经营方式，积极"走出去"设立规范化的营业场所。

在未来的发展中，该快递企业牢牢把握中国快递业发展的战略机遇期，明确立足于快递业的市场定位，积极顺应国内快递行业持续发展的态势，抓住国内快递业转型、升级和分化、重整的市场机会，实现明确市场定位、优化商业和业务模式以及转变增长方式三大经营思路的转变。

为此，该民营快递企业根据《邮政业发展"十二五"规划》《快递服务"十二五"规划》和《上海市邮政业发展"十二五"规划》以及《快递企业等级评定管理办法（试行）》等法律、法规，制定了该民营快递的"十二五"发展规划。提出：将根据上海市"创新驱动，转型发展"的要求，抓住上海市推进"四个率先"、建设"四个中心"的战略机遇期，固本强基，苦练内功，着力发挥该快递企业上海地区网点在全网络的"领头羊"作用，实现该公司全网络的快速健康持续发展，同时，也通过上海这个"窗口"，加快该快递企业走出国门，走向世界快递市场的步伐。

该民营快递对其营业场所规范化建设的重要性归结为以下几点。

一、营业场所规范化是顺应行业发展的大势所趋

虽然说以前在为客户提供快递服务的过程中也强调规范化，但是更多关注的是揽收、分拣、操作、运输和派送的规范化，即运营的规范化。但是随着新修订的《邮政法》的颁布实施和快递业确立其合法法律地位之后，快递业便从小巷里"走"了出来，"走"到大街上，设立了标准门店，与广大客户直接"见面"。上海市实施快递营业场所规范化建设是个大工程，是包括该民营快递在内的快递企业提升快递规范化服务水平的重要组成部分。当然，这也是该快递企业顺应行业发展趋势，做好快递服务工作的先决条件之一。

二、营业场所规范化是提升客户体验的必然要求

根据快递服务"迅速、准确、安全、方便"的特点和《快递服务》国家标准在快递服务时效性、准确性、安全性和方便性等方面的原则要求，可以说，规范化营业场所的设立正是从方便性出发，考虑客户需求，全面提升客户体验的必然要求。

三、营业场所规范化是强化标准服务的重要内容

标准化不仅仅是统一服装和标准用语，而是涵盖了从快件揽收直至派送等各个环节的标准化。当然，没有设立门店的时候，客户只能通过快递员进行快件寄取和收取，有了门店就不一样了，客户通过规范化的营业场所，在感受该民营快递标准化服务魅力的同时，也感受着该公司的企业文化，让客户通过亲身体验认识和了解该快递企业的品牌，同时，该品牌也在与客户的"亲密"交流中不断地改进、提升和完善。

四、营业场所规范化是提升品牌价值的关键所在

一个企业的品牌价值，除了服务品质等要素之外，网络覆盖面——也就是说快递服务的方便性不可或缺。尤其是快递业，作为现代服务业的重要组成部分，能否让客户更便利，或者说能否让客户真正感受到企业所提供的快递服务有助于提高客户的生活品质，已经成为客户关注的焦点之一，当然，也成为快递企业提升品牌价值的关键所在。因此，上海市实施营业场所规范化建设工作，也再一次拉开了该民营快递企业品牌价值提升工程的大幕。而且通过这个工程的实施，将会带动该民营快递公司全网络品牌价值提升工作的开展。

五、营业场所规范化是重塑快递业态的重要契机

众所周知，快递在全程全网的运营中，终端网络及服务非常重要。而营业场所规范化正是解决终端服务不足的关键举措，当然，也是重塑快递业态的重要契机。该企业通过在上海市实施营业场所规范化建设，不但有效弥补了快递终端服务的不足，更重要的是创造了一种新型业态，让公司的服务与社区有了更密切的关系，也为该快递企业走进了千家万户创造了条件。

材料二　TNT公司的快件处理场地升级建设

TNT快递公司2011年投入100万欧元对罗马Ciampino航空包裹处理站进行现代

化升级，以应对意大利中、南部日益增长的邮件业务量。其中，公司对占地 1800 平方米、拥有 16 个装卸门的厂房进行了升级，安装了新的分拣设备，增加了先进的安全系统，包括过境货物 X 光扫描机等。

TNT 快递意大利分公司表示，此次投资是为了提高处理站的处理能力，应对自 2010 年开始呈两位数增长的邮政业务量。Ciampino 作为公司在意大利中、南部的航空包裹处理站，连同另外四家构成了意大利的五大航空包裹处理站。

TNT 快递意大利分公司经理 Rosario Ambrosino 表示，此次战略性投资主要是为了发展意大利中、南部的国际航空包裹处理站，并希望罗马日后能够成为公司的战略发展中心。这些地区对进出口服务需求的不断增长，要求公司提供与之相匹配的设备。

Rosario Ambrosino 还表示，为国际市场和全球供应链运送货物，离不开航空运输。利用此次投资，公司将以超出行业要求的高标准，为客户提供更快、更安全、更有效的服务。

材料三　DHL纳什维尔场地通过LEED环保认证

DHL 2011 年宣布，其搬迁至美国纳什维尔市的快递和全球货运公司的环保设施获得了 LEED 认证，搬迁后的场地拥有 31 000 平方英尺的空间，有效支持了 DHL 的环保计划。

DHL 快递和全球货运新场地拥有毗邻 3 大洲际公路的优势，有利于这两家公司为田纳西州中部客户提供服务。DHL 快递还可以利用工厂空间作为国际进出口快递货物的收发站，而 DHL 全球货运物流将为客户提供空运、海运、国内货运代理解决方案以及清关服务。

材料四　联邦快递推出追踪设备　用户可随时查询货物状态

联邦快递公司为帮助用户追查快递移动状态，推出了一款小型查询设备。这款设备随包裹寄送，它内置 GPS 接收器（定位位置）、加速度器（测量物体下落速度）、移动发射器和一个小型传感器（检测包裹是非被打开，接触阳光），会随时通过网络将包裹信息传送上网，直到对方收到包裹为止。如果包裹送达、被打开、遗失，这些信息都会立刻反映出来，用户随时可以查到。这项产品目前仅在美国出售和使用，服务费用为每月 120 美元。按计划，联邦快递公司即将把这项新技术应用到医疗设备快递服务当中。

图 6.8　联邦快递的快递状态追踪设备

复习思考题

1. 快递企业在快件分拣前有哪些注意事项和要求？

2. 分拣传送快件时针对快件重量的不同有哪些具体的规范要求？

3. 快递企业分拣问题件的处理要求有哪些？

4. 什么是快递服务车辆？快递服务车辆管理中应如何明确车辆类型和统一标志？

5. 对于快递企业营业场所设施设备的基本要求有哪些？

6. 对于快递企业快件处理场地和设施设备的要求有哪些？

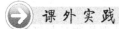 课外实践

实训主题：快递企业的营业厅或旗舰店环境和设施设备的使用情况。

实训形式：学生每3人为一个小组。

实训任务：利用课外时间走访本市的某家快递企业的营业厅或旗舰店，了解该企业的营业厅布置情况和设施设备的使用情况。写出一份调查报告。

实训步骤：

（1）选择一家所在地的你熟悉的快递企业；

（2）深入该快递企业，收集该公司当地的营业厅或旗舰店相关的开办情况；

（3）写出调查报告后，在课堂上进行交流与讨论。

 案例分析

"光棍节"某快递公司的"暴力分拣"

10月下旬，记者开始前往广州市各大快递公司应聘派件员。经过多次投简历和面试，某快递广州分公司体育西派送站终于同意聘用记者为派件员，派件每票一元，收件按公司规定算绩效，保底工资2 000元，上不封顶。"做快递很锻炼人，我们这里做的时间比较长的，最多能赚七八千一个月。"派送站的一个负责人鼓励记者。

11月2日开工第一天，记者就见识到了传说中的"暴力分拣"。当天上午8点半，公司运货的面包车将快件送至派送站。工作人员七手八脚地从车上卸下几个装满包裹的麻袋，操起袋底就把包裹全倒在地上。派送站的管理人员和扫描员负责扫描快件，派件员们负责将已扫描的快件进行分拣。

每个派送员都有固定的收派件范围，所谓分拣快件，就是根据派件员的派送范围，把同属某个派件员派送区域的包裹集中归类。该快递公司分拣包裹的方法很简单：先将派送站大厅按"人头"分块，每个派送员都分得一块小空地，用于整理打包；然后查看每票快件的收件人地址，确定这票包裹由谁送；最后也是最简单的一步，直接把快件扔到这名派件员分得的空地上。

分拣快件的过程似乎很"欢乐"，派件员们一边开着玩笑，一边熟练地把快件投向大厅的某个角落。其间，不时有派件员被同事投来的包裹砸中，一边骂娘一边还以颜色，就近抓起一个包裹砸回去，还有人会拾起长条状包裹当武器，追打他人。

尽管有些包裹上标有"易碎品"等字样标志，但工作人员在分拣时根本无视包裹标志，直接乱扔乱投。即使有些包裹较重，抛投的距离较远，派件员们也舍不得多走几步路，而是采取"空中接力"，通过几人的抛传把包裹扔到指定的位置。

将包裹按区域分类后，派件员们蹲坐在各自的小空地上给快件扫描工号，打包装车。有的人直接坐在包裹上操作，有些则在打包时用力挤压快件。记者曾亲眼看到一

名派件员因物品塞不进装得满满的麻袋，便将一件包裹放在地上，原地跳起踩下五六次，再把踩瘪的包裹塞进打包的麻袋中。

"卧底"期间，记者每天亲历的分拣过程都是"让快件飞"，几乎未见一个包裹被轻拿轻放。问及为何要将包裹丢来丢去，快递员工直言"习惯了"，并称工作时间紧张、快件多，不这样做"忙不过来"。

根据上述材料分析以下问题：

1. 该快递公司分拣快件过程中哪些做法不符合规范要求？请一一列举出来并改正。

2. 快递公司的快件分拣后应如何装车?结合实际谈谈快递处理场所应如何加以规范。

第七章

快递企业窗口收寄岗位服务规范

学习目标

学生通过本章内容的学习，熟悉快递企业的窗口收寄岗位的基本语言规范，了解窗口收寄作业的基本作业流程规范，掌握快递窗口收寄岗位员工的作业服务要求和岗位服务技能要求。

引导案例

邮政服务窗口速递业务受理能力不断提升

众所周知，邮政遍布全国城乡的强大网络是独一无二的，是众多民营公司所无法比拟的。但是，仅仅凭这就足够了吗？答案当然是否定的。

目前，有相当一部分邮政网点重储蓄轻邮政速递的现象仍然存在，对速递业务的宣传造势、人力物力投入等方面没有引起足够重视，这些都是制约窗口速递业务发展的重要原因，使得邮政网点失去了其特有的网点优势，其功能没有真正发挥出来。如何充分利用现有邮政网点平台，大力开展邮政速递业务宣传，通过形式多样的推广活动，扩大 EMS 业务的影响力，成为当务之急。例如可以通过营业网点展示速递业务的某些特色业务项目，向客户推介适合的业务。

邮政速递业务要大发展，需要从业人员的积极参与，要充分激发他们的工作热情。调动营业人员的积极性，是一个长期系统的工程，也需要各部门共同配合。最直接、最基础的是，必须建立一套完整的薪酬激励机制。如对营业人员发展速递业务实行计件奖励，也可以实行积分制，对营业人员揽收的速递邮件达到一定积分的，将奖励及时予以兑现。对于含金量高的国际速递业务，更是要加大奖励力度，对国际业务营销有功的营业员，要着重进行奖励并及时兑现到个人。对于营销业绩非常突出的要作为典型进行推广。

　　服务质量是企业的生命线。目前在一些前台营业网点，没有配备专门的服务质检人员。在有些人看来，邮件一经寄出，就意味着邮政服务结束。其实这是非常错误的观点，常常会给我们的工作带来被动。在邮政跟踪查询和售后理赔等方面，窗口速递从业人员还做得不够。试想，如果不做好出口特快邮件的跟踪查询，发生邮件延误、遗失等事件，那么前面的工作都将付诸东流。

　　邮政网点窗口承担着邮政业务的多项功能，由于地区自身差异性，网点之间、网点内部各项业务之间都存在着发展上的不平衡。在速递物流一体化改革的大背景下，面对激烈的市场竞争，速递物流公司应积极转变角色，同时要主动与地面局进行沟通，确保速递业务在邮政窗口引起足够的重视。

　　思考：

　　你认为快递窗口服务的能力应从哪些方面提升？从服务规范上应注意什么？

第一节　窗口服务语言规范

　　窗口收寄收入是快递企业快递业务总收入的重要组成部分，由于窗口收寄快递业务无折扣，利润相对较高，且不用上门揽收，减少了人工及车辆成本的支出。但是目前快递业务窗口受理的发展还需要进一步拓展，服务质量也需要进一步提高。图 7.1 和图 7.2 展示的是两家快递企业的快递专门服务窗口。

图 7.1　某邮政速递国际业务厅窗口

图 7.2　联邦快递国内某代理收寄窗口

| 课堂案例　多说一句话，普件变快件 |

邮政窗口速递业务的发展，在很大程度上依赖前台营业人员宣传。只要营业人员"多说一句话"，主动介绍业务，很多普通邮件就能变为快递邮件，企业的效益就能够得到进一步提升。某速递物流公司与市邮政局经过研究，出台了激励政策，对窗口收寄的快递包裹、国际包裹、特快专递邮件制定了不同的奖励标准，对这三类邮件超基数部分酬金由速递物流负责支付，特快专递基数部分酬金由市邮政局负责支付。此举极大地调动了窗口营业人员发展业务的积极性、主动性和创造性。有效地促进了窗口速递业务的发展。

思考：对上面提到的"多说一句话"你是怎么理解的？

一、基本语言规范与服务用语

（一）基本语言规范

（1）应使用普通话提供服务。

（2）应使用文明服务用语，杜绝服务禁语。

（3）初见客户时，做到称谓得体、问候得当。

（4）回答咨询时，做到精准翔实、有问必答、百问不厌。

（5）办理业务时，做到语气谦和、语音清晰、语速适中、音量适度（以客户能够清晰听见，不影响第三人为准）。

（6）完成业务时，应主动致谢，欢迎再次使用快递服务，礼貌与客户道别。

（7）客户有意见时，应耐心解释，不应与客户发生任何争执，不允许顶撞客户。

（8）提供服务时，不允许使用以下不适宜的语言。低级庸俗的语言；生硬唐突的语言；粗鲁侮辱性的语言；讽刺挖苦性的语言；不耐烦催促的语言；具有人身攻击性的语言；宗教、民族、民俗方面的禁忌性语言等。

（9）直辖市、省会城市主要局所的营业人员宜提供英语、哑语服务。

（10）营业人员接待客户时应做到来有迎声、问有答声、走有送声、不明白有解释声，不满意有道歉声。

（二）注意事项

另外，在提供服务时应注意以下几点。

（1）符合礼貌的基本要求。

（2）服务语言要准确、生动、丰富、灵活。

（3）注意语气、语调、语言速度的应用，多用请求或商量式的语气。

（三）基本服务指导用语

此服务指导用语不仅针对营业岗位，也针对揽收、投递等外勤岗位及其他快递客户服务岗位。在这里统一加以说明。

1. 文明用语

您好、请、对不起、谢谢、再见。

2. 称呼用语

您、女士、先生、同志、小姐、同学、师傅、大爷、大娘、小朋友。

3. 问候用语

早晨好、上午好、中午好、下午好、晚上好、过年好、新年好、节日好。

4. 告别用语

再见、欢迎您再来、感谢您使用××公司快递业务。

5. 快递业务用语

初次见面时:(热情真诚地)"您好,我是××(开办地市公司名)客户经理××(姓名),负责本区的××业务,有事请多与我联系。"

客户来电时:(亲切和善地)"您好,我是××(开办地市公司名)快递,××号(工号)为您服务。"

客户来访时:"您好,您有什么事情需要我们帮助?"

入户服务时:"对不起,打扰了。""您好,我是××(开办地市名)快递公司,前来投送(收取)快递邮件。"

没有听清时:(歉意地)"对不起,我没有听清楚,麻烦您再说一遍好吗?"

需要配合时:"请……"

错填单证时:"对不起,麻烦您重填一次好吗?"

需要收款时:"您需要交纳××元。"

交接钱款时:"收(找)您××元××角××分。"

付款有误时:(温和地)"对不起,您交的钱少(多)××元,请您复点一下好吗?"

验视邮件时:(温和地)"为了您和他人邮件的安全,我公司规定需要对您的邮件进行安全检查。谢谢您的合作。"

邮件违规时:(温和地)"根据中华人民共和国公安部和快递行业标准对邮件禁寄和限寄的规定,您的邮件……"

他人代领时:"我们需要核对两个人的有效身份证件,收件人的和您本人的,谢谢您的支持。"

核验证件时:"我们需要核对您的有效身份证件,谢谢您的支持。"

交还证件时:"这是您的证件,请收好。"

需要签字时:"请您在这里签名(盖章)。"

签收完毕后:"这是您的邮件,请您查收。"

提供帮助时:"感谢您对我们工作的支持和帮助。"

受到表扬时:"不(必)客气,这是我们应该做的。"

期望过高时:(温和地)"我们将尽力达到。"

提出意见时:(诚恳地)"实在对不起,谢谢您的宝贵意见。""对不起,请您多原谅。"

发生误会时:(温和地)"这确实是符合快递业务规定的,请您谅解。"

客户不满时：（诚恳地）"欢迎您对我们的工作提出宝贵意见，谢谢您。"

发生投诉时：（诚恳地）"欢迎您对我们的工作提出批评和建议。我一定向有关领导反映，并尽快给您答复。"

业务繁忙时：（诚恳地）"您好，可能还需要一段时间，请您稍等。""您好，请等我把这位先生（小姐）的业务处理完再回答您，好吗？"

完成业务时：（真诚地）"感谢您使用我公司的服务。""您还有别的需要吗？"

客户告别时："谢谢您。""请您慢走。""请您走好。""欢迎您再来。""欢迎您使用××快递业务。"

二、服务禁语

（1）下面列举出在服务过程中通常会出现的一些典型错误用语。

喂（嘿、哎），你……

不知道（清楚）。

你问我，我问谁？

听不到，大声一点。

这事办不了，我也没办法。

这事我办不了，去找我们领导。

不能办就是不能办。

不是我受理的，我不清楚。

不归我管，我不清楚。

你没看见我正忙吗，改天再来办。

你急什么，又不是只为你一个人服务，没看见我忙得很。

刚才不是跟你说了吗？怎么又问？

我已经讲了这么多遍了，你还没有搞懂？

有完没完，真烦人。

不是我的错，是你自己没有搞清楚。

你怎么回事？

你怎么搞的，这么一点小事都做不好？

站到一边去，下一位。

（2）下面针对具体情况列出一些营业服务人员禁语。

钱太乱，整理好再递给我。

没零钱自己出去换。

哎，喊你没听见吗！

别进来了，该下班了。

没有了，不卖了。

我也没办法，等着吧。

急什么，慢慢来！

没看见我一直在忙吗!

后边等着去, 挤什么挤!

- 客人询问时, 有以下禁语。

墙上贴着呢, 你不会看吗!

我不知道, 我不懂, 不关我的事。

不是告诉你了吗? 怎么还不明白!

有完没完!

- 客人有疑问时, 有以下禁语。

我不清楚 (我不知道)。

你以前怎么办的?

不是跟你说到那边去吗, 怎么还问!

这是电脑算出来的, 还能错吗!

不会有错的, 你自己好好算算。

- 客人有意见时, 有以下禁语。

有意见找领导去!

我就是这样的, 怎么着!

有意见箱, 写意见去!

愿上哪告上哪告去!

- 计算机 (设备) 故障时, 有以下禁语。

机器坏了, 不能办, 明天再来。

我有什么办法, 又不是我让它坏的。

这不管我的事, 找我们领导去。

我怎么知道什么时候修好。

你的运气不好, 再来一次吧。

- 发现假币时, 有以下禁语。

假的就是假的, 还能坑你吗!

怎么看出来的, 还用你问吗, 一眼就看出来了。

第二节　窗口收寄作业流程规范

　　窗口收寄作为一种重要的收寄快件形式, 覆盖了快递企业的多种业务, 这其中包括国内业务和国际业务, 也包括一些特殊的增值型业务等。

> **课堂案例　中秋即至邮局窗口业务忙**
>
> 　　"我父母在湖北农村, 快递可以送到那里吗?""我想给国外亲戚寄盒月饼, 能寄吗?"上周日, 某邮局的速递业务窗口前, 排起了长长的邮寄月饼的队伍。旁边"到邮局选月饼寄全国不花钱"的宣传标语下, 人们仔细挑选着, 到处一派迎中秋的喜悦气氛。

在这里记者看到，五六十款不同品牌的月饼一字排开，这里不仅有奇华、美心、荣华等香港知名品牌，还有深圳本土月饼品牌如安琪、富锦、品佳品、御香月等。价格选择性也特别多，全国速递的月饼最便宜的是一款 52 元包寄递的"精装御香月"，最贵的则为 428 元。

"这几天来寄月饼的人特别多，收寄月饼成了我们这一段时间的主要业务。"香蜜邮局的工作人员介绍，"在口味选择上，最具岭南特色的双黄莲蓉月饼卖得最好。价格上，100 多元的月饼最受欢迎，另外，还有很多打工者选择 52 元的包送全国的'精装御香月'，经济又实惠。"

在外打拼的游子，在月圆之时为家人送上一份祝福，已成为深圳这座移民城市的传统。

图 7.3　中秋节期间月饼寄递的窗口服务

一、国内快递业务窗口收寄服务规范

客户来到营业台前，营业员首先要站立并热情地招呼客户："您好"，"请问您需要办理什么业务？"在明确客户所需要的快递服务项目后，应迅速坐下着手工作。当客户对业务流程有不清楚的地方时，应耐心向其解释。当客户对选择何种方式寄递拿不定时，营业人员应向客户介绍清楚国内快递的各种服务项目、时限和资费，并根据客户邮寄的内容，帮助挑选一种方式，不能为了提高收入而误导客户。对客户邮寄的贵重物品应询问是否保险，但不可强行向客户推销。

当客户索要所需要的物品时，营业人员应主动从柜台中拿出递交给客户。拿递物品时要做到拿递准确，一步到位，反应快捷，手脚利索。拿递物品应轻取轻放，持握牢靠。该交给客户手中的或者是该摆放在客户面前的应分清放好，不要颠倒。拿递物品时记住用双手或者右手递上，使用左手拿递是不礼貌的。

快递业务需要填写单据，营业人员应从单据方便阅读、翻看的一面递给客户。客户在填写时有不明白的问题，应耐心解答。填完后，营业人员应对单据进行仔细检查，对书写字迹不清楚的要询问明白或者请其改正；对客户漏填的部分，要客气地指出，如"请您在这里填写一下收件人电话"。对于老年人、写字不方便的人，营业人员应客户要求可以帮助代为填写，填写后应向客户再读一遍。

在称重客户所要邮寄的快递邮件时，应将电子秤显示重量、价格的一面朝向客户，以便客户监督。称重后，应将所需付款的金额告知客户。客户将邮件交寄给快递，是对企业的充分信任，营业人员对客户要尊重，对待客户交寄的邮件要轻拿轻放。

在客户付款时，应坚持"唱收唱付"。办理完业务后，应将找给客户的零钱同需要客户留存的凭据一起交给客户，交递时应双手或用右手直接交到客户面前，同时作相应说明，如"您的这份国内快递所需费用一共是 26 元，这是找您的钱，这是您的收据，请收好"、"这是您办理业务的收据，请收好，如对方按期没有收到，请凭此来查询"。

二、国际快递业务窗口收寄服务规范

随着我国对外开放步伐的加快，快递业务中的国际业务也日益增多，快递国际业务服务对快递企业的形象有很大的影响。这就对办理国际快递业务提出了更高的要求，国际快递业务窗口营业人员除了提高自身业务水平以外，还需要学习相关的涉外礼仪知识，以更好地完成国际间快递业务。同时，营业人员良好的礼仪规范，也充分体现了快递员工高素质、高水平的崭新风貌。

国际快递业务营业人员在办理业务的过程中应该始终坚持维护国家利益的原则，既要遵守国际规范，讲究外交礼节，更要维护国家尊严，从容泰然，不卑不亢。在工作中不做任何有损于国格、人格的事情，对于原则性问题一定要坚持不妥协，不能有丝毫含糊。在为客户服务的时候，要以自尊、自重、自爱和自信为前提，表现得堂堂正正，坦诚乐观，豁达开朗，从容不迫，落落大方。

国际快递业务营业人员需要掌握一门或者一门以上的外语，这样在办理业务的时候才可以和客户更方便地交流沟通。一般来说，英语作为国际通用的一种语言，被众多国家的人所接受。因此，营业人员需要掌握在办理业务过程中经常使用的英语常用语。对话时应吐字清楚，发音准确，避免客户产生误解。如果外籍客户说中文，营业人员应仔细听辨，不能嘲笑客户的发音，更不能因为客户说得不准确而将责任推卸给客户。如果确实听不清楚，应礼貌地请客户再重复一遍，如"实在对不起，我还没有听清楚，请您再说一遍好吗？"或通过其他方式与客户沟通。

营业人员需要了解在本地区内工作生活的外国人的国籍情况及分布结构，如果使用某一语种的人所占的比重较大，就应该掌握该语种的一些业务常用会话。例如，如果营业点周围的外籍客户群中，日本人占主要组成部分，那就需要营业人员掌握相关的日语对话。

为方便客户办理业务，在营业柜台的醒目处应张贴或者摆放国际业务的资费用表，资费用表应使用中英文两种文字。营业人员在工作中应坚守"诚信原则"，不能故意增加费用，要讲究信誉，遵守承诺。万一由于不可抗拒的因素使承诺难以兑现，应及时通知对方，如实解释，并主动向对方道歉，承担按照规定应给予对方的赔偿。避而不谈，一味推诿，甚至拒绝道歉都会给快递业务带来负面影响。

　　在服务工作中，营业人员不仅要保持对客户热情友好，更需要把握好分寸，要热情有度。特别是在和客户交流、服务的过程中，要注意话语、动作不影响对方，不妨碍对方，不给对方增添麻烦，不令对方感到不愉快，不干涉对方的私生活。在对外籍客户的服务中，要注意尊重对方的个人隐私，对客户邮寄的地址、用途等如非字迹不清楚的原因都不要详细打听。即使营业人员和客户非常熟悉，也不要询问关于客户的收支情况、年龄、恋爱婚姻、信仰政见等问题，否则是非常不礼貌的。

　　在为不同国家的客户办理业务时，还需要掌握一些相关国家的礼仪。

图 7.4　为外籍客户服务的特别窗口

第三节　窗口服务的作业服务与技能要求

一、作业服务要求

　　（1）快递企业的服务机构应按照规定的营业时间对外营业。

　　（2）对营业时间终止时仍在办理或等待办理业务的客户应提供耐心、完整的服务，不敷衍，不催促。

　　（3）营业人员负有指导客户正确使用快递服务的义务。

　　（4）在岗员工应在工作席位（窗口）前统一放置工号卡或者在胸前佩戴工号牌（卡），工号牌（卡）应置于标志服外面，保持端正，正面朝外。

　　（5）受理邮件撤回时，应做到以下几点。

　　●　告知客户国内邮件在投交给收件人之前、国际邮件在互换局封发出口之前，寄件人可以向收寄局申请办理撤回邮件。

- 应请寄件人出示有效身份证件及邮寄邮件的凭据，指导客户正确填写邮件撤回申请书，记录客户联系方式，并告知客户本项服务的收费标准。
- 若邮件尚未寄出，应即时退交客户；若邮件已经寄出，待邮件返回后，应及时通知客户领取。

（6）工作时段内，不应人为中断营业工作。停办业务时，应出示"本台席暂停营业"告示牌。

（7）收寄邮件时，应特别注意：

- 提醒客户阅读邮件详情单背面的客户须知；
- 重点检查寄件人电话、寄件人签名、收件人电话，保证填写清晰；
- 提醒客户是否使用保价业务；
- 核对邮政编码与寄达地址是否一致。

（8）验视、封装邮件时，应做到当面验视，眼同封装。

- 双手接过邮件，并向客户说明验视规定。
- 在双方视线范围内，轻柔有序、认真仔细、逐件逐页地翻阅或触摸内件。
- 查验内件是否有禁止寄递或者限制寄递的物品。
- 发现禁止寄递物品时，要温和地说明相关法律、法规，婉言拒绝收寄，情节严重时，应设法通知公安部门。
- 发现限寄物品时，要温和地说明相关法律、法规，告知限寄数量，指导客户提供相应的鉴定证明，前往指定营业局所寄递；收寄限寄物品时，应仔细核验相关证明及寄递物品的数量是否符合规定要求。
- 查验内件性质、数量与邮件详情单填写内容是否一致；发现不符时，应当面告知客户，并指导客户改进。
- 验视完毕，复位内件；对客户配合验视表示感谢并当面装箱、封装。

（9）应根据客户的实际情况，为客户着想，优先推荐适宜的服务项目。

（10）应了解客户的需求以及对服务质量的评价。

 小资料

2012 年 5 月 1 日颁布的《快递服务》国家标准对收寄验视制度进行了明确与强调。《标准》规定，用户交寄信件时，必要时快递企业可要求用户开拆，但不应检查信件内容；用户交寄信件以外的快件，快递企业应当场验视内件，用户如果拒绝验视，快递企业可不予收寄。经过验视，快递企业收派员仍不能确定安全性的存疑物品，用户应出具相关部门的安全证明，否则也不予收寄。

《标准》规定，对于国际出境快件，快递企业在受理业务时，应协助用户了解寄达国或地区对快件的特殊规定；对于物品类快件，应提示寄件人准备海关需要的相关单证。验视时还应检查物品类快件所需的单证是否符合要求，如不符合要求，可拒收快件。同时，快递企业应明确告知寄件人国际快递业务可能产生的额外费用，包括国际航空燃油附加费、物品类快件所需的报关费用等。

小资料

禁寄规定及处理办法

禁寄物品是指国家法律、法规禁止寄递的物品，主要包括：

（一）武器、弹药、警具等。

1. 各类武器、弹药。如枪支、子弹、炮弹、手榴弹、地雷、炸弹等；

2. 仿真手枪式电击器和仿真手枪式催泪器；

3. 射击运动手枪、猎枪（自制猎枪）、麻醉注射枪、汽枪（包括金属弹丸汽枪）、火药枪、催泪枪、国家明文规定不准流通的玩具手枪和具有杀伤力的各种枪支；

4. 警具：包括手铐、脚镣、警棍、电警棍等；

5. 刀具：包括匕首、三棱刀、带有自动装置的强簧刀、机械加工用的三棱刮刀，以及少数民族使用的藏刀、腰刀、靴刀等（可在民族自治区范围内互寄，不准邮寄至民族自治区以外的地方）。

（二）各类易爆炸性物品。如雷管、炸药、火药、鞭炮等。

1. 点火器材类：如导火索、导火绳、引火线等；

2. 起爆器材类：如爆管、雷管等；

3. 炸药和爆炸性药品：如茶褐炸药、苦味酸、特屈儿、雷汞、硝化甘油等；

4. 其他爆炸品：如烟花、爆竹。

（三）各类易燃烧性物品，包括液体、气体和固体。如汽油、煤油、桐油、酒精、生漆、柴油、气雾剂、气体打火机、瓦斯气瓶、磷、硫磺、火柴等。

1. 自燃物品：如甲基铝、黄磷、油纸、油布等；

2. 遇水燃烧物品：如碳化钙、金属锂、磷化钙、锌粉、保险粉等；

3. 易燃液体物品：如酒精、甲醇、甲苯、汽油、乳香油、松节油、碘酒等；

4. 易燃固体物品：如红磷、发泡剂H、生松香、硫磺、樟脑等。

（四）各类易腐蚀性物品。如火硫酸、盐酸、硝酸、有机溶剂、农药、双氧水、危险化学品等。

1. 酸性腐蚀品：如硫酸；

2. 碱性腐蚀品：如火碱、烧碱等；

3. 其他腐蚀品：如漂白粉。

（五）各类放射性元素及容器。如铀、钴、镭、钚等。

（六）各类烈性毒药。如铊、氰化物、砒霜等。

（七）有毒物品。如水银、生漆、DDT等。

（八）各类麻醉药物。如鸦片（包括罂粟壳、花、苞、叶）、吗啡、可卡因、海洛因、大麻、冰毒、麻黄素及其他制品等。

（九）各类生化制品和传染性物品。如炭疽、危险性病菌、医药用废弃物等。

（十）各种危害国家安全和社会政治稳定以及淫秽的出版物、宣传品、印刷品等。

（十一）各种妨害公共卫生的物品。如尸骨、动物器官、肢体、未经硝制的兽皮、未经药制的兽骨等。

（十二）容易腐烂的物品。如鲜水果。

（十三）各种活的动物（包装能确保寄递和工作人员安全的蜜蜂、蚕、水蛭除外）。

139

（十四）各种货币。

（十五）不适合邮寄条件的物品。

（十六）包装不妥，可能危害人身安全、污染或者损毁其他邮件、设备的物品。

（十七）国家法律、法规、行政规章明令禁止流通、寄递或进出境的物品，如国家秘密文件和资料、国家货币及伪造的货币和有价证券、仿真武器、管制刀具、珍贵文物、濒危野生动物及其制品等。

（十八）包装不妥，可能危害人身安全、污染或者损毁其他寄递件、设备的物品等。

（十九）各寄达国（地区）禁止寄递进口的物品等。

（二十）其他禁止寄递的物品。

 小资料

EMS速递：液体绝对不能邮寄

相比一些民营的小快递公司，几家国营、国际快递机构显然要正规许多。除了有X光机，对于个人包裹的处理，基本上都是100%拆检。

记者来到位于解放路1号的杭州市邮政局营业大厅，EMS速递办理窗口处一名女士正在邮递快件。

记者上前询问是否可以邮寄小瓶香水，EMS窗口工作人员明确表示，液体是绝对不能邮寄的。

工作人员说，以前他们也碰到过乱填邮件物品名称的事情，不过EMS公司规定，不论是上门取件还是自己送货，邮寄物品可以自己进行封装，但一定不能封口，由工作人员验视清楚后再进行封装。

二、服务技能要求

（1）应具备使用普通话提供服务的能力。

（2）应通过快递行业岗位技能鉴定并取得合格证书后上岗。

（3）应熟悉各项业务的基本知识，应掌握经办业务的操作规程和技能。

（4）能够正确指导客户使用快递企业开办的业务，准确解答客户的咨询。

图7.5　北京奥运全举办期间窗口服务人员展示培训合格证书

三、业务办理时间的规定

1. 营业时间

工作日：

直辖市、省会城市快递企业的营业局所建议不少于 10 小时/天；

地、市、州快递企业营业局所建议不少于 8 小时/天；

节假日、休息日：

主要局所照常营业。其他局所可酌情缩时营业。

中午不休息。

遇有营业时间调整时，应至少提前 24 小时公布,告知公众。

2. 业务办理时间保证客户在营业场所办理业务时，平均等候时间不超过 15 分钟；单笔业务处理时间不超过 3 分钟（验视、封装时间除外）。

 本 章 小 结

对中国的大多数快递企业来说，目前拥有的专门营业场所规模并不是很庞大，但是作为展示企业形象的一个窗口，快递公司的营业网点从业人员必须对前来交寄快件的客户提供周到满意的服务，必须掌握对待客户的服务用语、基本的服务流程规范及相关的服务与技能要求。

本章侧重介绍了快递业务窗口营业人员的服务语言规范、营业人员收寄作业流程规范、营业作业服务和技能要求三方面的内容。快递业务窗口从业人员不仅要了解对客户的基本服务用语，而且对服务流程和具体的服务细节要达到熟练运用的程度。总之，快递快递业务窗口从业人员的服务能力是快递企业服务标准化的重要环节。

 课 后 阅 读

收寄专柜进景区　邮政速递丰收了

随着海南国际旅游岛建设上升为国家战略，邮政速递如何发挥自己的优势，为中外游客提供优质的服务，同时，又如何借助海南国际旅游岛建设这股"东风"，不断推进速递业务的发展，成了摆在邮政速递眼前的一大课题。海南省 W 市的邮政局通过在兴隆地区的旅游购物点设立邮政 EMS 速递收寄专柜，不仅打开了 EMS 服务国际旅游岛建设的突破口，也获得了可观的经济效益，得到了游客和广大商家的一致称赞，取得了经济和社会效益的双丰收。截至 2 月 28 日，万宁邮政在兴隆 5 个旅游购物点设立的 EMS 速递收寄专柜共收寄快递包裹 1 万余件，实现业务收入 92 万余元。

好帮手为游客提供便利

"你好，麻烦帮我寄到齐齐哈尔"、"我要寄到乌鲁木齐，大概几天能到"、"我要寄到义乌，麻烦帮我打包一下"……在兴隆品香园商场的 EMS 速递收寄专柜前，许多刚从商场出来的游客正在把采购的"战利品"交给 EMS 收寄人员。同样的一幕，也发生在兴隆的怡然咖啡文化馆、植物园景区、南药园植物精油馆和热带雨林邮政 EMS 速递收寄专柜前。

作为海南岛著名的旅游景区，兴隆除了拥有热带植物园、温泉等旅游景点外，还有旅游购物商场，方便广大游客选购当地土特产和各种纪念品。过去，游客常常抱怨："我想多买些咖啡和胡椒，但是我还要去保亭、三亚，带着这么多东西不方便！"为此，许多游客只好忍痛割爱，少买或干脆就不买土特产和纪念品了。"本来我还打算买些椰子酒回去送给朋友，这么有特色的东西，其他地方可买不到。但东西这么重，根本拿不动，太可惜了。"空手而归的游客除了感到遗憾，更多是对海南寄送渠道不够便利的无奈。

了解到这种情况后，W市邮政当即决定，将邮政服务延伸到商场中，为游客现场提供EMS收寄服务，为海南旅游增添便利的寄递渠道。很快，万宁邮政在品香园商场设立了第一个EMS速递收寄专柜，立即得到了游客的一致好评。"邮政在这里设置EMS收寄点很好、很方便，我不用担心携带麻烦了，想买多少就买多少，买了直接寄走就得了。"来自大连的张大爷高兴地说。"早点提供现场收寄的服务就好了，我前年来的时候就可以多买些了，不过现在也不晚，呵呵。"来自北京的秦大妈连声说。

眼看生意兴隆，兴隆怡然咖啡文化馆、植物园景区、南药园植物精油馆和热带雨林的EMS速递收寄专柜也相继建成。前来购物的游客真正享受到了"旅游在外，轻松购物，送货上门"的服务。

百年信誉提升商家服务品质

最初，也曾经有一些民营快递企业入驻兴隆旅游购物点，但由于包裹在寄递时经常出现破损甚至半路丢失的情况，游客常常向商家进行投诉，给商家带来了很大的麻烦和困扰。当得知邮政这个有着百年信誉的企业有意入驻后，商家都松了一口气："这下可放心了"。

"我们很欢迎邮政在商场里设立EMS收寄点，这有力地提升了我们商场的服务水平和服务档次，有效地提升了我们的服务质量，为游客提供了极大的便利。"品香园商场所属的海南品香园食品有限公司副总经理庄某充分肯定了邮政在商场设立EMS收寄点的做法，"作为商家来说，最希望的是销售额的提高，邮政EMS的进入，无形中提高了消费者的消费欲望，从而增加了商场的赢利，邮政做了一件大好事呀！"诚如商家所言，苏州来的王阿姨向记者表示，她本来不打算买土特产和纪念品，嫌带着麻烦，后来看到了邮政EMS的收寄点就买了，给亲朋好友寄了好几箱礼物。

当看到其他商场因为EMS的进驻而得到广大游客的好评并带动了商品的销售时，南药园植物精油馆专门找到W市邮政，主动要求邮政到他们商场设立EMS收寄专柜。品香园商场则表示，他们将在三亚连锁店也设立EMS收寄专柜。怡然咖啡厂总经理陈某也说，他们在昆明、西双版纳、桂林、厦门和上海的连锁店也想交给当地邮政EMS来负责收寄邮件，"EMS帮了我们大忙了"。

精兵强将营造良好购物环境

在每个商场的入口处，W市邮政都放置了醒目的宣传牌，"何须旅途劳顿，EMS为您送货上门"等温馨、体贴的宣传语让游客在选购商品前就消除了不方便携带的顾虑。为了给游客提供优质高效、方便快捷的服务，W市邮政挑选了最好的营业员入驻网点，统一制作了营业服装，并要求营业员使用规范的服务用语和服务礼仪，遵守商场的规章制度，不得吸烟，早上7点15分前必须到达商场开始营业，下午必须等商场里的所有客人都离开后才能下班。为了保证收寄质量、缩短收寄时限，W市邮政还专门指定了一辆邮车，增派了两名揽收人员在商场每日营业终了后，将收寄的包裹运回W市局营业中心寄递。"至今，邮政在品香园设立的收寄点共收寄了2 500多件包裹，但没有发生一起投诉，游客都很满意。"品香园庄经理不无满意地表示。

W 市邮政还实时与各个旅游购物点的负责人进行沟通，收集对方反馈的意见，及时对邮政速递服务进行改进与升级。"下一步在咖啡文化馆进行的服务问卷调查中，我们将加入游客对 EMS 的满意度调查，帮助他们进一步提升服务，从而进一步提高双方为游客服务的水准，为游客创造轻松愉快的购物环境和购物条件。"怡然咖啡厂陈经理说。

在 W 市局林局长看来，作为服务行业，邮政就应该主动走入市场，深入了解市场的需要，有针对性地提供优质高效的服务，这样才能更好地促进自身的发展。当前，海南正在建设国际旅游岛，会有越来越多的游客到海南来旅游，W 市邮政表示，他们将全力以赴，为游客提供更加人性化的服务，想游客之所想，急游客之所急，不仅做好 EMS 速递服务，同时也发挥邮政的其他优势，为游客提供更多的服务。

体会：游客方便，企业获益

兴隆地区是海南岛旅游的必经之地，游客云集。发达的旅游经济，带动了当地其他经济的发展，特别是为各家快递公司提供了一个具有较大发展潜力的快递业务市场。与一些民营快递公司相比，W 市邮政局并非先行者，但他们依托百年邮政这块招牌，通过为游客提供便捷、省心的服务，真正做到了"旅游在外，轻松购物，送货上门"，让游客方便，让商家旺销，自然让邮政企业获得了满意的经济和社会效益。

 课堂互动

实训主题：练习快递企业窗口收寄服务的基本用语。

实训形式：学生每 5 个人为一个小组。

实训任务：对窗口收寄过程中的语言规范和服务基本用语进行温习，使学生更深入地掌握服务用语。

实训步骤：

（1）学生温习营业窗口从业人员的基本语言规范和相关窗口服务用语。

（2）教师向学生提出问题，问题为窗口服务过程中各个环节涉及的基本用语。

（3）以小组为单位，学生分饰客人与窗口服务人员，展开情景对话。

（4）小组互评，教师点评。

 复习思考题

1. 窗口服务的基本语言规范有哪些？请具体说明。
2. 客户初次见面和验视邮件时应如何使用服务用语？
3. 客户索要物品时，营业人员应如何拿递物品？
4. 窗口收寄过程中的验视封装邮件环节营业人员应注意哪些问题？
5. 对快递窗口收寄人员提出的服务技能要求有哪些？

 **案例分析**

某市邮政速递窗口打造优质服务

无论是在该市的某个邮政速递营业窗口旁，还是用户的书写桌上，都统一摆放着速递业务宣传的折页，营业人员面带微笑向用户介绍邮政速递业务，各个服务窗口都做到了四声服务，即"来有迎声、离有送声、问有答声、收付款有唱声"。走进某营业厅，"红缎带服务队"队员微笑着迎接每一位用户，便民服务伞、指路图、针线盒、常用药等整齐地摆放在便民服务台上。用户如有需要，营业员会及时免费提供。在邮政业务办理窗口，营业员胸前佩戴"优质示范员"标志热情接待用户。

上文描述的是某市开展创新服务理念，创建示范窗口的"双创"活动的场景，推行用心、细心、诚心、爱心、恒心的"五心"服务，打造优质高效的服务形象示范窗口，走出一条以优质服务树品牌、以品牌创效益的经营发展之路是该市邮政营业提出的服务方针。

推行"五心"服务。"用心"是在实际工作中，不断充实完善自己，逐渐提高综合素质和处事能力；"细心"是关爱每一个用户，心系用户，为用户提供尽美尽善的温馨服务；"诚心"是以对企业和用户高度负责的使命感与责任感去打动用户，赢得信任；"爱心"是热心为用户办理每一笔业务，急用户之所急，帮用户之所需；"恒心"是执着、持续地为用户提供最好的服务。为加大"五心"服务的教育力度，营业部开展多形式、多渠道的学习方式，力求获得成效，在服务中结合实际，将服务要求恰到好处地运用到工作中去，营业员自觉履行各项服务职责，从而养成了良好的行业规范和职业习惯，在营业部形成了奋发向上的良好氛围。

为充分发挥员工的主观能动性，提供更好的"五心"式优质服务，营业部充分激发职工的主观能动性和创造性，在服务工作中经常对做得出色的营业员进行表扬、奖励，对做得不够的地方加以纠正和鼓励，把"五心"服务不断完善、延伸，以求为用户提供更好、更优质的服务。

营业窗口通过创新服务理念，创建示范窗口的"双创"活动，逐渐实现了营业人员由岗位操作者向综合管理角色的转换，增强了职工的服务意识，形成了标准化操作、规范化服务的良好习惯，工作的积极性、主动性也得到了有效释放，营造了良好的成才环境，提高了该市窗口服务的整体素质。

阅读上述材料分析以下问题：

1. 该市的邮政速递服务窗口在规范服务上采用了哪些具体做法？

2. 结合案例实际，针对窗口服务岗位人员，谈谈如何在细节上提升服务水平。

第八章

快递企业揽投员岗位服务规范

学习目标

　　学生通过本章内容的学习，熟悉快递企业揽投人员的基本服务规范，了解揽投人员出班准备、面见客户之前、与客户会面及道别的服务要求，掌握揽投人员的作业服务要求和服务技能要求。

引导案例

"要让客户舍不得我"

——记某市速递EMS揽投员张某　微笑和诚信是"名片"

　　张某有 3 张"名片"，除了揣在口袋里的那张以外，还有两张，那便是微笑和诚信。801 厂的雷部长一说起张某就赞不绝口。他说这位 EMS 人每次上门收件时脸上都洋溢着热情的微笑，让人过目不忘。张某每天都坚持穿 EMS 制服，用他自己的话来说就是让客户想到 EMS 就想到微笑。

　　诚信是张某时刻挂在嘴边的词语。他用自己的话对诚信作了解释：如果邮件寄达一个地方需要三天就绝不会讲两天，如果半小时之内到不了要求取件的客户那里就绝不承诺 30 分钟取件。7 月 27 日，受台风"凤凰"的影响，该市速递局大院内的网线被狂风吹断，电子化收寄系统瘫痪，无法寄出邮件。那天，张某收寄了大客户某稀土公司的一份至日本的快件。当客户询问需要多少天到达日本时，张某觉得应当实事求是，于是诚恳地回答："平时 3 天可到，可今天由于台风影响，需要 4 天时间。"

客户第一是制胜法宝

在笔者跟踪采访张某的半天时间里，他数次接到客户的电话，采访也时断时续。在他眼里，客户的需要是第一位的。他绝对不允许自己把客户的问题留到第二天解决。

上班时间里张某有一大半的时间是在路上。在外人看来，似乎他不知疲倦。2007年冬天的一个晚上，他刚刚收班回家就接到一个陌生电话。南方律师事务所的某律师有一封急件必须当天交寄并盖日戳。他二话没说就骑着摩托车，顶着寒风出门，仅用半个小时就完成了客户交办的任务。半年过去了，该律师一直都是张某的忠实客户，而且别人有快递需求他便推荐张某，他成了张某的"活广告"。

细致服务无极限

邮政速递的服务理念是"全心、全速、全球"。在日常工作中，张某将"全心"演绎到了极致，创造了在没有电话和详细地址的情况下能准确投递到户的神话。

去年夏天，一封来自我国台湾的快件难住了张某。这封快件只写了这样一个收件人地址：该市客家大道门卫收。收件人为毛某某。客家大道长达几公里，要找到毛某某无异于大海捞针。他也可以把快件退回寄件人。可是快件是我国台湾寄递过来的，内件品名又是毕业证。张某觉得这封快件可能非常重要，无论怎么样也得设法找到收件人。张某居住的安居小区位于客家大道，刚好有几个毛姓邻居，可是询问之后都说不认识收件人。第二天，他去了派出所。谁知民警也劝他：这么笼统的地址，退回去得了。可他还是坚持查询，民警被他的执着所打动，协助他开始了大海捞针般的寻找。半小时后找到了一位毛姓居民，可是该户主已迁往台湾，不过迁走前地址在客家大道××山庄。终于有一线希望了，张某喜出望外。他立即前往××山庄，在保安的协助下将毕业证成功交到了收件人母亲手中。客户感激不尽，恳请张某进门喝茶。张某对此婉言谢绝，但心中因圆满完成了对客户的服务而有一种成就感。

思考：

根据上述材料，你认为张某在服务中有哪些可取之处？

第一节　揽投人员出班准备

一、上岗出班基本规范

1. 员工准时签到

上班守时很重要，迟到是不能得到谅解的行为，因为这表示对工作不够重视。一些年轻人刚到公司的时候，对公司的规章制度看得较轻，工作上虽十分卖力，但时有迟到早退，而这往往是纪律严明的公司所不能容忍的，因为他们认为守时是最基本也是最重要的品质。假如员工多次出现未准时签到的现象，那么领导对其印象不只是大打折扣，而且是一落千丈。常常迟到、早退或是事先毫无告知便突然请假，既会让事情变得杂乱无章，又会妨碍全体成员的工作进度。这样的员工无法为他人所信赖，更无法让领导信任。

2. 更换工作服，确认个人仪表仪容符合规范

上岗时要穿统一制作的工作服，着装要求统一、整洁、得体。注意做到以下几点。

（1）服装整洁得体，端庄大方，无污渍。穿着西装时，女士的浅色衬衣佩戴领花，男士的浅色衬衣打好领带，扣好领扣，不挽袖口和裤脚。衬衣下摆束入裤腰和裙腰内，袖口扣好，内衣不外露。

（2）鞋、袜保持干净卫生，在工作场所不打赤脚，不穿拖鞋。

上岗时仪容要自然、大方、端庄。注意做到以下几点。

（1）头发梳理整齐，修饰得当，不染彩色头发，不戴夸张的饰物。颜面和手臂保持清洁，不留长指甲，不染彩色指甲。

（2）男员工头发长不覆额，侧不掩耳，后不触领，不留胡须。女员工淡妆上岗，工作时间不能当众化妆。

（3）保持口腔清洁，出车前忌食具有刺激性气味的食品。

图 8.1　揽投员出班前正确的仪容仪表

课堂案例　追求细节的揽投员

邮政速递揽投员蒋某性格乐观，喜欢与人交往，在他的言语中，总能让人感受到他作为邮政人的荣誉感和对公司业务发展的希望。他说："邮政给了我一份稳定的工作，而且在速递上班让我感觉速递市场很大，虽然每天工作比较辛苦，但感觉很充实，每次开发一家客户，我都能感受到兴奋、快乐。"

细节虽小，做得好不好，却能体现了一个人对生活、对工作的态度。每天上班蒋某都衣冠整齐，温文尔雅，不经意间还会来段小幽默。热情、谦和的性格让他在客户面前游刃有余，在他眼里，"穿着整洁的制服显得专业一点，客户会更加信任"、"平时跟客户多聊聊，多为客户着想，遇到问题往往就好商量、好解决了"……

---

3. 准时参加部门（小组）班前会

班前会是指每个揽投班组（科室、部门）每天工作前开的会，会上要对每天的工作作具体的安排。它所开展的内容是多方面的，除了由班组长（科长、部长）作工作安排外，还可以让组员在会上就本职工作各抒己见，谈自己对本职工作的看法，把工作中有关难题说出来，让组员讨论、分析，找出解决的办法，以此来调动组员的积极性，做到人人参与。

图 8.2　某揽投部的班前会

课堂案例 不一样的班前会

由于班前会的时间一般只有 15—20 分钟，因此，是否能够充分利用好这短暂的时间，传达给员工充分的信息，提振员工的士气，将直接影响到员工一天的工作效率和服务质量。为此，笔者近日走访了北京海淀区某邮政速递揽投部，看到他们开动脑筋，创新发展，采取多种措施开好务实型班前会，使班前会"活"了起来。

某揽投部自创表演"四句半"

咚咚锵咚咚锵，咚锵咚锵咚咚锵……

生产旺季要来到，通信安全最重要，收寄邮件要把关，逐件验视要做到，记牢。

这是在某揽投部班前会上，员工正在表演自己的原创作品——《收寄安全四句半》。他们各自拿着手鼓、镲和大鼓等乐器，个个字正腔圆，每说完一句就敲一下手上的乐器，表演得惟妙惟肖，不时引来大家阵阵的欢笑声。

生产旺季已临近，对收寄安全要更加重视，为了将禁限寄规定牢牢记住，并普及到每一位员工，揽投班组将邮政收寄安全的规定融入四句半的舞台表演形式，自行创作了《收寄安全四句半》，并在班前会上为大家表演。简单的语言，幽默诙谐的形式，不但烘染了班前会的气氛，活跃了现场，更加深了大家对安全收寄规定的记忆。

班前会的一般流程如下。

（1）班前点名。

所有参会人员以班组为单位到指定的地点集合，列队站好（一般列两面横队）等待班组长点名。

站姿要求：脚跟并拢，脚尖分开呈 60°，挺胸、收腹、腰直、肩平，双臂在体前交叉，两手相握准备点名，班组长面对员工，点名时员工应答"到!"

（2）整理队列。

完名后，要进行整理队列训练，由班长喊立正、稍息、向右看齐等口令，员工要按照口令进行相应动作。

（3）宣读口号。

公司理念要作为班前会一项内容集体宣读。如：改善、改善，天天向上! 又如：不接受不良品，不制造不良品，不让不良品流入下道工序!

（4）班前排查。

a. 查仪表：检查工作服、工作帽穿戴情况，有无不符合要求；

b. 查精神状态：要做到察言观色，观察员工是否有未休息好、班前饮酒、身体不适、情绪波动等不利于工作的状态，确保员工精神饱满，心情舒畅。

（5）布置工作。

（6）总结表扬。

总结前一天工作情况，对出现的问题或存在的隐患进行点评、分析，并表扬、鼓励在前一天工作中表现突出的员工，倡导大家向其学习。

最后，班组长应加重语气询问员工　"对完成今天的工作有没有信心"，员工应大声齐声回答"有!"

小资料

班前会注意事项。

（1）班组长在做班前会时，请先说："各位同仁（同事），大家好"，注意礼貌用语。

（2）揽投员反映的问题应是自己在工作时无法解决的或客观存在的。

（3）班组长应让轻松和谐的气氛贯穿始终。

（4）班组长应衣着整齐、干净；面带微笑、态度诚恳、吐词清晰、音调大；并注意自己的站立姿势、不可左右摇摆。

（5）不可做人身攻击的发言和动作。

（6）不可不懂装懂、胡言乱语，或者中途离开。

4. 检查物料、用品用具和车辆。确保物料齐全，通信（终端）工具正常，车辆良好

投递前最后一项工作就是要将各类邮件做好登记，封装在邮袋内，放置牢靠。如果所需要投递的邮件数量较多，体积较大，投递路程较远，就需要对邮件进行捆扎绑好，以确保邮件的安全。同时要备好雨具，防止因下雨而淋湿邮件。

图8.3　装备整齐的工作背包和揽投车内物料

二、车辆的检查

揽投人员根据地区、实际情况、任务量的不同主要有机动车、摩托车、电动车三种。下面对这三种车辆出车前的日常检查进行简单介绍。

（一）机动车的日常检查

出车前，驾驶员应对车辆进行下列检查：

（1）检查机油、燃油、冷却水和制动液是否足量，轮胎气压是否符合标准。

（2）检查车辆各部位有无漏油、漏水、漏气、漏电现象。

（3）检查照明、信号、喇叭、刮水器、后视镜、门锁、门窗玻璃及其升降手柄是

否齐全有效。

（4）检查车辆外露部位的螺栓、螺母是否齐全、紧固。

（5）检查驻车制动器、行车制动器、离合器的工作情况是否良好。

（6）启动发动机，检查发动机运转是否正常，有无异响，各仪表工作是否正常。

（7）检查随车装备是否齐全。

另外，车辆的整洁明亮、车况良好也是投递礼仪中非常重要的一部分，它展示了快递企业员工良好的精神面貌，反映了投递人员对待工作的热爱和认真的态度，也反映了快递业务管理的严明有序。

（二）电动车的日常检查

（1）电动车在使用前应注意检查车况是否良好，如轮胎气压是否充足，前后刹车是否灵敏，整车有无异常，螺丝是否松动，电池是否充足电。

（2）在车辆刚启动时，应缓慢加速，避免瞬间急加速损伤元器件。为了延长电池、电机的寿命，在车辆启动、爬坡时应用脚踏助力。

（3）在保证安全的前提下，行驶中应尽量减少频繁刹车、启动，以节省电能。

（4）充电时应注意，不要使用其他品牌的充电器，每个品牌的充电器与电池的性能是相匹配的，只有专用充电器才能达到最佳充电效果。

（5）充电器内含高压线路，不要擅自拆卸。充电时，充电器上不要覆盖任何物品，应放置于通风处，同时注意防止液体和金属颗粒进入充电器内部，防止跌落与撞击，以免造成损伤。

（三）摩托车的日常检查

（1）检查燃油。检查油箱中的油量，油箱中的存油量应比平时摩托车实际汽油消耗量多出 3L 为宜。

（2）检查机油。机油对摩托车发动机来说，就好比人体的血液，发动机缺少了机油就无法工作。四冲程摩托车要检查油标尺，机油应在油尺的中线或高线位置。二冲程摩托车应检查机油壶中的 2T 机油，最好能将油壶中的机油加满。

（3）检查车轮车胎。将摩托车的大支撑支起，转动车轮，前、后轮应转动灵活、惯性好，前、后轮轮胎的气压应合适。检查外胎的花纹磨损状况以及外胎上有没有被扎上铁钉、碎玻璃、小石子等。

（4）检查链条的松紧度及前后制动。支起大支撑，用手提起大传动链条，形成一个三角形，三角形的高度为 20～25mm 为标准。转动前、后轮，前后制动应灵活无卡阻现象，并且前后制动回位良好。

（5）检查离合器拉线、油门线、制动线。发现拉线回位不好，有卡阻，钢丝绳有断线等现象时应及时换掉。

（6）检查摩托车电路。检查前照灯是否明亮，灯光的高度是否合适。

（7）检查螺钉有无松动。检查前后车轮轴、方向把、发动机、制动、离合器等固定螺钉有无松动和丢失，发现问题要及时解决。

第二节　揽投人员面见客户之前的行为要求

一、电话联系客户

电话联系这一环节是非常必要的。

（一）揽收快件

出发前揽投员电话联系客户，告知客户到达客户处的时间，并确认客户的电话及地址。根据客户或客服人员的揽收要求安排好揽收的时间与路线，要在客户与客服员的要求时间内完成该项任务。

对于第一次合作的客户必须向客服人员事先了解好到达地点的线路与客户的特殊需求。比如了解客户是否在某大厦或某小区或某工业园等、是否要求带上包装物和运单、是大宗物品还是小件等。

对于不熟悉的路线要电话与客户取得联系并询问到达目的地的方法，通话过程中要先"自报家门"和本次任务。

进入目的地要主动配合门卫等，并说明来意。

（二）投递快件

遇到陌生投递环境时要电话联系，通话的过程首先要表明自己的身份与任务，再向客户询问具体地址与到达路线等。而不要上来就问"您是××先生或××女士吧，您的具体地址在哪里？"

进入投递目的地时，出示工作牌配合门卫做好相关的登记等手续。

二、车辆的停放要求

（1）公司或住宅区场地要根据该公司的停车规范停在要求的停车线以内，不可停在大门口或是有碍交通和影响形象的地方。

揽收时如果客户快递的是大宗物品，最好是要用推车来完成该邮件的装车任务。

投递时如客户要求直接送到仓库等地的，要根据收件人的指挥停好。如果客户没有这方面要求，要在停车区停好以后将快递拿出步行送到收件人手中。对大宗物品的投递最好是在派送车中事前配备推车来完成，没有配备的可以向该客户借用推车等。

（2）到街面店铺或大厦揽投要根据交通管理部门的停车要求严格执行停车规范，以免受到处罚或是拖车。摩托车等交通工具要停在离取件地或投递地点最近的允许范围内，最好要在视线范围之内或者有人看守的地方，尤其是贵重物品在车上的时候。

三、敲门与等待客户的要求

（1）需要入室时，应轻按门铃或者适度叩敲（不多于 3 次），主动通报身份、出示证件，未经允许不应进入；

（2）等候客户时，宜站立等待，不应大声催叫或者鸣笛催促。

 小资料

投递见客户前的注意事项

接到投递任务时，要严格按照投递的程序安排进行投递。对有特殊注明加急的快递给予一定的照顾与优先处理。

物品类邮件要用手夹在腰间或双手捧在手心，不要单手拿或顶在头上或在地上拖。

文件类邮件客户前从包里取出。文件可以放在挎包或背包里，但在见到客户前就要拿出放在手中，以方便及时地递交签字，不要临时在背包里找邮件。

对于物品或文件，见客户前要事先清除上面的灰尘和污垢。

图8.4 某快递公司员工手拿物品类邮件

第三节 揽投人员面见客户的服务要求

一、面见客户的行为规范

初次上门时，应主动自我介绍，展示工号牌（卡），双手递送名片。

 小资料

揽投员为用户上门服务时，应佩戴由快递企业统一制作的工号牌。

揽投员挂牌上岗有如下作用：第一，可以表明快递企业及揽投员主动接受用户监督、虚心听取用户意见和建议的一种诚意，进一步提高用户支持快递企业工作的积极性。第二，有了工号牌，有利于广大用户对投揽员的服务提出有针对性的批评和表扬。第三，揽投员佩戴工号牌，可让客户感到快递企业工作开展得正式、规范。第四，让揽投员上岗挂工号牌，能更加激发他们干好工作的责任感，能促使他们更加自觉地守规守纪，在服务上坚持高标准、严要求。

进入居室时，宜穿着自备的清洁鞋套；不动客户的东西，不抽客户的烟，不喝客户的水，不吃客户的饭，不收客户的礼。

应尊重客户的民族习惯、宗教信仰以及家庭的生活习惯。

交接钱物时，应做到唱收唱付，轻拿轻放，不抛不扔。

投递邮件做到"投收相见"，邮件要双手敬上，同时递上签字笔。

不介入客户之间的谈话，不与客户开玩笑。

电话改为震动，如需接听电话需经客户同意。

与客户谈话时，应保持适当的身体距离。对熟悉的客户在 70～80cm，对不熟悉的客户在 100～120cm。

图8.5　面见客户错误行为——当众吸烟、接电话

不可耽误客户太久的时间，长话短说。

服务结束时，应将工作现场产生的垃圾清理干净并带走。

杜绝以下列举的不良行为：

在客户处大声喧哗或打电话，随意动客户的东西，挖鼻孔，打哈欠，交谈时过于随意，吸烟，进食等。

 小资料

　　L（人名）是某省邮政速递物流有限公司某营业部工业园揽投站站长。"凡事要想客户之所想，急客户之所急，永远站在客户的角度上考虑问题"是L的服务宗旨。

　　L在上门维护工业园区老客户"××科技"的过程中，了解到××的产品通过邮政EMS和某民营快递两种快递渠道发往北京同一固定地址。EMS渠道的发件量虽然占到了40%的比例，但是收入却只有某民营快递的20%。同时由于包装、运输、投递等问题，该客户在EMS的发件量持续下滑。如何做大"××科技"的业务，L对该客户进行了仔细分析，对客户提出的异议进行了主动解决。为解决邮件包装破损问题，他帮客户用塑料包带进行二次加固，获得了客户的好感。针对时限问题，他利用次日递夜航对接契机，建议客户用EMS标准件进行试寄。由于服务到位，该客户目前的发件重心已由某民营快递逐渐向邮政EMS转移，邮件类型也由经济件逐步向标准件转变。

二、告别客户的行为规范

告别时应先退两步伸右手做出"再见"手势，再转身离开。

当客户要送你离开时要表示谢意并示意留步。

出门的时候要轻轻地带上门，将门关好。

来时若有人（或是门卫或是文员）代为引见，出门时要向代为引见的人道别并表示感谢。

第四节　揽投人员的作业服务与技能要求

一、揽投人员作业服务要求

（一）揽收环节

（1）快递企业的服务机构提供电话预约，上门揽收服务。

（2）受理客户提出的揽收服务请求时，应做到：

① 详细、准确地记录客户（单位）名称、地址（街道号、楼号、楼层、房间号）、委托人姓名、联系电话；

② 详细、准确地记录待寄邮件的类别、寄达地址、邮件数量、邮件尺寸和重量；

③ 询问客户的特殊服务需求（比如提供专用单式、包装、封装、充填材料等）；

④ 说明收费规定；

⑤ 约定上门时间。

（3）提供上门服务前，应备足揽收用具用品，包括书写用笔、各式单证、包装材料、填充物、封装计量器具、零钱等。

（4）揽收人员作业服务还应符合窗口营业人员作业服务要求中规定的第7～10条（详见第七章）。

（5）对于协议客户，应事先签署邮件自封协议，允许自行封装，加盖"自封免验"戳记。快递企业按比例抽检。

（6）揽收人员的作业服务还应遵照《速递揽收作业规范》的要求执行。

（二）投递环节

（1）快递企业的服务机构提供两种投递方式：按址投递和局内投交。

（2）上岗工作时，应携带足够的工作用具，如书写用笔、各式单证、零钱等。

（3）在投递过程中要妥善保管邮件，做到邮件不离身（车）。

（4）投递邮件时，应下车投递，做到"投收相见"，不应让客户下楼自取邮件。

（5）签收投交过程中，应做到以下内容。

① 见到客户时，向客户复述收件人姓名、地址。

② 验视客户有效证件，需特别注意照片、基本身份内容及防伪标志；验视完毕交还证件时，应向客户表示感谢。

③ 请客户在快件详情单的快递企业存联上的指定位置签名（盖章）、签时。他人代收时，还应注明其证件名称、号码以及代收关系，保证上述字迹能够清晰识别。

④ 如果"邮件详情单收件人存联"上收件人姓名字迹不清，应在空白处标注清楚。

⑤ 投交邮件前，需再次复核邮件。

（6）需要向收件人另外收取费用时，应耐心向客户说明收费原因、名目、金额，并出具相应的收费凭据。

发现邮件误投时，应及时和客户取得联系，诚恳致歉，及时取回。

（7）应了解客户的需求以及对服务质量的评价。

小资料

《快递服务》国家标准对收派员验视的新规定

根据相关规定，对于普通快件，外包装完好，收件人应先签后验，若此时发现有损毁等情况，可向快递申请索赔。而外包装出现破损等异常情况，收件人可先验后签；对于网购快件，首先，快递公司需要与寄件人（商家）提前约定，其次，寄件人（商家）还应当将此验收方式告知收件人，比如淘宝商家，就应该在用户下单时，明确告知本快件的验收方式，是"先验后签"还是"先签后验"。

不同快递签收方式不同

"对于普通快件和网络购物等快件分类处理，是兼顾消费者权益与快递企业的利益。"邮政部门有关负责人表示，先签后验还是先验后签一直是快递行业的争议焦点，国标定稿对此做出了区别对待。

对于普通快件，在外包装完好的情况下，收件人应签字确认。如果收件人担心发生内件丢失、短少、损毁等问题，可以在签字后和收派员一起对内件进行验收。发现有问题，收件人可向快递服务组织索赔。如果外包装出现明显破损等异常情况，快递企业收派员应告知收件人先验收内件再签收。

对于网络购物的快件，新国标没有简单地统一规定为"先验后签"还是"先签后验"，而是要根据快递服务组织和寄件人（商家）的约定。中国标准化研究院副研究员曾毅表示，具体来说，快递企业应当在收寄快件时，与寄件人（商家）提前约定投递时到底是"先验后签"还是"先签后验"，其次，寄件人（商家）应当将验收的具体程序等要求，以适当的方式告知收件人，让收件人提前知晓，明晰自身的权利。

实施快递实名制

在国家标准实施以后，消费者在寄快件时，先由快递员查验过后才会收件。如果拒绝验视，快递员可以拒绝收件。国标新规还对快递实名制做了规定，所以消费者今后在邮寄快递的时候切记把身份证带上。

此外，对于代收的情形，快递服务组织应注意没有经过收件人或者寄件人同意，收派员不能将快件交给其他人签收，包括单位的收发、小区的门卫等，否则由此出现快件遗失等问题，快递服务组织应当承担全部责任。

二、揽投人员服务技能要求

（1）应具备使用普通话提供服务的能力。

（2）应经过快递行业岗位技能鉴定并取得合格证书后上岗。

（3）应熟悉各项业务的基本知识，应掌握经办业务的操作规程和技能。

（4）能够正确指导客户使用快递业务，准确解答客户的咨询。

（5）驾驶车辆的揽收投递人员应具备安全驾驶车辆的能力和资质。

（6）揽收人员应熟悉业务区域内客户的情况，了解客户的业务常识。

（7）揽收人员应具备较强的观察、倾听、表达、沟通能力以及亲和力。

（8）投递人员应熟悉投递段内的行车路线、客户分布，掌握路况变化情况，并能依据每天邮件的具体情况优化投递路线，节约投递里程。

三、揽投人员服务水平要求

（一）揽收人员服务水平

对于重点客户，宜提供个性化服务。

对于协议客户，按照约定准时提供上门收寄服务，定期提供准确、详尽、清晰的往来账目清单。

对于其他客户，按照承诺准时提供上门收寄服务。

（二）投递人员服务水平

按照规定的投递深度、频次、时限投交邮件。确保邮件按时、准确到达，不丢失邮件。

 本章小结

快递服务为了方便客户，目前大多数业务受理采取的是上门揽收和上门投递的形式。因此，快递企业对揽投员的素质要求也是非常高的，很多快递企业会定期对揽投人员进行业务知识和服务规范的培训，目的在于提升揽投员的服务技能。

本章侧重按照揽投员的工作流程，从出班准备、出班前车辆检查、出班前与客户的联系、面见客户的服务规范以及告别客户等方面的要求进行了阐述，同时对揽投人员需要掌握的作业服务和技能要求进行了介绍。通过本章的学习，学生可以对揽投人员的相关服务规范有更详细和深入的认识。

 课后阅读

揽投路上谱春秋——记某局速递揽投员石玉凤

仲夏时节的酷热和暴雨，给石玉凤的揽投工作增加了不少难题，让她不是在炎炎烈日里挥汗如雨，就是在暴雨如注中跋涉。但是，全国百名优秀揽投员石玉凤，丝毫没有因天气的恶劣懈怠她的工作。往来于客户之间，她一如既往地主动快捷、耐心细致。这个在某市邮政速递物流（EMS）有限公司工作了5年、年年被评为公司先进工作者的揽投员，从踏入邮政速递物流公司的门槛时，便已把践行EMS"全心、全速、全球"的服务理念当做自己一生的追求。2011年6月，石玉凤被评为全国百名优秀揽投员。

石玉凤从2006年进入某市局新兴支局开始从事特快专递揽投工作，就表现出比年轻人还要旺盛得多的充沛精力和工作激情，她克服诸多不利因素，积极开拓市场，取得了良好业绩。

2009 年年底，某市邮政速递物流公司白马揽投部成立，石玉凤被调到新成立的部门。面对揽投部人少地广的现状，石玉凤主动承担起客户经理的职责，并兼任团队长，独自一人承担 4 个段道的揽投任务。一次次奔波，一回回沟通，不怕吃苦、勤奋踏实的她从没有喊过一句苦，叫过一声累。揽收范围广，她就多花一点时间，披星戴月，废寝忘食；业务开发难，她就多跑几次客户，精诚所至，金石为开；客户维护烦，她就多花一点心思，细致入微，不厌其烦。

几年来，石玉凤不畏寒暑，风雨无阻，在揽投段道上任劳任怨，尽职尽责，她的工作业绩也因为她永不满足的个性而节节攀升。客户对她的信赖和赞誉也越来越多。

作为一个母亲、一个妻子、一个女儿和媳妇，她在协调好家庭与工作关系的时候，付出了比别人更多的心血与汗水，也得到了家人成倍的理解和支持。70 岁的婆婆住院手术，她没请一天假，只利用晚上来照顾婆婆，家人没有一句抱怨，因为他们也都理解她的辛苦，深深明白：揽投工作，只有起点，没有终点。

至诚至信，精益求精，诚信赢得客户，服务创造价值。在揽收过程中，石玉凤有自己的揽投"秘诀"。"有时为了方便客户，节约客户的时间，我会主动为客户提供一些附加服务。这顺应了服务行业发展的潮流，也增强了客户对邮政速递的信任感和认同感。"石玉凤颇有心得地说。在做好每天上门揽投工作的同时，石玉凤尽量提供更加周到贴心的服务，如对一些特殊的客户实行全包服务，将速递散件拉回支局，和同事代为分箱、打包、填单。这一系列细微周到的服务，不仅使客户感觉到了邮政服务的人性化，更提高了客户使用邮政速递业务的依赖程度。

而石玉凤至诚至信的职业道德，在让客户感动的同时，更让客户义无反顾地选择邮政速递物流。2008 年，在一次催缴欠费时，客户应缴欠费 1 299.6 元，对方的会计一时疏忽，看成了 12 996 元。回到单位，石玉凤认真核对，发现了差错，立即前往客户单位，将多出来的钱款一分不少地归还。客户十分感动，对石玉凤认真负责的工作态度和诚信的品质予以高度肯定和赞扬，至今，该客户所有邮件均在 EMS 寄发。

在为客户服务时，石玉凤尽量帮客户做一些电信缴费、移动充值、收发邮政包裹、信件等力所能及的事。同时，急客户所急，想客户所想，义不容辞地把客户的事情当成自己的事情。有一次，她手上的国际大客户某玻璃制品有限公司有三箱样品被南京海关扣关，该公司一时无法清关，石玉凤得知消息，立即主动积极地联系省 EMS 公司市场国际部帮助客户沟通协调，终于在规定时间内将三箱样品送到客户手中，为客户赢得信誉的同时，节省了数目不小的成本。

在长期的揽投工作中，石玉凤和客户建立了深厚的感情，客户见了她都很高兴地喊"石大姐"，逢年过节企业搞联谊活动，都要请她前来参加。2010 年 3 月，石玉凤常年服务的某环境工程科技股份有限公司因业务需要搬迁到南洋环保产业园，该客户专门向某市邮政速递物流有限公司提请一份请求批准石玉凤继续为之提供揽投服务的报告。从此，石玉凤的揽投路径扩大了许多，但她一样兴高采烈地行走在揽投路上，因为，在她看来，无论客户在哪里，只要选择 EMS 就好。而客户的肯定，更是对她最好的奖赏和激励。

石玉凤深知，要给客户提供专业的速递服务，就要掌握扎实的专业基础知识。为了更好地开展工作，她始终将学习贯穿于工作的始终。她借来有关速递专业的书籍，利用晚上时间给自己"充电"；对班组订阅的每期《中国邮政报》等行业报刊她更是仔细研读，认真学习并加以实践。性格爽利、具有高度责任心的石玉凤，如今已具备了较高业务素养，她在让客户对邮政速递业务有了较为深入了解的同时，也对她这个邮政速递揽投员多了一份信任。

进位争先，业绩攀升作为揽投员，揽投业绩的好坏直接关系到企业的发展。在日常工作中，石玉凤将"全心、全速、全球"演绎到了极致。2006年刚开始从事揽投工作时，她全年的揽收业绩仅3万余元。2007年，在盐城邮政局盐都揽投业务部时，为了扩大邮政EMS上门服务的影响力和知名度，她利用一切空闲时间上门散发名片，逐户进行宣传，借投递之机向每个EMS客户宣传邮政特快免费上门揽收服务，坚持每一天都不能放松，每一个客户都不能放弃，每一笔业务都不能放过。很快，石玉凤凭借自己的执著和真诚，打开市场空白，把新兴镇最大的企业某高精机电装备制造有限公司和某环保技术有限公司发展成为邮政速递的忠实客户；然后，她又把某滤袋厂、某化肥公司等10多家中小型企业发展成为邮政速递的忠实客户，成功开发了新兴市场。2008年，石玉凤全年的揽收业绩达到了近30万元，超额完成了业务部下达的各项营销任务。

"一花独放不是春，百花齐放春满园。"作为白马揽投部营销团队的团队长，石玉凤不仅要实现自身业绩的提高，还要带领整个团队实现突破。白马揽投部成立之初，市场和客户几乎是一片空白，白马、明珠作为新兴的市场进驻的商家还不多，城郊结合部和乡镇市场开发难度很大。石玉凤带领她的营销团队不屈不挠、不遗余力地开发市场，不但成功开发域内的三个乡镇，还成功开发了亭湖新洋工业园内一批大型企业成为长期合作的大客户，全年揽收业绩提高到了40万元，同时完成了报刊征订、邮政储蓄、五节联送等各项营销工作。2010年，在承担繁重的揽投任务的情况下，石玉凤带领白马团队完成全年速递收入近120万元，物流收入近6万元。

如今，在白马揽投部，大家都亲切地叫石玉凤"石大姐"。石大姐不但在业务技能上是队员们学习的榜样，在经营业绩上也是队员追逐的目标。工作生活中深受队员们喜爱的石大姐，也用一如既往的真诚和热情给予每一个队员无微不至的关心和帮助。

不久前，该市邮政速递物流分公司任命石玉凤为白马揽投部经理助理。角色转变了，但石玉凤兢兢业业的工作作风没有变，进位争先的进取精神没有变，无私奉献的品质没有变。已过不惑之年的石玉凤，永远兴致勃勃地在揽投路上谱写生命的篇章。

课堂互动

实训主题：练习快递企业揽投人员面见客户的行为规范和作业服务要求。

实训形式：学生每5个人为一个小组。

实训任务：对揽投人员面见客户过程中的行为规范和作业服务要求进行温习，使学生更深入地掌握服务的整个流程。

实训步骤：

（1）提问学生对揽投人员面见客户的行为规范以及揽投人员的作业服务要求。

（2）教师向学生提出问题，问题涉及为客户服务过程中需要注意的细节。

（3）以小组为单位，学生分饰客人与揽收投递人员，展开情景对话，主要是练习在客户单位或家里收派快件时应注意的服务规范。

（4）小组互评，教师点评。

复习思考题

1. 揽投员出班前的仪表仪容规范主要有哪些？
2. 班前会的一般流程是怎样的？
3. 揽投员工作时车辆的停放要求是什么？
4. 上门服务时展示揽投员工的工号牌有哪些作用？
5. 投递环节的作业服务要求有哪些？
6. 揽投人员的服务技能要求包括哪些？

 案例分析

春节期间快乐忙碌的揽投员

春节期间，多数民营快递歇业，大部分邮件都涌入了 EMS 渠道，这导致 EMS 几乎独撑了快递市场。

在中国邮政某市的 EMS 集散中心，负责人告诉记者，从腊月二十四以后，各大民营快递公司陆续关门，春节期间，即使有人值班也只派件不接件。某市的 EMS 是中国邮政鄂西区最大的集散中心，因此，几乎所有的包裹都涌入了 EMS 渠道。从腊月底开始，这个分拣中心每天都堆满了来自全国各地的包裹。

为了让邮件及时送到市民手中，某市的 EMS 出动了所有的送邮车，从腊月底一直到正月初八，全员职工一律待岗。

小吴是某市 EMS 三湾路网点的一名揽投员，从腊月二十四开始，小吴一天都没休息。春节期间，他每天从早上 8 点开始，到网点分拣快件，然后，开着送邮车穿梭在某市城区的大街小巷。

最为忙碌的是腊月二十八、二十九两天。小吴每天的送件数都突破了 140 件。虽然送达邮件的这段时间天气非常寒冷，但是小吴的心头却收获了一份别样的温暖。

当大家欢度春节时，小吴仍然奔忙在送邮的路上。从正月初一开始，很多人外出走亲戚，为了把包裹及时送到接件人手中，小吴总是提前和接件人预约。

有时候，小吴要往返几趟，才能将一份包裹成功送出去，但小吴不厌其烦。每次送件成功时，小吴的心头都有一种小小的满足。

根据上述材料分析以下问题：

小吴在送包裹快件时是如何做到及时准确投递的？你认为投递前如遇到陌生环境应如何处理呢？

159

第九章

快递企业电话客服人员服务规范

 **学习目标**

学生通过本章内容的学习，熟悉快递企业呼叫中心的概况以及呼叫中心在快递服务中的作用，了解接听客户电话和拨打客户电话的服务流程规范和要求，掌握快递企业的电话客服人员的作业服务要求，以及查询受理业务的基本礼仪规范、作业服务要求和服务水平要求。

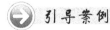 **引导案例**

联邦快递武汉客户服务中心扩容升级

全新升级呼叫中心为客户提供国际快递和国内限时服务

2009 年 6 月 24 日，FedEx Corp.旗下附属公司兼全球最具规模的速递运输公司之一联邦快递宣布，位于湖北省武汉市的客户服务中心扩容升级后正式启用，为其国际快递和国内限时服务客户提供支持。

联邦快递目前在北京、广州和武汉三地都设有客户服务中心。经过扩容，位于武汉的客户服务中心拥有超过 200 名客户服务代表，为华东地区的国际快递客户和全国范围内的国内限时客户提供服务。

联邦快递中国区总裁陈嘉良表示："联邦快递不断提高我们的服务水平以满足客户的需求。我们通过对武汉客户服务中心实行扩容升级来提升客户体验。"

联邦快递武汉客户服务中心于 2007 年 5 月联邦快递在中国推出国内限时服务时成立，当时为国内限时客户提供服务。扩容之后，该中心在当地新增加了 95 名客户服务代表，为华东地区的国际快递客户提供服务。现在，联邦快递武汉客户服务中心同时负责接听国际快递和国内限时两条免费客户服务热线。国际快递热线服务时间为每周6天（周一至周六），每天24小时。国内限时热线服务时间为每周6天（周一至周六），每天上午8点到晚上10点。

联邦快递武汉客户服务中心的客户服务代表绝大部分都是在本地招聘的，他们负责全面管理有关客户货件的各项内容，从上门取件到派送至收件人。该中心可以根据业务的发展进一步扩容。

联邦快递中国区客户服务部董事总经理朱淑暖表示："我们不仅在武汉客户服务中心增加了客户服务代表的数量，而且对我们的电话系统进行了升级，进一步提升客户体验。"

该中心配备了先进的思科IPCC电话系统，为客户提供更高质量和更稳定的通话服务，同时协助联邦快递更有效地管理在中国的客户服务中心。该系统支持联邦快递在武汉、北京和广州的三个客服中心之间可以互相接听电话，当其中一个中心出现电话繁忙时，其他任何一个中心可以即刻跨区域协助接听客户电话。

思考：

联邦快递公司为何注重客服中心的建设？电话客服人员在快递服务中起到哪些作用？

各大快递公司在业务开展上都设有客户服务电话专线及现场业务咨询人员，以解答用户在使用快递业务时遇到的问题，这些都促进了快递业务更快更好的发展。对于为快递客户提供电话客服的服务人员，为了增强自己与客户的沟通能力，提高自己的业务技能与水平，必须在日常的工作当中掌握相关的服务规范，以增加客户对快递业务的满意度。

第一节　呼叫中心（客服中心）概述

呼叫中心（Call Center），又称客户服务中心，传统意义上的呼叫中心是指以电话接入为主的呼叫响应中心，为客户提供各种电话响应服务；现阶段呼叫中心伴随先进的通信技术和网络技术的发展，在技术上有了质的飞跃。

呼叫中心是快递企业和客户进行电话沟通的重要媒介。现代化的呼叫中心可以帮助快递企业更好地为客户提供优质的服务。

一、快递呼叫中心的含义

呼叫中心就是在一个相对集中的场所，由一批服务人员组成的服务机构，通常利用计算机通信技术，处理来自客户的电话垂询，尤其具备同时处理大量来话的能力，还具备主叫号码显示，可将来电自动分配给具备相应技能的人员处理，并能记录和储存所有来话信息。一个典型的以客户服务为主的呼叫中心可以兼具呼入与呼出功能，在处理顾客的信息查询、咨询、投诉等业务的同时，可以进行顾客回访、满意度调查等呼出业务。

快递企业的呼叫中心主要就是为客户提供电话呼叫、业务受理、业务咨询、自助式下单、快件状态查询、投诉处理等服务功能的客户服务部门。如邮政的11185和邮政速递的11183平台。图9.1显示的为上海邮政11185通过技术认证的签约仪式。

图9.1　上海邮政11185通过技术认证的签约仪式

二、呼叫中心的发展

"呼叫中心"是一些公司企业为用户服务而设立的。早在20世纪80年代，欧美等国的电信企业、航空公司、商业银行等为了密切与用户的联系，应用计算机的支持，利用电话作为与用户交互联系的媒体，设立了"hi-call center"，也可叫做"电话中心"，实际上就是为用户服务的"服务中心"。

早期的呼叫中心，主要是起咨询服务的作用。开始是把一些用户的呼叫转接到应答台或专家。随着要转接的呼叫和应答增多，开始建立起交互式的语音应答（IVR）系统，这种系统能把大部分常见问题的应答由机器即"自动话务员"应答和处理，这种"呼叫中心"可称为是第二代呼叫中心。

现代的呼叫中心，应用了计算机电话集成（CTI）技术使呼叫中心的服务功能大大加强。CTI技术是以电话语音为媒介，用户可以通过电话机上的按键来操作呼叫中心的计算机。接入呼叫中心的方式可以是用户电话拨号接入、传真接入、计算机及调制解调器（MODEM）拨号连接以及互联网网址（IP地址）访问等，用户接入呼叫中心后，就能收到呼叫中心任务提示音，按照呼叫中心的语音提示，就能接入数据库，获得所需的信息服务。并且可以完成存储、转发、查询、交换等处理。还可以通过呼叫中心完成交易。所以呼叫中心未来的发展趋势是多媒体接入。

"呼叫中心"把传统的柜台业务用电话自动查询方式代替。"呼叫中心"能够每天24小时不间断地随时提供服务，并且有比柜台服务更好的友好服务界面，用户不必跑到营业处，只要通过电话就能迅速获得信息，解决问题方便、快捷，可增加用户对企业服务的满意度。

小资料

　　邮政速递物流11183呼叫中心是11185客户服务中心在速递物流客户服务方面的强化和升级，增强了专业的服务手段和效果，弥补了邮政综合客户的服务平台支撑不到位的短板问题，上门服务效率更高。在北京设了3—4个服务点，每个点有1 000个坐席。

　　11183呼叫中心首先负责受理速递物流专业客户服务问题，处理客户揽收、咨询、深度查询及客户投诉工作，承担派揽投调度，揽投工单处理质量督办工作；其次负责客户网上订单受理、重点客户维护以及揽入客户资源的采集、维护、分析及反馈等工作；最后负责提供相关话务、业务数据监控，客户信息、服务质量、运行质量等各类统计数据，客户用邮服务监督，客户回访及评价意见征集等工作。

图9.2　　快递客户服务中心提供的具体服务

　　从2010年7月1日开始，中国邮政特快专递（EMS）开始使用专属的服务电话——11183邮政速递物流客服热线。以后关于EMS业务的咨询和服务，将从原来的邮政客服号码11185中的第一个子项目里，全部转移到EMS专用号码11183。新号码将囊括原客服号码中EMS的所有功能，比如邮件查询、邮件揽收、业务咨询、投诉等。另外，还可能新增一些其他的服务项目。此次调整从北京开始，将在全国范围内展开。邮政速递11183呼叫中心的服务范围如图9.3所示。

图9.3　呼叫中心服务范围

三、呼叫中心在客户互动渠道中的作用

在提高客户的服务水平方面，呼叫中心主要起以下作用。

1. 提高了客户满意度和忠诚度

实现了统一的服务窗口、并用多媒体交互方式为客户提供一站式服务，同时服务过程可实现闭环，使快递企业的客户服务变被动为主动，在竞争日益激烈的通信市场上，使通信公司和客户更进一步的结合在一起，使得客户感到自己受到关注，提高了客户满意度。

2. 整合了业务资源，降低服务成本

将以前分散的各业务系统集中于呼叫中心进行统一接入处理，降低了维护成本，同时实现了多种增值服务功能，这样不但提高的服务质量而且降低了服务成本。

小资料

DHL 日本分公司客服服务中心负责人说，"我们将要求客户等待的语言消息修改为听起来不是那么有歉意。客户打入电话之后，能听到清晰的消息，告诉他们很快就有人会接听他的电话了，因为这些呼叫必须遵循先来先服务的原则进行接听处理。"另外，该公司负责人还将这个等待提示音的播放开始时间延后了 5 秒钟，这是因为很多客户一听到这个提示音，就会选择立即挂机。该公司负责人说，做完这些调整之后，客户通常选择挂断的时间由之前的 15 秒钟延长到现在的 30 秒钟。

负责人解释说，以前公司用的是一个日本全国免费的服务电话号码，但这些呼叫会根据呼入号码的区号被交换机分别分配到东京和大阪。并且，一旦呼叫被分配到其中某个呼叫中心，就不能再被分配到另一个中心了。但实际上，每个中心的话务员一般都有自己擅长的信息领域，而对另外一些请求可能并不太了解。因此，这些话务员在不能收到另一个中心的技术支持之前，就需要接受更加全面的培训。

3. 增强了现有的市场渠道

客户通过统一的接入渠道进入呼叫中心，坐席代表能快速地提供多种服务，甚至将客户的误解抱怨转化为另一项亲切服务。坐席代表通过轻松地访问客户的概况和业务记录，能更快地得到客户信息，同时客户也将被推荐得到更准确的服务和问题解决途径，坐席代表能够主动访问用户，为之提供有效服务，使得潜在的客户得到挖掘。

4. 提高了服务人员的工作效率

坐席代表是客户服务中心的实际生产人员，通过他（她）们在快递企业与客户之间架起沟通的桥梁，客户对企业的认同很大程度就是对坐席代表服务质量的认同。利用呼叫中心系统先进技术手段以及合理的培训、组织，同时通过呼叫中心提供的全面的运营管理功能（全程监控、质检功能），进一步完善了坐席代表的服务质量考核，使其服务水平不断提高，并使不同坐席代表的服务差异尽可能地缩小。

5. 提供了对快递企业的市场分析数据

呼叫中心直接面向客户，接触的是最真实的市场需求。系统提供了强大、灵活的

报表统计工具,快递企业可以将这些市场数据加以统计分析,对快递业务的开拓起到一定的促进作用。这是客户服务中心在运营中会不断升值的原因之一,这为呼叫中心真正实现从服务中心到利润中心转变的最终目标打下了扎实的基础。

四、呼叫中心的坐席人员行为规范

图 9.4 快递服务电话客服人员工作照

1. 心态积极

呼叫中心坐席员要保持积极的心态,使声音富有活力,让客户感受到服务的热情。

2. 态度诚恳

要真诚地对待客户,帮助客户解决问题,而不是推诿。要面带微笑地进行谈话,这样即使自己充满了自信,也会感染客户,把欢乐带给客户。

3. 语气自信

要充分相信自己,在语气、措辞上不要模棱两可。

4. 内容简练

用语要言简意赅,尽量不要谈及太多与业务无关的内容。为了与客户建立关系,适当地谈些与个人有关的内容也是可以的,但要注意适可而止。

5. 业务精湛

呼叫中心坐席代表对本企业的所有快递产品及业务都要熟记于心,能够随时准确、迅速回答客户问题,满足客户需求。

总之,客户服务的呼叫中心建设是现在很多快递企业非常重视的一环,拥有好的快递服务中心,实现为客户提供业务受理和咨询、投诉以及随时详单查询等功能,大大提升了快递业的客户满意度,提高了为客户服务的效率和规范程度。

第二节 接听客户电话服务规范

呼叫中心 80%左右的业务来自呼入功能,所以电话的呼入解决流程是否顺畅对于保证快递企业的服务质量非常重要。

一、接电话的四个基本原则

(1)电话铃响在 3 声之内或 10 秒内接起。

(2)电话机旁准备好纸笔进行记录。

（3）确认记录下的时间、地点、对象和事件等重要事项。

（4）告知对方自己的姓名或工牌员。

二、接听的服务流程及注意事项

1. 拿起话筒问候对方，并告知对方自己的单位名称或工牌号

"您好，××快递服务中心"或"您好，××快递客服热线"或"您好，××号为您服务"，如上午 10 点以前可使用"早上好"。

电话铃响 3 声之内或 10 秒接起。

在电话机旁准备好记录用的纸笔。

接电话时，不使用"喂——"回答。

音量适度，不要过高，不要对客户不耐烦。

2. 如果电话接起较晚，要用道歉用语

例如，要说"对不起，让您久等了"。

3. 确认对方需要何种服务后，给出适当的回应

如"请告诉我您的姓名、地址和联系电话，我们将上门为您服务"、"请稍等，我为您转接"、"感谢您使用 EMS 业务"等，必须对对方进行确认。

4. 为保证信息准确，必要时接线员需向客户重复确认

例如，"您的地址是××路××号，对吗？"

5. 听请对方来电用意

在此过程中应使用"是"、"好的"、"清楚"、"明白"等进行回答或回应，交流中使用礼貌用语。必要时应进行记录。谈话时不要离题。

6. 进行确认

例如，"对不起，请您再重复一遍"、"明天 9 点钟请您在家等候"等，确认时间、地点、对象和事由。

7. 对客户提出的问题不清楚，或者客户误拨电话时，可以委婉解释

例如，"对不起，我也不太清楚，给您××的电话号码，您再问一下好吗？""对不起，我们是邮政 EMS，您可能打错了，再见。"

8. 通话结束时要有结束语

例如，"再见！""欢迎您再次使用 11183 业务！"

等对方放下电话后再轻轻放回电话机上。

三、转达客户来电的基本要领

（1）客户来电找的人不在时，告诉对方不在的理由，如换班等。若对方问什么时间回来，接电话者应尽量告诉他具体时间，但要根据被叫人是否有过特殊交代为准。

（2）礼貌地询问对方的工作单位、姓名和职位；主动询问对方是否留言，如留言，应详细记录并予以确认，并表示会尽快转达。

（3）如果对方不留言，则提醒挂断电话，礼貌地说"要是没有其他需要我帮忙的我先收线了，再见"。

（4）接到客户一定要找经理或负责人抱怨或投诉的电话时，要有涵养，不与对方争执，更不能说"您找他也没有用，找我就行了"等，要耐心向客户解释并表示会及时上报领导或当事人尽快处理。如不是本部门的责任，应把电话转给相关部门或人士，或告诉来电者该找哪个部门，找谁和怎么找。

（5）来电找的同事正在接电话时，告诉对方他所找的人正在接电话，主动询问对方是留言还是等一会儿。如果留言，则记录对方的留言、单位、姓名和联系方式；如果只是等一会儿，则将电话筒轻轻放下，通知被找的人接电话；如果被叫人正在接一个重要电话，一时难以结束，则请对方过一会儿再来电话，或是留下回电号码。在电话放在桌面时要"按静音"或者挡住话筒不要让对方听到杂乱的声音，更不能将电话一放就不再过问让对方莫名久等。

四、接听电话的服务重点

（1）认真做好记录。
（2）使用礼貌语言。
（3）讲话时要简洁、明了。
（4）注意听取时间、地点、事由和数字等重要词语。
（5）电话中应避免使用对方不能理解的专业术语或简略语。
（6）注意讲话语速不宜过快。

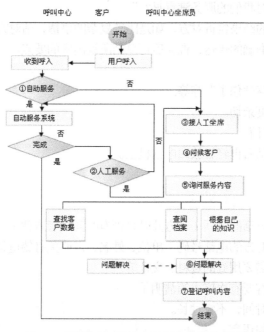

图9.5　接听电话（呼入）的操作流程示意图

（7）打错电话要有礼貌地回答，让对方重新确认电话号码。

第三节　拨打客户电话服务规范

一、拨打电话的服务流程和基本用语

1. 准备

确认拨打电话对方的姓名、电话号码；

准备好要讲的内容、说话的顺序和所需要的资料、文件等；

明确通话所要达到的目的。

2. 问候、告知自己的姓名

例如，"您好！我是中国邮政速递某某部门的王阳"。

一定要报出自己的姓名。

讲话时要有礼貌。

3. 确认电话对象

例如，"请问某某单位的张光先生在吗？""麻烦您，我要找一下李伟先生。"

必须要对对方进行确认。

与要找的人接通电话后，应重新问候。

4. 电话内容

例如，"麻烦占用您一点宝贵时间，今天打电话是想向您咨询一下关于××业务您的使用情况，您对我们的服务满意吗？"

应先将想要说的结果告诉对方，如是比较复杂的事情，请对方做记录，对时间、地点、数字等进行准确的传达，说完后可总结所说内容的要点。

5. 结束语

如"谢谢"、"麻烦您了"等等。

语气诚恳，态度亲切。

6. 放回电话听筒

等对方放下电话后再轻轻放回电话机上。

二、注意事项

（1）要考虑打电话的时间（对方此时是否有时间或者方便）。

（2）注意确认对方的电话号码、单位、姓名，以避免打错电话。

（3）准备好所需要用到的资料、文件等。

（4）讲话的内容要有次序，简洁明了。

（5）注意通话时间，不宜过长。

（6）要使用礼貌语言。

（7）外界的杂音或私语不能传入电话内。

三、拨打客户移动电话时的基本要领

（1）在双向收费的情况下，说话更要简洁明了，以节约话费。

（2）有客户的固定电话或办公电话时不要随意拨打客户移动电话，找不到时再拨手机。

（3）如对方处在嘈杂环境中，听不清楚对方声音时要说明，并让对方过一会儿再打过来，或你打过去。

（4）当听出客户移动电话处在漫游的状态下要长话短说，不要造成对方话费的浪费。

（5）当听出客户在说话时很轻声时，说明不方便接听电话，如不是很重要的事情就要告知方便的时候再次联系。

 小资料

电话沟通的服务规范

快递客服人员在给客户打电话时或者接听电话时，应遵循一定的服务规范。

在向快递客户问候的时候，鉴于电话沟通缺乏身体语言，难以准确地表达复杂的思想和信息，应注意以下几个方面。

客服人员要做到亲切、热情、自然，身体要坐端正，以避免声音受压抑。

说话要清晰，语调亲和，开场白要消除客户的顾虑，自我介绍要简洁明了，自己企业的名字应说得清晰而且缓慢，便于突出强调。

在询问了客户之后，要迅速记下了解到的内容和捕捉到的信息，确定问题的实质和客户的真实想法。

要认真倾听客户的投诉，并在思考后迅速作出回应，表示出对客户的处境和心情的理解。

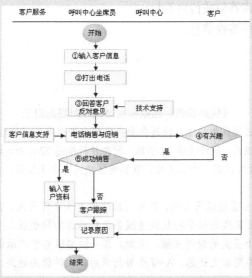

图9.6　拨打电话（呼出）的操作流程示意图

第四节 客户电话查询受理服务规范

一、查询受理人员基本礼仪规范

（1）查询受理人员仪表仪容应符合窗口营业人员仪表仪容要求的规定。

（2）查询受理人员的语言应符合揽收人员语言要求的规定。

（3）查询受理人员的行为应符合窗口营业人员作业服务要求中第1~4条和第7~10条的规定（详见第七章）。

（4）受理客户查询时，应耐心，细致；不应随意打断客户的讲话或挂断电话。

（5）查询流程遵照查询操作规范执行。

二、查询受理人员的作业服务要求

（1）呼叫中心的自动语音客户服务应提供标准普通话接入；保证语音清晰，语速适中。

（2）在直辖市、省会城市及旅游城市，客户服务中心宜提供英语接入。

（3）对呼叫中心的客服人工电话查询，客户服务人员应在振铃3声之内或10秒内应答。

（4）电话查询完毕后，应向客户致谢，并等待客户先行挂机。

（5）受理业务咨询时，首问责任人应即时给予答复；对于不能即时答复的咨询，首问责任人应记录客户姓名、联系方式、咨询内容，待得到最终结果后，再次回复客户。

（6）遇有下列服务需求时，应请客户到交寄局办理申请：

① 要求提供邮寄答复或传真答复；

② 要求提供邮件签收信息。

 小资料

《快递服务》国家标准对快件时限的规定

国标规定，彻底延误的快件，快递企业应根据有关规定予以赔偿。

具体的服务时限是：同城快递24小时；国内异地快递72小时；港澳台快递6个工作日；亚洲和北美洲地区快递6个工作日；欧洲地区快递8个工作日；大洋洲地区快递9个工作日。

彻底延误时限主要包括两大类，其中同城快件为3个日历天，省内异地和省际快件为7个日历天。彻底延误时限是指从快递服务组织承诺的快递服务时限到达之时起，到用户可以将快件视为丢失的时间间隔。例如，某一快递服务组织承诺的快件服务时限为A个日历天，则从其交寄之日起，A+7个日历天后，快件仍为达到，则可视为快件彻底延误。

三、查询受理人员的服务水平要求

（1）快递企业邮件查询受理期限：国内邮件自交寄之日，国际邮件自次日起4个月内接受查询。

（2）快递企业服务机构应向客户提供以下查询受理方式：电话、营业窗口、传真、网络、短信、投递、揽收人员受理等。

（3）快递企业的服务机构，应向客户提供以下答复方式：电话、邮寄、传真、网络、短信、当面答复等。

（4）邮件查询答复时限：

① 对可以即时查明的邮件信息，应立即答复；

② 对不能即时查明的邮件信息，应按相关规定答复；

③ 对未能给予妥善答复的邮件信息，应持续追踪直至查知最终结果，并告知客户。

 **本章小结**

电话服务不仅应用在快递企业的客户服务部门，在日常办公时也涉及接听或拨打客户电话的情况。现代快递企业越来越重视电话客户服务这一环节，很多快递企业成立了自己的呼叫中心，专门负责接听和拨打客户的电话，为客户提供业务咨询和业务投诉等服务，这其中必然涉及这部分岗位员工的服务规范。

本章首先对快递企业呼叫中心的地位和作用等进行了介绍，在此基础上对接听客户电话和拨打客户电话的具体操作规范进行了讲解，最后对客户提出的查询服务如何受理提出了作业的具体规范、技能要求和服务水平的要求。快递企业在加强自身电话客服人员的服务能力的同时，也提升了企业自身服务的客户满意度。

 课后阅读

服务以品质取胜——中外运敦豪客户服务中心

基本情况

中外运敦豪客户服务中心1997年创立，一直以来都在以提升客户满意度为目标，致力于成为世界一流的客户服务中心，创造并推动服务竞争优势，以期为客户创造更多价值。

中外运敦豪客户服务中心现主要负责DHL中国客户呼入业务，公司在北京（北方区）、上海（东方区）、广州（南方区）分别设立区域级呼叫中心，采用全国免费客户服务热线800-810-8000接入，并使用400-810-8000为手机用户提供服务。除了电话，还开通多种客户沟通和联络渠道。在运营方面执行严格的行业质量标准体系，在预定取件、服务咨询、跟踪查询、服务补救、重要客户支持、电子商务受理过程中精益求精，为客户提供全天候、一站式、个性化的信息、数据和客户服务，与客户建立长期的伙伴关系。

随着呼叫中心标准化和规模化的推进，逐步建立集中的客户服务中心网络，可以

171

迅速响应客户的需求，为客户提供 DHL 世界级标准的优质服务。多年来中外运敦豪的业务范围不断拓展，业务量持续飙升，客户群体不断增加。

中外运敦豪客户服务中心一直在逐步建立信息反馈机制和质量管理体系，从而确保服务不断提升，实现和衡量客户满意效果。提供的服务有如下几个特色：多渠道，通过多媒体客户互动方式，让客户随时随地与客户服务中心畅通联系；一站式，通过客户首次致电解决率和质量监控，确保真正达到一站式服务；全天候，全年 365 天的不间断热线服务，确保每次联络都可以迅速理解客户的需求，提供准确、详尽的信息和解决方案；个性化，通过主动查询、专人服务、快件保险等增值服务，让全球客户享受个性化解决方案；高绩效，拥有经验丰富的管理团队，应用标准规划客户服务中心发展方向和远景，并通过流程控制、业务监控等方式合理安排工作时间和人员配备，完成和保持 DHL 亚太区各项绩效指标的领先地位；满意度，为了确保在每一次联络中让客户满意，经过外部专业咨询公司的年度客户满意度调查结果，中外运敦豪的客户服务满意度在物流业位居首位，公司还每两年组织一次员工满意度调查，并通过行动，吸引优秀人才继续和公司共同发展。

人员管理

选聘人员工具。中外运敦豪客户服务部根据 DHL 亚太区甄选政策和流程，针对所有岗位，与人力资源部共同制定选材标准。为了确保甄选过程当中有效的应用，他们制定了详细的员工甄选手册，针对招聘的每个阶段都相应开发了对应聘者的甄选工具，以保证整个招聘甄选程序的连贯性和一致性。甄选包括以下几个阶段：应聘申请表、电话甄选测试、笔试+能力测试、CSA 结构化面试+素质测试、客户联络中心的实际观察、背景调查。

培训体系。客户服务部拥有完备的人员培训体系，包括：培训课程体系、培训讲师管理制度、培训效果评估和培训管理体系四部分。培训管理体系是把原本相对独立的培训课程体系、培训讲师管理制度、培训效果评估融入到整个培训体系中，尤其要和新员工的招聘，员工职业生涯发展相配合。

建立课程库（约 50 门），包括员工入职培训、员工在职培训、主管人员培训和专业经理人培训，通过电子课程及面授方式向员工提供培训；向员工提供业务知识及技能方面的标准化在职辅导；面向员工开展季度知识考核和年度业务知识比武；利用 E-learning 学习平台为员工进行基本业务知识培训和个人能力发展培训。

在职辅导工具。"在职辅导"是不同于培训的新理念，现代管理理论及实践均表明"在职辅导"对于前线员工业务技巧及服务水平的提升起着非常重要的作用。全国客户服务部编译开发客户服务代表在职辅导手册。手册对于规范客户服务代表在职辅导的流程，加强在职辅导的连贯性，乃至纠正在职辅导过程中的不足之处都有着重要的指导意义。管理人员针对所有员工每月安排固定次数的辅导，并编制辅导计划，每个员工都建有个人档案，所有辅导记录将被存档保留。

职涯发展规划。作为客户体验的窗口，中外运敦豪客户服务中心承载着塑造公司的服务形象和管理客户关系的重要使命。由此吸引和保留高素质的员工队伍，提供给他们更多可持续发展的机会是实现上述目标的重要因素之一。客户服务职业发展计划目标是为客户服务员工提供一个清晰的职业发展途径，并向全体客户服务员工传达一个清晰的信息：客户服务部将职业发展作为员工任期的完整部分，在每一个职位上给员工提供充分的发展机会。

中外运敦豪每年进行全国高级员工业务统考，跨职能组发展可根据职业生涯发展路线图在岗位空缺时提出申请，参与内部招聘。编写职业发展项目手册，对测评机构、统考自学、测试科目、报名时间、报名条件、测评校准、有效期限等做出明确规定。

流程管理

中外运敦豪客户服务部设计了完备、适用的流程管理体系，遵循 COPC 流程管理要求，并按照其框架对内部各职能组的业务及管理流程进行设置，包括：基本业务流程（开发新项目和服务、实施新项目和服务、流程实施、事故防范计划）、业务管理流程（人员排班、业务监控、业务量预测）、品质控制流程（流程控制、流程优化、流程审核）。

预约取件服务。当客户需要预约上门取件时，只需拨打全国客户服务热线。为了确保快件能够被及时收取，并顺利地在目的地清关、派送，在预约取件时坐席代表会向客户确认如下信息：公司协议账号、地址和联络信息；目的地国家城市和邮编；承运快件内容和重量信息；物品海关申报价值；上门时间和准备情况；约定的取件地点。同时还可以为客户提供快件包装、保险、清关等方面的建议。对于客户的特殊要求，坐席代表会积极帮助与相关部门协调。

在坐席代表登记取件要求的同时，预约取件系统将此要求同步通知作业部门，中外运敦豪的派送员将按照与客户约定的时间上门收取快件。

服务咨询。通过拨打 800-810-8000 客户可以方便地向客户服务代表咨询运费、转运时间、中国和目的地海关规定、禁（限）运品、发件地与目的地的节假日信息、快件尺寸和重量限制等一切与快件相关的信息。在整个过程中，坐席代表会主动、热情地帮助客户，并为客户提供准确、详尽的解答。

快件跟踪查询。中外运敦豪全球联网的查询系统可以同步传输每一票快件最新的转运信息。客户拨打 800-810-8000，只需提供快件的运单号码，随时都可以了解快件的最新状态。如果客户对快件还有其他的要求，坐席代表会在内部联络系统中详细地记录，在一个工作小时之内，负责查询的坐席代表会主动给客户回电，提供自己的姓名、分机号码、查询进展和下一步需要采取的行动。查询代表会密切关注、快速跟进客户的要求，每天按照与客户约定的时间回电，直至客户对结果表示满意。

主动查询。主动查询是中外运敦豪推出的增值服务。他们通过全球查询系统对客户发出的所有快件时刻保持关注，一旦快件由于某种原因超出了标准转运时间，坐席代表会在及时与 DHL 网络相关中转站、目的地展开查询，并及时通知客户快件查询进展，协助客户及时解决问题。通过积极主动的服务可以充分保证快件安全地送达收件人手中，并让客户完全放心他们的服务。

重要客户支持。根据客户的不同需求和适应市场变化动态，DHL 致力于为本地重要客户、网络重要客户及重要战略客户制定并提供具有 DHL 特色，以营销为导向的主动、增值服务和一站式服务。重要客户支持旨在加强与重要客户之间的关系，使客户感受到中外运敦豪超值的高品质服务，提升客户满意度、忠诚度，为公司增加收入。

电子商务。在电子商务时代，在"以客户为中心"的今天，中外运敦豪客户服务中心致力于将客户来电转由电子商务产品处理，旨在降低交易成本并加强客户保有率，同时它对收益性及客户忠诚度也会产生积极的作用。DHL 电子商务产品聚焦于便利性及多功能性，以期在吸引新用户的同时鼓励现有用户更广泛地使用该类产品。目前他们提供的电子商务产品包括：EasyShip（便捷发件系统）、WebShipping（网上发件）、SMSTracking（短信跟踪）、SMSProactiveNotification（短信即时送）、eTrack（电子邮件跟踪快件）。

课堂互动

实训主题：练习快递企业客服人员接听和拨打客户电话的服务流程。

实训形式：学生每5个人为一个小组。

实训任务：对呼叫中心的客服人员拨打和接听客户电话的服务流程进行练习，使学生掌握呼叫中心电话客服人员的基本工作内容。

实训步骤：

（1）学生温习接听和拨打客户电话的服务规范的有关内容。

（2）教师向学生提出问题，问题涉及拨打电话和接听电话时需要注意的细节。

（3）以小组为单位，学生分饰客户与呼叫中心坐席人员，对接听客户电话进行模拟训练，谈话内容为客户查询快件寄递的相关问题。

之后对拨打客户电话进行模拟训练，对话内容为询问客户使用后对快递企业服务的满意情况。

（4）小组互评，教师点评。

 复习思考题

1. 快递呼叫中心的含义是什么？它能实现哪些功能？

2. 简述呼叫中心在客户互动渠道上的作用。

3. 坐席人员的行为规范要求有哪些？

4. 接听客户电话的服务流程和注意事项有哪些？

5. 简述拨打客户电话的基本顺序和用语。

6. 拨打客户的移动电话（手机）的注意事项有哪些？

7. 查询受理人员的作业服务要求包括哪些方面？

案例分析

中国客服委：多家快递企业快件变蜗牛 服务电话不规范

中国服务贸易协会客户服务委员会（简称"中国客服委"）公布了对北京多家快递公司的暗访调查结果。

据悉，其调查的公司包括中国邮政快递（EMS）、美国联邦快递（FedEx）、顺丰快递、宅急送、申通快递、中通快递、圆通快递、汇通快递、韵达快递、海航天天快递（天天快递）等知名快递公司。

调查显示，我国快递行业服务存在揽收不及时、快递不快、服务不热情等问题，亟须改进提高。

揽收速度慢

EMS、中通快递、圆通快递公司在客户电话请求快递服务后1小时之内上门揽收，而其他快递公司上门速度都超过了1小时，个别企业竟然出现了1天后才上门揽收的情况。

为了调查快递速度，中国客服委将邮件分别通过10家快递公司从广州发至北京。结果表明，仅顺丰快递、EMS在2天内寄达，其他大多在3天寄达，而表现最让人失望的两家快递公司，用了 6 天时间才将邮件寄达客户手中，快件成了"蜗牛"。

服务电话不规范

在快递服务中，电话服务是客户与快递公司之间的第一接触点，服务热线已经成为快递公司服务形象最直接的体现。

暗访调查发现，EMS、FedEx、顺丰、宅急送拥有全国统一客服热线，各地客户均可直接拨打热线进行叫件，无需再次转接；拨打申通、中通和韵达的客服热线后，客服人员会提供区域性的叫件电话给客户，需要客户再次拨打。有些快递公司在网站公示的客服电话则一直无法接通，需要客户通过其他途径查询区域性营业网点电话或业务员电话进行电话叫件。

在上门电话预约方面，只有 EMS 和顺丰做到了揽收及投递前与客户进行预约确认，其他快递公司均未提供电话预约确认服务。

根据上述材料分析以下问题：

1. 目前国内快递企业的服务电话不规范具体表现在什么方面？为什么会出现这种情况？

2. 你认为快递企业在加强呼叫中心工作人员的工作规范上应如何去做？

第十章

快递服务人员与客户沟通的技巧

学习目标

学生通过本章内容的学习，熟悉快递企业服务人员与客户沟通时需具备的基本技巧，了解如何向客户更好地推介业务以及倾听客户的技巧，掌握接待客户技巧、拜访客户技巧、处理客户投诉的技巧、理赔服务规范、向客户道歉的技巧以及应对不同性格客户的处理技巧。

引导案例

某快递公司货物送错地方 快递员不认错反让顾客去投诉

客户的快件被误投，但快递公司派送员却矢口否认。面对如此的窘境消费者该何去何从？2011 年 8 月中旬，国家邮政局制定的《快递业务操作指导规范》正式颁布，但是新规的执行力让人堪忧。

快递送给了同事

小曼在合肥市马鞍山路一家广告公司上班，一个星期前她在网上淘了一下小饰品，可到了 23 日却迟迟没有送到。当小曼拨通送货的某快递公司快递员电话后，快递员的回答让她很无语，原来她的快递早就"被送到"了。

"对方告诉我，快递 19 日就送到公司，是我一个姓刘的同事签的收据，可我们公司上下根本没有人姓刘。"第一次遇到这样离奇的事情，小曼第一反应是送货员送错了地方。小曼告诉记者，19 日那天她就在公司上班，全天都没见人来送过快递，而且送货员也没给她打电话核实。怎奈送货员一口咬定快递已经送到，不但不认错，反而让她有问题就去投诉。

按照小曼提供的电话，记者随后联系上了这位快递员张某。在电话中，张某一再声称是刘先生签收了货物，可至于刘先生是谁，张某自己也说不清。"在同一家公司里，不是同事就是老总，让他签收据有什么错"，张某对所谓刘先生的身份是坚信不疑，而且就是小曼公司里的那位"刘先生"。为何不核实身份？面对记者的追问，张某有些不耐烦。"请你站在我的角度想一想，如果你一天要打七八十个电话，你也会这样做。"张某说完便匆匆挂断电话。

没收据不能投诉

"几十元钱的东西，丢了也就丢了，但实在咽不下这口气"。丢了货物不说，张某的态度让小曼更难以接受。可当小曼按照张某的"提议"拨打该快递公司的投诉电话时，更雷人的事情发生了。

"对方告诉我，投诉可以，但必须提供收据。可物品根本就没快递给我，我哪里去弄收据。发生这样的事情，是不是没有收据就不能投诉了"，小曼一怒之下誓要将维权进行到底。经过和对方的反复沟通，该快递公司留给小曼一个电话号码，让她直接找公司经理去理论。眼看着对方在"踢皮球"，小曼只好向记者求助。24 日下午，快递公司通过电话向其道歉，并答应赔偿其全部的经济损失。

一线队伍不好带

一直以来，市民对快递服务的诟病不断，围绕取货、送货、验货等快递基本环节的投诉频频发生，问题的症结到底出在哪里？安徽天禾律师事务所律师孙峰认为，快递行业的法律法规滞后以及监管不力是主要原因。虽然 2011 年《快递业务操作指导规范》千呼万唤始出来，但新规是否能落实还是一个问号。"新规中规定，代收时，收派员应当核实代收人身份，并告知代收人代收责任。很显然张某的行为是不对的，但是如何处理这样的行为，新规却没有规定"。孙峰认为，当新规不能约束从业人员时，仅仅靠行业自律是不够的，而是要进一步健全法规，建立起有效的监管制度。

快递公司的唐经理则坦言当下一线队伍不好带。"公司很早就有一套制度，快递员被投诉除了要扣钱，严重的还会被开除。但可惜的是，依然有人不遵守规则制度"，唐经理告诉记者，公司的投递员因投诉被开除时有发生。但快递行业一线从业人员需求量大，工作节奏快、工作风险高、收入较低等，也都是不争的事实。

思考：

快递企业在处理客户投诉时应如何面对？有哪些处理的技巧？

快递服务与客户沟通的渠道，主要包括电话、网络、短信、信函、现场接待等形式。沟通内容主要包括业务咨询、业务受理、业务查询、业务推介、客户满意度、客户投诉、服务承诺。其中，服务承诺应包括服务时限的承诺，包括快递企业提供的各类服务的服务时限；有关赔偿的承诺，包括索赔因素、赔偿原则以及投诉处理承诺，包括投诉受理程序以及投诉处理时限受理索赔期限；附加服务的承诺。

第一节　快递服务人员推介业务技巧

一、了解客户需求

快递企业作为服务型企业，在业务处理时要实现与客户的有效沟通，就必须首先了解快递客户的需求。比如，联邦快递的口号是"使命必达"，EMS限时速递业务的承诺是"限时未达，原银奉还"，这些服务承诺都是为了满足客户的物件及时安全送达的需求。

快递客户涵盖的范围较广，既涉及企业大客户，也有用邮量较少的小客户，快递服务人员对不同层次的客户的需求都要了解。

（一）快递客户的需求特点

一般而言，快递企业的客户在服务需求方面具有以下特点。

- 各层次的客户有可识别的人口统计特点。快递企业可以总结归纳出某一层次的消费者最显著的、不同于其他层次消费者的人口统计特点，用以确切地识别客户，帮助企业了解该类客户的需求特点、行为模式与偏好。

- 不同层次的客户需要不同档次的服务，愿意为不同服务水平和质量支付不同价格。快递企业应对不同的客户群体实行差异化服务，对重要大客户实行精益化、个性化服务，对潜在客户加强沟通，密切往来，实施情感投入和情感渗透。如建立完整的大客户档案并对大客户开展全面营销和维护工作。

- 不同层次的客户对相同的服务有不同的反应，对快递企业的利润率有不同影响。较高层次的客户对新服务的反应更强烈，更有可能增加购买量。

- 不同驱动因素引起不同层次的客户的购买行为并影响他们的购买量，快递企业可通过对不同层次的客户提供差异化的服务组合，刺激客户成为更高层次的客户。

课堂案例　顺丰快递——一切为了客户

顺丰快递积极探索客户需求，为客户提供快速安全的流通渠道；顺丰快递不断推出新的服务项目，帮助客户更快更好地根据市场的变化而做出反应；缩短客户的贸易周期，降低经营成本，提高客户的市场竞争力。除了在公司内部培养一批中流砥柱以外，顺丰快递更不断从其他行业吸收精英，以满足业务高速发展以及服务不断完善的需要。

顺丰快递致力于加强公司的基础建设，统一全国各个网点的经营理念，大力推行工作流程的标准化，提高设备和系统的科技含量；提升快递员工的业务技能和素质，努力为客户提供更优质的服务，不遗余力地塑造顺丰快递这一民族快递品牌。

顺丰快递以客户需求为核心，建设快速反应的服务团队，谨守服务承诺。顺丰快递提供灵活组合的服务计划，更为客户设计多种免费增值服务及创新体验。顺丰快递全天候不间断提供亲切和即时的领先服务。

（二）快递客户需求的类型

通常来讲，快递企业的客户按照其需求的共性和个性进行分类，分为以下三种。

1. 快递客户的普遍性需求

一般客户都具有这种需求，它指的是对快递服务的迅速、准确、安全、方便的普遍性需求。

2. 快递客户的特殊性需求

所谓特殊性需求，即某一类客户的特定需求。例如有些快递客户要求价格低，有些客户在意邮件的安全性，有些客户在时限上有尽量快的要求，等等。不同的快递客户由于出发点不同，对快递服务各要素的重要性排序也不同。

3. 快递客户的个性化需求

个性化需求是指客户根据自己的身份、职业、性格、个人爱好、经济承受能力等自身情况，选择适合自己的快递产品或服务的需求。网络下单业务、代收货款业务、指定时间收派业务等，都是快递企业针对客户的个性化需求而推出的个性化服务。

二、问题切入的方法

课堂案例　天才推销员

在美国费城，有一个名叫那佛的人。几年来，他一直想向当地一家规模很大的连锁商店推销煤炭，可这家连锁商店却总是到别处购买煤炭。一天晚上，那佛参加一位专家的讲习会，告诉专家他对那家连锁商店的种种不满。专家建议他采用其他推销方法。为此，专家还特别准备以"连锁商店的普及对国家是否有害"为题组织一场辩论会，将参加者分为两派，并指定那佛采取维护连锁商店的立场。

那佛知道后，便立刻去见连锁商店的负责人，很坦率地告诉他："今天，我来这儿并不是向你推销煤炭，而是想请教您有关连锁商店的知识，希望能在辩论会上驳倒对方。"结果，那佛原本约定与这位负责人只谈 10 分钟，结果却谈了 1 小时 47 分钟。那位经理不仅谈了他本人经营连锁商店的经过及连锁商店的作用与地位，而且还送给那佛关于连锁商店的资料。临走时，那位负责人高兴地把那佛送到门口，并说："春季开始，你再来找我，我想向你买煤炭。"

前几年，那佛向他施展各种各样推销术，均无功而返；而这次，那佛只不过对客户所关心的问题给予了同样的关心，花了不到两小时的时间，竟打通了销售之路。这个小故事给我们最大的启示是：接近客户，要以客户所关心的问题作为切入点。

接近快递客户，向其推介快递业务一定要从客户关心的问题为出发点，并很好地为客户做出满意的解答，这是开发客户并留住客户的最佳手段。从实质上说，这也就是对客户提出的某些异议进行有效的回答。

一般来说，快递客户最关心的问题主要是来自快件的价格费用、时效性、安全性三个主要方面。

1. 价格类异议

（1）常见价格类异议举例。

客户说：您们快递公司的价格贵了，人家××公司只要××元钱！

建议回答 1："×总，如果只从价格上比较我们是比有些公司贵些，但是我们作为快递品牌企业会带给您和您的客户更满意的服务。"

点评：认可客户异议，不要顶撞客户。

建议回答 2："我想您选择寄快递一定是很重要的东西，您除了注重价格外，也同样注重安全和您公司给客户的印象吧。"

点评：理清客户核心需求，在了解客户需求之前不要给出具体的解释或者方案。（还可以问客户寄到哪里去，并表示我们在网络方面的优势也是十分明显的。）

建议回答3："您可以先用我们的服务寄一段时间，这样就能够体会到我们的安全、速度和服务完善，我相信会让您感觉到我们公司的这个价格物超所值。"

点评：对比分析完后马上提出成交要求，成交才是话术的核心内容。

建议回答4："您要是实在觉得价格不适合，我们还有经济型快递产品等业务，资费更加实惠，我给您介绍一下好吗？"

点评：如客户非常注重价格，我们可以把资费相对便宜的业务推介给客户。

下面举例错误回答并进行点评。

错误回答1："不贵了，像您这样的大公司（老板）又不是出不起。"

点评：如果拿我们公司的价格和其他公司比，可能我们的价格是贵些，这点我们要承认。很多时候客户并不是出不起钱，而是需要一个合理的解释，要让客户觉得钱花得值。

错误回答2："这是上面领导规定的，我也没有办法。"

点评：这样说的意思有两层：其一好像说，"我就是这个价了，你爱寄不寄！"这是粗暴对待客户的做法；其二好像说，"是单位里面规定的，这没我什么事！"这是典型的推卸责任的做法，实际上在客户的眼里，你就代表着快递企业的形象。

（2）价格类异议处理技巧。

① 先承认价格有差别；

② 在了解客户的核心需求情况下给出建议；

③ 转移角度法，如将客户注意力转移到品牌价值、安全性上；

④ 推介其他的服务。

2. 时限类异议

时限类异议是指客户提出了有关快件什么时候能到，或者询问为什么快件还没有到的问题。此类问题处理不好就会大大降低客户的满意度，从而造成投诉或者客户流失。

（1）常见时限类异议举例。

客户问："我的邮件怎么还没有到？"

"快件是别人寄给您的，还是您寄出去的？"

点评：出口的邮件可控力小些，进口的邮件你能把事情做得更好，所以要先分清进出。

"请您告诉我您的邮件号码。"

点评：用邮件编号查询是最简单的方法。

"好的，我帮您查一下，看看快件到哪里了，我十分钟以内给您回电话。"

点评：安抚客户情绪最好的方式是我们能够马上积极地行动。客户既然催件，肯定是比较急的东西，先把手头事情停停，花10分钟时间上网或者打当地的快递客服电话查询。

（如果 10 分钟内没有查到邮件信息，也务必给客户回电话。）

（如是出口快件）

若有详细信息："您的邮件已经到了××了，我已经打电话给我们公司当地的同事了，会给您优先投递的。由于我们工作的问题给您添麻烦了，请您原谅，您还有问题就请打我电话。"

若无详细信息："（先告诉客户该邮件的最后信息）暂时在信息系统上没有查到邮件的进一步信息。我们的客服人员会进一步跟踪查询该邮件，然后第一时间给您答复。由于我们工作的问题给您添麻烦了，请您原谅，您还有问题就请打我电话。"

点评：客户要的就是我们能够积极解决问题，而一般都能容忍稍微延误邮件，但是如果我们不能积极有效解决客户问题，矛盾就会扩大。

（如是进口快件）

若有详细信息："您的邮件已经到了××了，我会告诉我的同事，只要您这个邮件到了他就马上通知我，我会马上把它给您送过来。由于我们工作的问题给您添麻烦了，请您原谅，您还有问题就请打我电话。"

若无详细信息：（先告诉客户该邮件的最后信息）在信息系统上暂时没有查到邮件的进一步信息。如果邮件到达，我们会第一时间安排投递（给您送过来）。由于我们工作的问题给您添麻烦了，请您原谅，您还有问题就请打我电话。"

点评：这样做反而能够把一次客户的信任危机，转化成一次拜访客户和服务客户的机会，辛苦点又有什么关系呢？

错误回答 1："你打客服电话查一下吧，我也不是很清楚。"

点评：客户才不管你是快递企业哪个部门的人，他既然问你，你就是你所在的快递企业的代表。客户问你证明客户信任你，这是一次为客户解忧的大好机会，千万不要一股脑推给电话客服人员，否则，你是轻松了，客户却郁闷了。

错误回答 2："你不要急，说不定明天就到了。"

点评：这是不负责任的回复，不仅不能解决问题，还会让客户对我们的快递企业产生负面的情绪。

（2）时限类异议处理技巧。

① 只能给出到达时间范围（限时速递除外），而且是在有把握的前提下；

② 不推脱责任，态度积极地进行回应；

③ 如延迟应真诚道歉。

3. 安全类异议

（1）常见安全类异议举例。

问题 1

客户说："我寄的东西万一丢了怎么办？"

建议回答："你寄什么东西？"

点评：对于高价物品一定要建议客户买保险，一般物品只要表达出我们的快递企业安全性有保障即可。但是要注意估算客户投递物品的实际价值是否和保价金额相当，以避免骗保现象。还有对于易碎品快件或者其他不适宜快递的物品，最好和客户事先解释清楚邮政的法律法规，让客户清楚损坏责任要自负，避免不必要的麻烦。

建议回答："我们的快递企业是目前国内最安全的快递公司。我们是专网、专线、专人负责，一般不会发生丢失。如果您还不放心，建议您考虑保价或保险。"

错误回答1："我们的服务是最安全的，丢不了，你放心。"

错误回答2："那我也没有办法，其他快递公司也可能会丢件的，邮政法规定只能按照您支付邮资的两倍进行赔偿。"

问题2

客户说："我寄的东西万一破损了怎么办？"

建议回答："您寄的是什么东西啊？"（不易寄递的不要收寄）

（可以收寄的）"我们这家快递公司在运输过程中采取了许多措施来保护您的邮件，例如易碎的物品我们有专用的包装材料，封袋上有专门的标识，并有专人监管等。相比国内其他快递公司，我们公司的安全性是比较高的。"

点评：我们无法承诺一点破损也不发生，但是可以向客户清晰解释我们的保障措施。话讲到这个程度就可以了，不要谈到怎么处理，因为这样讲就是在暗示破损一定会发生。

错误回答："这种情况在所难免，一般只要不影响里面物品的使用就可以了"。

点评：这又是一种损害企业自身形象的回答方式。如果我们都认为在所难免的话，客户就不敢信任我们了。对于此类敏感问题一定要谨慎回答，不要让客户觉得此类事情在你所在的快递企业是家常便饭。

（2）安全类异议处理技巧。

① 对于高价物品建议客户保价；

② 对于易碎物品一定要提前向客户阐明法律法规及责任归属；

③ 对于丢失的问题强调我们的安全措施；

④ 对于破损的问题强调我们的包装安全措施。

第二节 快递服务人员倾听的技巧

倾听是一种情感的活动，它不仅仅是耳朵能听到相应的声音，还需要通过面部表情、肢体的语言以及口头语言来回应对方，传递给对方一种你很想听他说话的感觉。因此倾听是一种情感活动，在倾听时应该给予客户充分的尊重、情感的关注和积极的回应。

倾听的"听"字繁体字的写法是"聽"。从听字的繁体结构中可以看出，倾听时不仅要用"耳朵"，还要用"心"，用"眼睛"，更重要的是要把你对面的那个人当成是帝王，充分地去尊重他。

图 10.1　倾听的内涵

一、倾听的目的与倾听者的特征

1. 倾听的目的

一位客户打电话给快递公司说："我是你们的大客户，你们提供的服务价格不是非常有优势，安全性也不是非常高，我为什么还要使用呢？"

一位客户在抱怨时说："我凭什么非要使用你们的业务，又不是只有你们一家快递企业有，你们对客户的需求做过调查吗？你们针对不同客户量身定做过特定服务吗？就是有，那也是你们自己定的，不一定适合客户！"

遇到上面这样的情景应如何倾听呢？不论是大客户或是普通客户，都有自己的心声。而他们的心声对企业来说都是一笔可贵的财富。为客户服务的时候，企业应该多问问客户需要什么，让他们说出自己想要的东西。企业只有了解客户需要什么，了解客户的需求和想法，才有可能为客户提供个性化服务，为客户提供有价值的产品和服务。企业就是要做一个善于倾听、懂得倾听客户心声的合作者。

一项调查显示："一个满意的客户会告诉其他四五个客户有关他满意的体会，100个满意的客户会带来 25 个新客户，每一次客户建议或投诉，就意味着还有 20 名客户有同感，只不过他们懒得说罢了，问题得到解决的客户有 70% 会成为企业最忠诚的客户。"因此，多倾听客户心声，及时采纳客户意见，不失为改善服务的一种有效举措。只有多向客户了解快递服务中存在的不足，多听取客户的意见和心声，才能不断完善我们的服务。只有更多地了解客户需求，才能制订出适合客户消费需求的服务良方，与客户共同成长。

多倾听客户心声，我们才能积极主动服务，真正做到急客户之所急。想客户之所想，客户所提出的问题和需求，其实就是我们努力的方向。因此，多了解客户，为客户提供有效帮助和有效服务，让客户感觉到，使用我们的产品重要的是享受到一份贴心的人性化关怀，这可增加客户的满足感，从而不断吸引和留住客户。

多倾听客户心声，积极与客户沟通，获得更多的服务需求和产品需求的信息反馈，不断捕捉更多的客户心理需求信息，可以帮助快递企业作出更为正确的决策，让客户得到更多的享受优质快递服务的愉悦感。

2. 高效与低效倾听者的特征

一名快递服务人员是高效的倾听者，还是低效的倾听者，可以通过很多因素反映出来。表 10.1 分析了高效倾听者和低效倾听者各自不同的特征。

表 10.1　　　　　　　　高效倾听者与低效倾听者各自不同的特征

高效倾听者	低效倾听者	高效倾听者	低效倾听者
专注	注意力分散	理性	感性
及时反馈	漠不关心	表现出极大的兴趣	以自我为中心
警惕	受到外界干扰	耐心	主观臆断
理解	迟钝	谨慎	无计划性
关注	自满	宽容	自我保护
感同身受	置身事外		

二、有效倾听的技巧

1. 集中精力，专心倾听

这是有效倾听的基础，也是实现良好沟通的关键。要想做到这一点，快递服务人员应该在与客户沟通之前做好多方面的准备，如身体准备、心理准备、态度准备以及情绪准备等。疲惫的身体、无精打采的神态以及消极的情绪等都可能使倾听归于失败。把可以用来信手涂鸦或随手把玩等使人分心的东西（如铅笔、钥匙串等）放在一边，有助于避免分心。

2. 不随意打断客户谈话

随意打断客户谈话会打击客户说话的热情和积极性，如果客户当时的情绪不佳，而快递服务人员又打断了他们的谈话，那无疑是火上浇油。所以，当客户的谈话热情高涨时，可以给予必要的、简单的回应，如"噢"、"对"、"是吗"、"好的"，等等。除此之外，最好不要随意插话或接话，更不要不顾客户的喜好另起话题。

禁忌用语：

"等一下，我们公司的快递服务绝对比你提到的那家公司好得多……"

"您说的这个问题我以前也遇到过，只不过我当时……"

3. 谨慎反驳客户观点

客户在谈话过程中表达的某些观点可能有失偏颇，也可能不符合你的口味，但是要记住：客户永远都是上帝，他们很少愿意快递服务人员直接批评或反驳他们的观点。如果你实在难以对客户的观点做出积极反应，那可以采取提问等方式改变客户谈话的重点，引导客户谈论更能促进业务推介的话题。例如可以这样说：

"既然您觉得我们公司的快递服务价格高，那您不担心用小快递公司您的邮件丢失吗？"

"您很诚恳，我特别想知道您认为什么样的产品报价才能令您满意？"

4. 用信号表明你有兴趣

可以用下列方式表明你对说话内容感兴趣。

保持视线接触：聆听时，必须看着对方的眼睛。

让人把话说完：让人把话说完整并且不插话，这表明你很看重沟通的内容。

表示赞同：点头或者微笑可以表示赞同正在说的内容，表明你与说话人意见相合。

放松自己：采用放松的身体姿态，就会得到这样的印象——他的话得到你完全的关注了。

这些信号能使与你沟通的人判断你是否正在专心听取他所说的内容。

5. 及时总结和归纳客户观点

这样做，一方面可以向客户传达你一直在认真倾听的信息，另一方面，也有助于保证你没有误解或歪曲客户的意见，从而使你更有效地找到解决问题的方法。例如：

"您的意思是想先免费试用一次我们的快递服务再决定是吗？"

"如果我没理解错的话，您更喜欢资费价格稍低的快递服务种类，对吗？"

6. 检查自己的理解力

检查自己是否听得真切，并且确定自己真正理解了对方说话的含义（尤其是在打电话时），可以按照如下的方法来做。

（1）解述信息：把听到的内容用自己的话复述一遍，就可以肯定是否已准确无误地接收了信息。

（2）提出问题：通过询问，可以检查自己对信息的理解，也能使说话者知道你在积极主动地聆听。

7. 充分尊重对方的立场

每个人都有他的立场及思维方式。快递服务人员必须从客户的角度分析实际问题，仔细地倾听他所说的每一句话，不要用自己的价值观去指责或评判对方的想法，要与对方保持共同理解的态度。

三、倾听的注意事项

（1）尽可能地让客户多说话，他们说得越多透露的信息就越多，而且在说的过程当中，他们会逐渐坚定购买决心。

（2）要真诚地聆听客户的谈话，不要假装感兴趣。

（3）在合适的时候对客户的话作出回应，否则客户会认为你无心倾听，从而造成业务推介的失败。

（4）可以稍微记录客户说话的要点，但是不要只顾着埋头记笔记，因为那样的话，会令客户对谈话失去兴趣。

（5）即使客户谈论的话题非常不符合你的口味，也不要显示出排斥心理，有可能的话可以引导客户换一个话题。

（6）不要随意打断客户谈话，即使认为客户的某些观点不正确，也不要随便打断或纠正。

（7）对待客户有情绪的话不要过分敏感。

四、倾听的辅助方式——提问

1. 提问的目的

（1）仅善于听是不够的

现在的服务行业面临着一个同样的困扰，那就是几乎每一名服务人员在一线的服务岗位上都在进行着一种超负荷的工作，所承受的工作压力都是非常大的。

像 FedEx 和 DHL 这样的全球型快递企业，它们客户服务中心的服务人员每天接听电话的数量一般都会超过 260 个。每天去接这样大量的电话，员工势必会非常疲惫，这样就会导致服务质量的下降。这些企业的客户服务部门对员工都有一个接通率的要求。如果服务人员只是让客户讲，他听，而且还表现出很有兴趣听的样子，那么一碰到滔滔不绝的人，把他所有的遭遇没完没了地讲给服务人员听，那么这名服务人员就很难完成接通率的任务了，而且别的客户的电话必然打不进来，同样会导致企业服务质量的下降。

在服务过程中，服务人员只善于倾听是远远不够的，也是很难给客户提供满意的服务的，还应学会怎样去结束客户的谈话等服务技巧。

（2）提问的目的

服务人员在倾听的过程中，应该迅速地把客户的需求找出来。如果客户的需求不明确，服务人员必须帮助客户找到一种需求，通常情况下就是通过提问来达到这种目的。提问的目的就是能迅速而有效地帮助客户找到正确的需求。

当然，服务人员提出的问题都应该是有针对性的，然后帮助客户来作出相应的判断：他的需求是什么。一些优秀的服务人员往往通过几个问题就能迅速找到客户的核心需求究竟在哪里。

2. 开放式问题的使用技巧

开放式问题就是让客户比较自由地把自己的观点尽量都讲出来。这种提问的方式可以帮助服务人员去了解一些情况和事实。比如当病人去医院看病时，医生问病人哪里不舒服，这就是一个开放式的问题。开放式的问题可以帮助服务人员了解客户的需求，问题出在哪里。

一般来说，在服务一开始时，服务人员使用的都是开放式的提问。但对于开放式的问题，客户的回答也可能是开放式的，很多时候根本起不到有效缩短服务时间的作用。因此，在很多时候服务人员还需要采用封闭式的问题进行提问。

3. 封闭式问题的运用技巧

封闭式问题的运用是完全帮助客户来进行判断，客户面对你的问题时只需要回答是或者不是。封闭式的提问需要服务人员本身有很丰富的专业知识。大量地运用封闭式问题还有一个前提就是所有的回答都必须是肯定的。

如果所有的回答都是肯定的，那么你的客户就会觉得你真的很职业，因为你有非常准确的判断能力。服务人员能正确地、大量地运用封闭式的提问，能充分地体现出这名服务人员的职业素质。

4. 如何使用提问技巧来妥善地解决客户的需求

在提问技巧中开放式和封闭式两种问题都有必要，那么一般情况下如何使用呢？通常都是先提一个开放式的问题，如"有什么需要我帮忙的吗？"然后马上又转入封闭式的问题，两种提问的技巧交互使用，迅速地判断出客户的问题所在。当然如果服务人员能够很成功地运用封闭式的问题，马上就把客户的问题找到，那么说明他的经验非常丰富，因为多数服务人员在提封闭式问题的时候都是运用个人的经验来作出判断。

小资料

下面是中国邮政速递针对自身的服务而对用户提出的问题，请你判断下列提问哪些是开放式的问题，哪些是封闭式的问题。

你对 EMS 有什么意见？　　　　　　　　　　　　　　□开放式问题□封闭式问题

使用本次业务时，是你亲自与 EMS 联系的吗？　　　　□开放式问题□封闭式问题

选择邮政速递你最主要的考虑因素是什么？　　　　　□开放式问题□封闭式问题

其他快递公司提供的服务一般比我们好吗？　　　　　□开放式问题□封闭式问题

EMS 的服务质量您是否满意？　　　　　　　　　　　□开放式问题□封闭式问题

第三节　客户维护工作的技巧

一、客户接待与拜访技巧

（一）接待客户的技巧

图 10.2　接待客户的流程

1. 职业化的第一印象

对客户来讲，他非常关注对面那个人带给他的第一印象究竟会是怎么样的。对快递服务人员来讲就是你穿着怎么样，给别人感觉你是不是很专业，最好让你的客户一看到你就能很快地判断出你的职业，甚至你的职业水准。例如：你去医院看病，医生办公室门一开，你通常就能看出来，这个人是专家，是实习医生，还是护士。因此，服务人员在欢迎客户时一定要呈现出一个非常职业化的第一印象。

2. 欢迎的态度

态度在这里是非常重要的，因为它决定着客户对于整个服务的一种感知。欢迎的态度对客户来说确实是非常重要的，你在一开始时应该以怎样的态度去接待客户，将决定你整个服务的成败。所以，对于快递服务人员来说，在欢迎客户时，一定要时常发自内心地展现微笑，要以一种欢迎的态度对待客户。

3. 关注客户的需求

关注客户的三种需求，即信息需求、环境需求、情感需求。

① 信息需求就是向客户介绍所有他想了解的信息。为了满足客户的这种信息需求，就要求服务人员事先做好充分的准备，不断地充实自己的专业知识。因为只有服务人员很专业，才有可能为客户提供令客户满意的服务，才可能满足客户对信息的需求。

② 环境需求就是尽可能为客户提供好的服务场所。例如，如果这次服务需要等候很长时间，那必须有一些书刊、杂志等供客户阅读。为不同类别的客户提供不同的消费环境，是留住客户的一个重要手段。

③ 情感需求就是要设身处地地从客户的角度着想。客户都有被赞赏、同情、尊重等方面的情感需求，服务人员需要理解客户的这些情感。满足客户这种需求的难度是相当大的，要做好这方面的准备工作也是相当不容易的，这时就需要服务人员有敏锐的洞察力，能够观察到客户的这些需求并加以满足。

4. 以客户为中心

服务人员应该紧紧以客户为中心，时刻围绕着客户，这就意味着当你为这个客户提供服务时，即使旁边有人正在叫你，你也必须先跟客户说，"非常抱歉，请您稍等"，然后才能去和别人说话，一说完话马上就接着为客户服务。让客户觉得你比较关注他，以他为中心，这一点往往能收到很好的效果。

（二）拜访客户的技巧

┃ 课堂案例　为了客户的一切 ┃

卢某是南方某省省邮政速递物流有限公司 N 市分公司同城业务部主任。"一切为了客户，为了客户的一切，为了一切客户"，这是卢某营销工作的座右铭。

在与国内某保险公司业务洽谈中，当双方在价格方面无法达成共识时，为确保公司的利益，同时保证不流失客户，卢某把对方视为朋友，真心以待，让客户感受到邮政速递的真诚与热情。经过数十次耐心细致的沟通，终于打动了客户，双方建立了长期合作关系。

　　在一次拜访客户时，卢某听到相关负责人无意中说了句"今天儿子过生日"后，立即以私人名义订了生日蛋糕和鲜花送上祝贺。"礼轻情义重"，他的细心给客户留下了深刻的印象，双方的业务商洽也非常顺利，合作范围越做越大。

　　要认真做好拜访前的准备。首先，客户经理要设定拜访目标，对准备走访的客户进行分析，了解重点客户、一般客户，根据客户不同的经营情况、性格、习惯制定好不同的拜访策略。其次，要充分了解公司近期的销售方针、新产品的特点及本次拟拜访客户的相关信息等，检查要带的拜访资料是否齐全。客户经理在拜访客户之前，还应检查一下自己的穿着，穿着是给客户的第一印象，得体的穿着能让客户的心情放松。

　　要巧妙运用肢体语言。客户经理在见到客户时，应巧妙地运用一些肢体语言。

　　走路：客户经理的走路方式会成为客户认可的重要因素，客户可以从客户经理走路中看出其自信心。

　　微笑：微笑如同一剂良药，能感染与之接触的每一个人。没有一个客户会对一位终日愁眉苦脸、深锁眉头的客户经理产生好感。能以微笑见人，让客户也产生愉快情绪的客户经理，是最容易争取客户好感的。客户经理应该用微笑来增进客户对你的感情，密切彼此间的关系。

　　握手：握手也能表达客户经理的信任、自信和能力。当然有的场所就不适合握手，也有些客户不愿意握手，所以，为了避免拜访那些不愿意握手的客户出现尴尬的局面，客户经理可以保持右手臂微曲放在体侧，当对方伸手时，有所准备。

图 10.3　快递营销员与客户握手

　　要营造轻松和谐的开场氛围。在客户开口之前，客户经理要以亲切的音调首先向客户问候。问候的方式决定于多方面因素，见面的环境也同样影响着客户经理的问候方式，如果记住了客户的名字和称呼，那最好不过了。客户经理在与客户交谈的前几句话中，最好不要谈工作、业务生意上的事情，如"最近您使用我们的快递业务了吗？"

189

这些见面语，容易让客户认为客户经理上门走访就是为了谈业务，除此之外没有别的可说了。营造一个好的开场氛围，容易拉近与客户之间的距离。

交谈时应注意的问题。客户经理在与客户交谈时应注意以下几点。

要真实具体。谈话需结合客户实际，不可讲大话，也不能漫无边际，要尽量让客户说话，自己做一名耐心的聆听者。不要言而无信。谈话要言行一致，不可轻易向客户许诺，但许下的诺言必须付诸行动。一次违约毁信，就有可能影响到拜访的效果乃至企业的销售工作。禁止问及对方的隐私。客户都不喜欢别人谈及自己的隐私、禁忌的话题，客户经理应做到避而不谈，否则有意地谈及客户的隐私，会让客户产生反感。

要口、手、眼相结合。拜访时除了与客户交谈外，还要用眼去观察，如看客户柜台酒的摆放率，酒的库存情况等。此外，还可以主动为客户摆放标签、整理柜台、美化店容，帮助打扫卫生等，做一些力所能及的事情。细微的服务往往会打动客户的心，加深对拜访者的印象，会起到"无声胜有声"的效果，无意中为企业树立了良好的形象。

要让客户感到有优越感。每个人都喜欢别人的赞美，好听的话谁都爱听，客户也不例外，大部分客户都过着平凡的日子，而且平常还承受来自不同方面的压力，他们都想尝试一下优越于别人的滋味。对那些销量好的、能积极配合公司各项工作开展的客户，客户经理应学会肯定他们的工作，表扬他们的业绩，对于他们认为值得自傲的事情加以赞美。几句赞扬、恭维的话，会让他们产生优越感，从而提高他们的购买热情、信心。客户的优越感被满足了，彼此间的距离就会拉近，能让双方的合作关系向前迈进一大步。

二、客户投诉的处理技巧

图 10.4　客户投诉处理流程

（一）有效地处理客户投诉的意义

对客户服务工作来讲，投诉的处理是一项非常具有挑战性的工作，而对快递服务人员来讲，如何能够有效地处理客户投诉是一个亟须重视和解决的问题。投诉对一家快递企业、对服务人员来讲它的意义在哪里呢？

1. 投诉能体现客户的忠诚度

客户去投诉，很重要的一点是需要得到问题的解决，此外客户还希望得到企业的关注和重视。有时客户不投诉，是因为他不相信问题可以得到解决或者说他觉得他的投入和产出会不成比例；而投诉的客户往往是忠诚度很高的客户。总之，有效地处理客户投诉，能有成效地为企业赢得客户的高度忠诚。

那些向企业提出中肯意见的客户，都是对企业依然寄有期望的人，他是期望企业的服务能够加以改善，他们会无偿地向你提供很多信息。因此，投诉的客户对于企业而言是非常重要的。

2. 满意度的检测指标

客户满意度的检测指标是客户的期望值和服务感知之间的差距。客户满意度的一个检测指标是服务质量的五大要素，即有形度、同理度、专业度、反映度、信赖度。而客户投诉在很多时候是基于服务质量的五大要素进行的。因此，对客户投诉进行分类，很多投诉都可以归入这"五度"中，即对有形度、同理度、专业度、反映度、信赖度等"五度"的投诉。

3. 投诉对企业的好处

客户投诉的作用就在于：当快递企业妥善地处理了客户的投诉后，可以把投诉所带来的不良影响降到最低点，从而维护企业自身的形象。

也许企业的产品有问题，会有投诉，但如果有很好的处理方法，最终会挽回客户对企业的信任。

（二）处理客户投诉的技巧

1. 预测客户的心理需求

服务人员在处理客户投诉时，不管面对的是客户怒气冲冲找上门来，还是客户在电话里不停地一顿臭骂或者服务人员到客户那里提供上门服务，都应认识到客户可能有以下三个方面的需求。

（1）预测客户的信息需求。

通常客户的投诉，往往都是由于企业服务失误而造成，服务人员就应该知道产品或服务可能会出现哪些问题，需要迅速地帮助客户判断问题产生的原因，这就是人们所说的信息需求。服务人员要告诉客户，您这个问题是由于这个原因而导致的。

（2）预测客户的环境需求。

客户投诉时一般情绪都比较激动，服务人员就必须提供一个特定的环境来帮助客户解决这些问题。如果服务人员没有这方面的经验，就很有可能导致在大庭广众之下，在很多人面前与客户发生激烈争执，就会引起很多人的围观，造成秩序的混乱，进而造成服务质量的严重下降，更大的恶果是严重地损害了整个企业来之不易的良好企业形象。

因此，对服务人员来讲，他应该目光很敏锐，通过客户的一句话，甚至走路的姿势，就能判断这个客户的素质怎么样，有没有可能大吵大闹，会不会有什么过激的行为，一旦发现客户有一点点这样的苗头，就应该马上提供一个特定的环境，让其坐下来，给其倒一杯水，然后心平气和地和客户进行交流，这是预测环境的需求。

（3）预测客户的情感需求。

客户在投诉时，他需要得到一种发泄，而对一名服务人员来讲，在接待客户时，他必须能够预测到客户有这样一种情感的需求，去加以理解。可以说，"真的很抱歉"，也可以用这样的一些话语，"我非常理解您现在的心情，我会尽我自己最大的努力来帮您解决这个问题，来，您先坐下来，我们慢慢来谈"，这就是关注客户的情感需求。

2. 满足客户的心理需求

服务人员满足客户的心理需求的主要方式就是"道歉"。客户在投诉时，首先他需要有一个人站出来承担这件事情的责任。如果服务人员在处理投诉的时候，能够在一开始时先去真诚地致歉，那么客户的这种心理需求就能得到满足。而在很多时候，服务人员却都在努力推卸自己的责任，这样只会更加激怒了客户。如果一开始就承担责任，就表示道歉，客户的态度会很快地变得缓和，就会有一个比较好的谈话氛围。因此，服务人员要满足客户的心理需求。

3. 用开放式问题让投诉的客户发泄情感

处理投诉的原则是先处理情感，后处理事件。因此，服务人员应该一开始就稳定客户的情绪，然后再提出一个开放式的问题，把客户的精力放到具体的事情上去。服务人员在倾听的过程中，客户的情感也得到了一种发泄。

因此，应该用一些开放式的问题，给予客户一个发泄情感的渠道，让他去发泄自己的愤怒和不满。在处理投诉时，应该避免大量地使用封闭式问题，因为封闭式的问题往往会更加激怒客户，他会觉得，服务人员是在推卸责任。

4. 用复述情感以表示理解

客户在发泄情感的过程中，服务人员应该认真地倾听，表示同情，还应该去复述情感以表示理解，这样客户的心情就会逐渐地好起来，相互之间的谈话就可以转移到解决问题上来。

5. 提供信息来帮助客户

等客户的情绪稳定下来后，服务人员就要提供更多的信息来帮助客户解决，也就是说服务人员应该运用他的专业知识有效地帮助客户来分析导致这种情况的原因可能是什么，如果不知道或解决不了，就应该告诉客户，"我会尽快地帮您查证一下，我会跟那个部门去打招呼"，等等。

6. 设定期望值以便于提供方案选择

通过前面几步的工作，这时候服务人员已经知道客户的期望值是什么了，那么对服务人员来讲，可能会告诉客户："我非常理解您现在的心情，不过是这样的，负责这件事的人下班了（或暂时不在），但是我本人非常想帮助您解决这个问题，您看这样好不好，我把您的情况记录下来，我交给××，然后我去查证一下，并及时打电话给您。"这叫设定期望值，就是告诉客户目前我能够做的事情是什么。

这一点的关键在于服务人员是不是能够很灵活地选择，有没有不同的选择提供给客户，这叫做设定期望值并提供更多的方案供他选择。

7. 达成协议

提供了方案供客户选择之后，就要达成协议，也就是建立一个承诺。

8. 检查满意度后再次道歉

当服务人员把问题解决后，应该跟客户说，"您看还有什么需要我为您做的吗？"看看客户对服务人员的服务是否满意。客户如果说，"先这样了，有什么毛病我再找你"，服务人员就应该再一次为发生这样的事情向客户表示歉意。

9. 挽留客户以建立联系

在处理完客户的投诉后，服务人员应该跟客户说，"让您这么大老远跑了一趟，我代表公司向您表示道歉，感谢您对我们企业的信任，感谢您使用我们的产品，如果您回去之后发现任何问题，您都可以直接打电话找我，我非常乐意为您再次提供服务"。并告诉客户你的联系方式，然后定期给他打电话，进行跟踪服务。

投诉处理结束以后，后期的回访是非常重要的，服务人员要跟客户建立起一个很好的联系，这样客户才有可能觉得，"这个企业真的是以我为核心，真的是站在我的角度去思考问题的"。这样客户的忠诚度就会极大地回升。

小资料

"追究的意义在于，只有真正落实差错原因，才能切实修复漏洞。针对联邦快递近期频繁发生的客户快件的丢失，究其根本原因，在于没有用专业的态度去执行快递行业的管理流程，才会出现这样的差错。企业文化是决定企业前途的核心，犯错并不可怕，可怕的是不知道为什么会犯错。"联邦快递相关负责人认为。

"公司一贯高度重视并认真对待客户投诉问题，我们将继续通过倾听客户意见和建议来提升服务水平。公司日益发展的国内业务足以说明客户对联邦快递服务的信赖。"联邦快递相关负责人表示。

小资料

快递公司日常处理的客户投诉类型及客户的反应

一、日常业务中可能产生的操作失误

1. 业务人员操作失误。计费重量确认有误；货物包装破损；单据制作不合格；报关/报验出现失误；运输时间延误；结关单据未及时返回；舱位无法保障；运输过程中货物丢失或损坏等情况。

2. 销售人员操作失误。结算价格与所报价格有差别；与承诺的服务不符；对货物运输过程监控不利；与客户沟通不够；有意欺骗客户等。

3. 代理操作失误。对收货方的服务达不到对方要求，使收货方向发货方投诉而影响公司与发货方的合作关系等。

4. 客户自身失误。客户方的业务员自身操作失误,但为免于处罚而转嫁给货代公司;客户方的业务员有自己的物流渠道,由于上司的压力或指定货而被迫合作,但在合作中有意刁难等。

5. 供方操作失误。运输过程中货物丢失或损坏;送(提)货时不能按客户要求操作;承运工具未按预定时间起飞(航)等。

6. 不可抗力因素。天气、战争、罢工、事故等所造成的延误、损失等。

以上情况都会导致客户对公司的投诉,公司对客户投诉处理的不同结果,会使公司与客户的业务关系发生变化。

二、对不同的失误,客户有不同的反应

1. 偶然并较小的失误,客户会抱怨。失误给客户造成的损失较小,但公司处理妥当,使多年的客户关系得以稳定。

2. 连续投诉无果,使得客户沉默。由于工作失误,客户损失较大,几次沟通无结果。如果出现这种情况,一般而言,通常会出现两种结果,一是客户寻求新的合作伙伴;另一种则是客户没有其他的选择,只能继续与我们合作。

3. 连续的或较大的失误会遭到客户投诉。客户抱怨客服人员处理不当,而此时,客户又接到他的客户的投诉,转而投诉货代等。

所有这些可以归纳为四步曲:客户抱怨,客户投诉,客户沉默,客户丢失。其实这些情况在刚出现时,只要妥善处理是完全可以避免的。因为当客户对你进行投诉时,就已说明他还是想继续与你合作,只有当他对你失望,选择沉默,才会终止双方的合作。

三、客户投诉及理赔服务规范

(一)客户投诉处理服务规范

1. 基本要求

(1)快递企业应提供畅通的客户投诉渠道(如网络、信函、现场接待、电话)。

(2)受理客户投诉时,应精力集中,耐心倾听,表示理解和关注,不打断客户讲话,不与客户对立、争辩,不将自己的观点强加于客户。

(3)客户投诉陈述完毕后,受理人员要归纳、复述其大意,取得客户确认;对能够即时答复的问题,应立即答复;不能即时答复的问题,应记录客户信息、邮件信息和投诉内容,并及时转告负责处理投诉的责任部门;负责处理投诉的责任部门应立即告知客户收到投诉,并告知答复时间。

(4)对客户投诉处理。

① 对于非客户原因造成的丢失、短少、损毁、逾限问题,明确表示承担责任,并向客户解释道歉;如涉及赔偿事宜,则进入理赔程序。

② 对于服务中的态度、语言问题,要立即承认,向客户赔礼道歉,并向其征询改进意见。

③ 对无理由投诉,态度和语气要平和,讲清道理和现有制度规定。

④ 遇有难以独立处理的投诉,应会同相关部门共同处理,不拖延,不推诿,不隐瞒。

2. 服务水平要求

(1)投诉处理时限。

① 对于因服务中的态度、语言问题而发生的客户投诉，1个工作日内处理完毕；

② 对于因非客户原因造成的损失、短少、损毁、逾限问题而发生的客户投诉，对国内邮件，每3~5个工作日告知客户进展情况，对国际邮件，及时告知处理进程。

（2）投诉处理率100%，投诉答复率100%。

3．处理特殊客户

微笑热情地迎接客户；询问问题；态度诚恳；专心致志地对待客户；耐心倾听；不理会粗鲁语言；永远不要争吵；承认错误；用自己的语言重复他们的抱怨；尽快解决问题；解释业务服务的规定和程序；向客户感谢他们给我们时间更正错误；解决方案超出他们的期望度；必要时请求帮助。

 小资料

业务旺季安抚客户的技巧

中秋节以后直到过年期间属于快递业务的旺季，旺季邮件日均投递量的有增无减，既是对快递公司服务质量的挑战，也是对客户心理承受能力的挑战。当客户一周前寄出的邮件还没被对方收到时，客户必然会向快递公司询问邮件的去向，甚至在一些知名的、影响力较大的网站上发泄自己的不满。此时，快递公司选择的做法往往是将查询到的邮件状态告知客户，并用"投递旺季，请耐心等候"之类的语句作为回复。但事实证明，这样的做法很容易引起客户的反感，认为快递公司在推卸责任。

那么如何在这些旺季里客户投诉强烈的时期对客户进行安抚呢？我们介绍一些技巧。

为客户送上慰问信。

主要做法是在邮件包装的背面附上一封致客户函，主要内容是告知客户旺季已经来临，近期邮件量猛增，邮件时限可能会受到影响等，最后对客户的理解表示感谢，并致以节日的问候等。这种主动出击进行旺季预警处理的办法，比坐等客户投诉要更加积极诚恳。客户有了心理准备，遇到问题时也会较易接受。

关心邮件动态，主动致电、发送短信或电子邮件给邮件逾限的客户。

客服人员的职责范围贯穿售前、售中及售后，只重视揽投安排和处理客户投诉是不完善的客服体系。对于未达到服务承诺时限的邮件，客服人员应第一时间跟踪到邮件信息，并在1—2天内主动联络收件人。因为这一时间段是最容易引起客户投诉的，客服人员如果在此时能主动向客户解释原因，并积极催投，能有效降低客户投诉率。得知自己的邮件有专人全程跟踪，客户也会有更加贴心的体验，进一步缓和此前积累的情绪。

重视舆论压力，防止事态扩大。

信息社会瞬息万变，网络等媒体的传播力量早已不容忽视，稍有觉悟的快递企业均建立了舆情监督部门，由专人负责搜集负面信息，并及时进行处理。快递公司的网站受到攻击，被重要媒体大规模跟踪报道，被微博迅速转发扩散，这些往往是客户在客服专线投诉未得到妥善解决后，引发的对快递公司的攻击行为。亡羊补牢，为时不晚。客户投诉一旦出现，快递公司一定要取得与投诉客户的联系，向客户道歉，给予一定的损失赔偿，并在网站等媒体上以谦虚的态度作出正面回应，争取广大客户的谅解。

（二）客户理赔受理服务规范

1. 基本要求

收寄局负责受理客户的索赔工作事宜。

受理客户理赔时，应精力集中，耐心倾听，表示理解和关注，不打断客户讲话，不与客户对立、争辩，不将自己的观点强加于客户。

受理客户理赔时，应告知客户理赔流程和所需资料，并指导协助客户正确填写单证。

2. 服务水平

对已确认在传递过程中非客户原因发生丢失（对已超过查询全程时限仍无结果的，也视作该邮件丢失）、损毁、短少、逾限而客户申告时，7 个工作日内处理完毕。

赔偿金额较大或多项赔偿时，赔偿金应送到客户单位或家中，并当面致歉。

四、向客户道歉的技巧

作为一名服务人员或营销人员，难免会有工作上的失误，如果是自身的问题应及时向客户致歉，在致歉的方式上也要掌握一些技巧。

1. 放平心态

关于向客户道歉，首先要放平心态。例如，领导凭自己的意愿或者方案叫你去和客户谈。对方接受了，但是结果却因为一些意外或者这个方案的问题使对方不能满意，或者保证的事情没有能做到。对方可能就要打电话过来抱怨质问。这时候我们会想，"这都是领导叫我这么干的，他叫我怎么弄我就怎么弄，关我什么事"，但是对方可能根本没和你的领导沟通过，认为这都是你的意愿，才导致的这个结果。而你又不能把责任都推卸到领导身上。使得自己进退两难。没有人愿意为别人的错误负责。处在这个境地，你一定要放平心态，想想，既然问题出现了，两面又都不能得罪，那只能自己牺牲一下揽下这个问题。反正我代表的是公司向对方赔礼道歉。领导知道不是你的问题也不会怪罪你。就算是你自己的失误，也不要怕领导的批评，谁都会有失误的时候。告诉自己下次注意就好了。做一个拿得起，放得下，有担当的人，领导和客户会很欣赏你。

2. 分析问题

放平心态之后，快递服务人员要分析下这个问题或者失误的重点和造成的损失。尽量想办法去弥补这个损失，而不是一味地去讲一些客观问题，或推卸责任。当然如果有正当的理由或者意外发生可以和对方解释。但是不要过多把责任归结到别人身上，这样会叫对方感觉你没有诚意，只是在编理由逃避问题。

例如，当接听客户电话时，客户说："你们真厉害，我打了这么多次电话来了，你们总是有理由，还都这么正当。"显然用谎言去圆另一个谎言的时候，当第二个谎言被揭穿，你将失去对方对你的信任。所以，诚实地承认错误并在利益上做出一点让步或者牺牲，叫客户觉得你有诚意才是最正确的方法。

3. 态度诚恳

道歉的方式要诚恳，但是也不要一味地承认错误，叫对方觉得你是为了道歉而道歉，敷衍了事。你要学会抓住对方的弱点，比如在和快递大客户签订合作协议书的时候一定要让客户仔细阅读后签字，对方接受了快递公司才会执行，协议书的某些地方如果事后出现了问题，或者遇到需要补充的问题客户当时没说出来的情况，所产生的责任不必快递企业独自承担。

有的事情，一个细节上无关大局的事如果快递人员去道歉，客户会觉得你想得很周到，很体贴。很有可能大事化小，小事化无了。善于利用道歉会和客户沟通得更顺利，从道歉中获得更多的信息，了解客户要解决的问题和需求，以及自身的快递产品或服务的缺陷。

五、应对不同性格特征客户的处理技巧

（一）优柔寡断型客户

这种客户的特点是遇事没有主见，往往消极被动，难以作出决定。

面对这种人营销人员就要牢牢掌握主动权，充满自信地运用推销话术，不断向他作出积极性的建议，多多运用肯定性用语，当然不能忘记强调你是从他的立场来考虑的。这样直到促使他作出决定，或在不知不觉中替他作出决定。

作为专业的营销员，你可以这样说："犹豫带来的损失要远远超过想象之中的。如果您不想买什么好处也得不到，对吗？但如果您想买，这些好处您都能得到。（继续扼要说明该快递产品的好处。）您想要什么？是想要这些好处，还是什么也不想得到？"

客户如果说："你说的有道理，我当然对你们快递产品的价格和安全性比较满意，可是……"

你就可以这样做："那么就请你挑选一下吧！"

（二）忠厚老实型客户

这种人你说什么，他都点头说好，甚至会加以附和。在你没开口之前，他会在心中设置拒绝的界限。虽然他仍然无法放松底线，但是最后还是会购买。

和这样的客户打交道，最要紧的是让他点头说"好"，在不知不觉中完成交易。

（三）令人讨厌型客户

有些人的确令人难以忍受，他好像只会讲带有敌意的话，似乎他生活的唯一乐趣就是挖苦他人，贬低他人，否定他人。这种人无疑是最令人头疼的对手。这种人虽然令人伤脑，但不应该忘记他也有和别人一样的想要某种东西的愿望。这种人往往是由于难以证明自己，所以他希望得到肯定的愿望尤其强烈，对这种人还是可以"对症下药"的，关键是自己在这种人面前不能卑下，必须在肯定自己产品的基础上给他以适当的肯定。

（四）沉默寡言型客户

这种人出言谨慎，一问三不知，反应冷漠，外表严肃。营销人员除介绍快递产品之外还要亲切、诚恳，想办法拉拢感情，拉拉家常，了解客户的真正需要。不要强迫他说话，应该顺着他的性格轻声说话，并且提一些容易回答的问题来问他。总之，一定要让他认为你所说的、所做的一切都是为了他。

这类客户老成持重，稳健不迫，对营销人员的宣传劝说之词虽然认真倾听，但反应冷淡，不轻易谈出自己的想法。一般来说，营销人员应该避免讲得太多，尽量使对方有讲话的机会，要表现出诚实而稳重，特别注意讲话的态度、方式和表情，争取良好的第一印象。好好把握好与这种人的关系，因为这种沉默寡言的客户反而易成为忠实的客户。

（五）先入为主型客户

客户在刚和你见面的时候就可能说："我不需要使用快递服务，你找别人吧。"这种人作风比较干脆，在他与你接触之前，他已经想好了问些什么，回答什么。因此，在这种状态之下，他能和你很自在地交谈。

事实上，这种类型的客户是容易成交的典型。虽然他一开始就持否定的态度，但是对交易而言，这种心理抗拒是微弱的，好的快递产品对有用邮需求的大客户企业不可缺少。

和他们打交道，对于先前的抵抗语言，你不必理会，因为那并不是真心话。只要你以热忱态度接近他，便很容易成交。

此外，你可以告诉他一个优惠价格，他一定会接受。开始时的否定态度正表明，只要条件允许，他一定有使用你的快递服务的可能性。

（六）知识渊博型客户

知识渊博的人是最容易面对的客户，也是最容易让销售受益的客户。面对这种客户，应该抓住机会多注意聆听对方对话，这样可以吸收各种有用的知识及资料。营销人员客气而小心聆听的同时，还应给予自然真诚的赞许。这种人往往宽宏，明智，要说服他们只要抓住要点，不需要太多的话，也不需要用太多的心思，仅此就很容易达成交易。

（七）讨价还价型客户

有些人对讨价还价好像有特殊的癖好，即便是一碗面、一斤菜也非得要讨价还价一番不可。这种人往往对此乐此不疲，所以对这种抱有金钱哲学的人有必要满足一下他的自尊心，在口头上可以做一点适当小小的妥协，比如可以这样对他说："我可是从来没有这么低的价格给过客户啊，我尽量给您个合理的价格。"这样使他觉得比较便宜，又证明他砍价的本事，他是乐于接受的。

（八）温和有礼型客户

能遇到这种类型的顾客，实在是幸运。他拘谨而有礼貌，他不会对你有偏见，而且还对营销人员充满敬意，他会对你说："销售是一种了不起的工作。"

这种人不会撒谎，对你说的话他会认真地听。但你的态度如果过于强硬，他也不买账。他不喜欢别人拍马屁，因此，还是要和他实在一点，诚心相待为上策。

对待这种人，你一定要有"你一定购买我的产品"的自信。你应该详细地向他说明产品的优点，而且要彬彬有礼，显示出自己的专业能力。

（九）自以为是型客户

总是认为自己比你懂得多，他会这么说"我和你们经理是好朋友"、"你们公司的快递业务，我非常清楚"。当你介绍产品的时候，他还经常打断你说"这我早就知道了"。

这种人喜欢夸大自己，表现欲极强，但也明白他肤浅的知识和专业营销人员不能比，所以有时会给自己台阶下："是啊，你说得不错啊。"

面对这种顾客，你必须表现出卓越的专业知识，让他知道你是有备而来的。你可以在交谈中，模仿他的语气，或者附和他的看法，让他觉得受到重视。

之后，在他沾沾自喜的时候进行产品说明。不过不要说得太细，而要稍作保留，让他产生困惑，然后告诉他："先生，我想您对我们公司这项快递服务的优点已经有所了解，你准备跟我们合作多长时间呢？"应付这种客户，你还可以这样讲："先生，我们公司的快递客户都是瞄准实力雄厚且口碑好的企业，您知道吗？"

（十）擅长交际型客户

擅长交际的长处在于热情与幽默。他们能迅速、容易地适应一个变化的局面，不管话题是什么，总有话可讲，而且常可以令人感兴趣的方式把话讲出来。其弱点是优点的延伸，有时表现过甚，被视为矫揉造作，不注意细节，对任何单调事情或必须单独做的事情都容易感到厌烦。

对待这样的客户要赞成其想法、意见，不要急着讨论；不要争论和协商细节；书面归纳双方商定的事情。在向他们推销的时候：计划要令人激动并关心他们；让他们有时间讲话，坦率地提出新话题；研究他们的目标与需求。用与他们目标有关的经历或例证来提出你的解决办法；书面确定细节，清楚而且直截了当。

（十一）慢性子型客户

有些人就是急不得，如果他没有充分了解每件事，你就不能指望他做出前进的决定。对于这种人，千万不要和他争辩，同时尽量避免向他施加压力。进行产品说明，态度要沉着，言辞要诚恳，而且要观察他的困扰处，以一种朋友般的关怀对待他，等到他完全心平气和时，再以一般的方法与他商谈。

例如可以这样说："您的问题真是切中要害，我也有过这种想法，不过要很好地解决这个问题，我们还是得多多交换意见。"

（十二）颐指气使的客户

颐指气使者有直截了当处理问题和迅速完成任务的能力，而且固执，对别人冷淡和不关心。

在向他们推销的时候要有计划，有准备，要中肯；会谈时迅速点明主旨，击中要点，保持条理性；研究他们的目标和目的，想达到什么，目前情况如何变化；提出解决办法，要明确说明与其目标特别有关的结果与好处；成交要提供两三种方案供其选择；成功交易后，证实你所提供的建议确实提供了预期的利润。

在对待他们的时候，要把握以下三点：①触动——向他们提供选择自由，清楚说明达到他们目标的可能性，他们喜欢赢得羡慕。②赞扬——赞扬他们的成就。③咨询——坚持事实，通过谈论期望的结果和谈论他们关心的事情，把他们的话引出来，要记住，他们重视任务的程度比重视关系的程度大得多。因此与感情相比，他们更加注意事情。

（十三）侃侃而谈的客户

侃侃而谈者热情，有与其他人建立有意义关系的能力。他们是极好的合作者，愿意服从。但他们过分注重关系，对其他人的情感和需要敏感，以致不能从事完成任务的适当工作。在推销过程中，要维护他们的自尊，表明你对其感兴趣；准确地阐明目的，当你不同意时，谈论个人的意见与好恶；以不拘礼节而缓缓的方式继续进行，显示你在"积极"倾听；向他们提供保证。

在向他们推销的时候，要注意发展信任和友谊，不但研究技术和业务上的需要，而且研究他们在思想和感情上的需要；坚持定期保持联系。

在对待他们的时候，要把握以下三点：①触动——向他们说明如何有利于他们的关系和加强他们的地位；②赞扬——赞扬别人对他们的看法，以及他们与人相处融洽的能力；③咨询——用充分的时间了解他们的感情，可通过提问和倾听的技巧把他们的话引出来。

例如："我听您的意思是这样讲的……您是这个意思吗？"务必为他们创造一个和谐舒畅的交流环境。

 本章小结

快递工作人员在开发客户和维护客户的过程中必须善于沟通，沟通能力是优秀的快递从业人员必须具备的一种能力。在实际工作中，沟通是很讲究技巧的，如何更好地传达自己要表达的想法，如何更好地领会客户的需求，对业务的开拓和发展都是至关重要的。

本章侧重从快递服务人员推介业务的技巧、倾听与提问的技巧、客户维护工作的技巧等三大方面对客户沟通进行了阐述。其中特别是在客户维护上，对于如何接待客户、如何拜访客户、如何处理客户投诉并为客户提供理赔服务、道歉技巧、如何针对不同性格客户进行交谈等问题进行了详细的分析。快递人员在掌握了基本的理论知识后，要将这些技巧灵活地应用在实际工作中，这样就会逐渐地能够和客户在业务沟通时形成真诚互信的良好氛围。

 课后阅读

某快递公司赔偿顾客物品并道歉事件纪实

"我们的特产是在超市里购买后直接打包封箱的，怎么寄到老家就少了两条烟和一盒茶叶呢？"3月22日，万先生拨打南岛晚报热线称，3月18日下午，他与妻子在超市里购买了价值1 200多元的特产，然后直接把东西送到入驻超市内的某快递公司进行打包邮寄。22日上午家人收到包裹核对物品时发现，原先放在包裹纸箱内的两条香烟和一盒茶叶不见了。驻超市内的快递公司负责人承认顾客物品丢失，但称责任不在三亚分公司。经过近两个小时的协商，快递公司同意赔偿万先生所丢失的两条香烟以及一盒茶叶，并表示道歉。

顾客投诉：快递寄到老家竟少了两条烟和一盒茶

据万先生称，3月18日下午，他与妻子来到位于解放路的一超市内，购买了1 200多元的特产准备寄回老家。"买完东西后我们得知，购物满800元，使用某快递寄运的话可免费打包。"万先生与妻子便推着购物车来到了商品打包处。

万先生称，当时他看到打包人员将两条香烟和三盒茶叶与其他商品放在纸箱内打包，并用胶带封箱。"随后打包人员把我的购物小票和香烟小票收走了。"万先生对此询问时，对方说这是快递公司与超市合作举办的活动，小票需回收核账。同时他发现在快递详情单上，打包的工作人员也未注明包裹里装有香烟。"由于东西已经打包好了，所以我也没多问。"万先生称，随后他支付了198元的运费。

"22日上午，父亲打来电话核对收到的东西时，发现纸箱里并没有香烟，还少一盒茶叶。"父亲告诉他，收到东西时纸箱的包装和外观是完好无损的，但并没有他说的两条烟和一盒茶叶，并且其中一盒茶叶还破了个洞。万先生称，丢失的烟和茶叶价值共400多元。

快递公司：承认顾客物品丢失，但责任不在三亚分公司

22日中午，在记者的陪同下，万先生与妻子找到该快递公司的负责人王先生，并一起到超市监控室调看当时的录像。记者在18日下午2点20分的监控录像上看到，万先生将购物车推到超市的打包处，并将两条香烟交到打包人员的手里，随后物品被打包封箱。

针对万先生反映的情况，王先生表示，万先生的东西在超市内打包，超市内装有监控录像，因此，不存在有人打开包裹偷东西的情况。同时，他告诉记者，他向山西的分公司了解到在超市进行封箱称重时，包裹重量为10.4公斤，而到达山西分公司称重时，包裹的重量为9公斤。"我认为包裹是在运输途中出的问题，责任不在三亚分公司。"王先生表示，万先生应向快递总公司进行反映。

经过两个多小时的协商，快递公司同意如数赔偿万先生所丢失的两条香烟和一盒茶叶，并表示道歉。"在对万先生进行赔偿后，我们仍要需要调查此事。"王先生表示。

工商部门：寄快递时应注明货品名称和数量

对此，三亚市光明工商所所长李健提醒市民，在填写快递详情单时，所寄的货物种类、数量、名称、价值必填写清楚，尽量将贵重物品与其他物品分开递寄填单；在递寄较为贵重物品时，最好选择保价；顾客在收货时，必须要先开箱验货，证明所收的物品完好、数量正确后再签收，如遇到个别快递公司要求顾客先签收后开箱验货，消费者应进行驳回。

课堂互动

实训主题：练习快递企业服务人员处理客户异议的技巧、处理客户投诉的技巧。

实训形式：学生每5个人为一个小组。

实训任务：对快递服务人员处理客户异议的技巧、处理客户投诉的技巧进行练习，使学生掌握快递营销与服务人员与客户沟通的基本方式。

实训步骤：

（1）学生温习本章有关处理客户异议和客户投诉技巧的内容。

（2）教师向学生提出问题，问题涉及处理业务异议和客户投诉时的技巧。

（3）以小组为单位，学生分饰客户与快递工作人员，对客户提出的常见基本异议进行模拟回答与交流。

（4）之后对处理客户投诉进行模拟训练，对话内容为对快件收到损坏后投诉客户的安抚工作，处理客户的理赔诉求。

（5）小组互评，教师点评。

➡ 复习思考题

1. 快递客户的需求类型有哪些？举例说明。

2. 快递客户一般对业务的疑问或者异议有哪几个方面？对于客户提出的价格类异议如何处理呢？

3. 高效倾听者和低效倾听者的特征表现各有哪些？

4. 有效倾听的技巧有哪些？

5. 开放式问题的使用技巧时什么？举例说明。

6. 在拜访客户时与客户交谈应注意哪些方面呢？

7. 简述处理客户投诉的几种技巧。

8. 简述快递服务的客户投诉处理的服务规范。

9. 对擅长交际型和沉默寡言型客户的沟通技巧分别是怎样的？

➡ 案例分析

案例一　某快递企业的客户投诉事件处理

案例描述

事由：

笔者（简称B）购××牌计算机一台。对方以快递方式将发票寄往B预先留置的家庭住址。

服务方：

北京市某速递公司投递×部（简称A）。

服务事故经过：

11月19日下午，A投递，未完成，按"一次投递无人"处理，留快递邮件通知单，约定11月20日上午再次投递。

11月20日上午二次投递，未完成，按"二次投递无人"处理。

A与发件方（简称C）联系，了解是否地址有误（具体时间应该是11月27日上午）。

C于11月27日下午与B联系，确认地址无误，为防止A有特殊情况联系不到，B又向发件方提供手机联系方式。

A于11月28日上午两次打电话，责备B家中无人，而且没有按通知单与他们联系；B申辩这期间一直未接到快递邮件通知单；双方约定当日下午第三次投递。

11月28日下午，B未接到A的投递，当日17：30前两次联系A，A推说已出发，让耐心等待，而且无法与投递员联系，确认具体位置与投递时间。

11 月 29 日上午，一直未收到邮件与 A 方解释的 B，9：15 致电 A，了解未按约定时间投递的原因，A 答复向领导反映，再行答复。

11 月 29 日上午 9：30，A 答复因车辆故障，承诺 28 日下午送达的邮件改为 29 日上午送达。

11 月 29 日上午 10：15，新投递员误打误撞地在 B 所居居民楼 3 单元发现了前两次投递员留下的快递邮件通知，并到 4 单元将邮件送达 B，B 终于在应到时间推迟了十天之后收到了特快专递。

B 以时间延误、错误投递为由，要求投递员转达投诉。

应该说，事故原因非常清楚，但是事故处理并未就此结束。

A 公司的沟通

第一次沟通：11 月 29 日下午 14：00，A 公司工作人员致电 B（仅说明是某快递公司，未明确自己的部门、职务），进一步了解情况，确认"是他（指投递员）的责任"，说明此种情况根据《邮政法》将特快专递费退还 C；B 反问对方是否专门打电话来讲解法规，申明 C 方与他没有利益关系，并因 A 没有任何道歉的表述，表示将进一步投诉，并结束通话。

第二次沟通：11 月 29 日下午 14：15，A 再次向 B 方致电，明确表达歉意，"是我们的责任"，并说明公司将停止负责前两次投递的投递员当日的工作，要求其下午登门向 B 道歉；在 B 的追问下，A 说明自己的身份，系运营部负责人×某；B 对 A 的道歉表示接受，邮件延误的损失等不再追究，投递员不必再登门向 B 道歉，并希望不要影响投递员的工作；同时 B 对 A 说明在这次事故及投诉处理上存在的问题，A 再次致歉并表达感谢，表示要举一反三，杜绝此类事故的再次发生。

根据上述材料分析以下问题：

从整个事情的经过可以反思，A 的问题仅仅是投递失误吗？面对一次小的事故、危机或客户投诉如何有效地化解、沟通，甚至通过危机营销，提升客户价值？对此请分别从客户沟通的技巧、投诉问题的处理技巧两个方面进行分析，同时就收件人的利益保障谈谈你的想法。

案例二　国内某民营快运：关注客户体验　满足客户需求

经过 20 多年的发展，快递企业在努力做大做强的同时，不断根据快递市场的发展趋势和客户的消费需求，推出新的产品和服务。成立于 1999 年 8 月的某民营快运，从诞生之初，就十分关注客户体验，把客户需求放在第一位，特别是在服务产品上，某民营快运坚持以市场为导向，顺应客户需要，不断推陈出新。

截至目前，某民营快运已经形成了涵盖快递、物流及电子商务等一系列门到门的服务产品，并为大客户定制物流解决方案，与此同时还推出到付件、同城区域当天件、国内次晨达件、国内次日达件、代收货款等特色服务。以上这些产品的服务都是建立在安全、时效和准确的基础之上，以将快件提前一分钟送到客户手中为目的。

为了有效支撑以上服务产品，某民营快运建立了覆盖全国 34 个省区市的近万个服务网点和 60 余个转运中心，为亿万快件的安全、快速转运创造了条件。同时，拥有 5 万余人的服务团队为快件的安全及时到达客户手中保驾护航。

为了广大客户及时查询、咨询快件的运行状态，某民营快运专门成立了全国呼叫中心，当然，客户也可以通过登录该快运企业的官方网站进行在线查询。

由于国内快递企业已经由单一的快件派送向高端领域不断拓展，某民营快运将在做精现有产品的基础上，不断为客户提供包装、配货、签单返还、换货等服务，并努力将销售变为由生产商直接到客户的简单路径，降低客户销售费用，为客户创造价值。

作为致力于成为国内最大的地面运输并保持航空优势的快递物流集团，某民营快运将时刻关注市场变化和客户需求，关注客户体验，并且不断提高快递服务能力、质量和水平，成为客户长远互利、值得信赖的合作伙伴。

根据上述材料分析以下问题：

该民营快运为何把掌握客户需求放在第一位？该民营快运不断推出新的产品对与客户沟通有何益处？

第十一章

快递企业人员服务规范与礼仪教育

学习目标

学生通过本章内容的学习，熟悉快递企业员工服务礼仪与规范教育的现状，理解礼仪与道德的基本关系，了解快递企业员工礼仪素质养成的基本途径，掌握快递企业加强员工服务规范与礼仪素质教育的主要方法。

引导案例

快递企业强化全员培训 提升服务水平

当前，快递业已成为我国新兴的朝阳产业之一，其市场前景广阔，行业附加值较高。2009 年 10 月 1 日实施的《邮政法》规定快递业务实行经营许可制度，并设置了快递行业的准入门槛，快递业驶上了规范化发展的"快车道"，同时，也对从业人员的素质提出了更高的要求。因此，加大培训力度，提高从业人员素质和水平成了推进快递服务标准化、规范化的重要一环。

作为致力于成为国内最大的地面运输并保持航空优势的快递物流集团，某民营快运从 1999 年 8 月成立以来，一直将培训视为提高全体员工专业技能和综合服务素质的重要工作常抓不懈。按照"培训是员工最大的福利"的培训理念，该快递企业建立了覆盖总部、大区、转运中心和网点的全国网络各级岗位培训体系，涵盖了中级管理人员、财务人员、快递员、话务员等人员，并制订了年度培训计划。为了使每项培训都能达到预期的效果，该快递企业采取内训与外训相结合的方式，以此提升个人、团队及公司绩效，打造学习型企业。

该快递企业还注重每位员工的职业发展培训，并通过员工入职后进行的岗前培训，对员工职业生涯发展规划的设计，允许员工提出其个人层面的需要，各级培训机构对其个人的需求进行分析汇总并作为培训需求。这样既使每一位员工能够在进入正式工作状态前，全面了解并熟悉企业文化和行业的发展概况以及快件全程全网的运行操作流程，也有利于员工在开展工作的过程中能够结合实际，创造性地开展工作。

由于快递业是刚刚兴起的朝阳产业，因此，在发展的过程中，还有许多亟待完善的地方，因此，加大培训力度是提高从业人员服务素质和水平的关键。该快递企业从全国网络实际出发，开展人才储备培训，每年度有 5 期站长培训，受训合格人员达百余名，为该快递企业全国转运中心的管理解决了储备人才的后顾之忧，同时也为亿万快件的中转提供了保障。

快递行业的发展需要企业持之以恒的努力，特别是在提高客户满意度方面，更需企业不断加大投入，强化培训，提高快递从业人员的服务水平。该快递企业将继续通过对全国网络员工的深入培训，坚持工作培训"压力"转动力，将实用型技术应用到操作和管理中去，努力实现快递业务的"便捷化、标准化、信息化"，不断提高全员素质，提高运行效能，提高操作和管理效率，确保每一票快件都能够安全、快速地到达客户手中。

思考：
当前快递企业如何做好员工的培训教育？

206

第一节　快递企业员工的礼仪养成

一、礼仪与职业道德

（一）礼仪与道德的关系

道德是一定社会调整人们之间，以及个人和社会之间关系的行为规范的总和。道德可分为社会公德、职业道德、伦理道德三个方面。道德以善和恶、正义与非正义、公正与偏私、诚实与伪善等概念来规范着人们的各种行为，调整人们之间的关系。道德通过各种形式的教育、说服、诱导，以及社会舆论的力量，使人们逐渐形成一定的信念、习惯、传统而发生作用。礼仪与道德有着密切的联系，礼仪是人类社会为了维系社会的正常生活而共同遵守的最起码的道德行为规范。明确礼仪与道德的关系，对于不断提高礼仪修养是十分重要的。

礼仪之所以是现实生活中卓有成效的交往工具，在于礼仪的核心是建立在以礼为中心的道德规范上的。

1. 礼仪蕴涵的礼——行为规范

礼仪中蕴涵的礼，是指人的行为规范。美国著名的礼仪学家，爱米莉·波斯特在她的巨著《礼仪圣经》中这样讲："表面上礼仪有无数清规戒律，但其根本目的却在于使世界成为一个充满生活乐趣的地方，使人变得平易近人。"在西方人看来，礼仪是人的一种行为准则，其出发点是宽厚和体谅。

在中国传统文化中，礼仪更是强调其中礼的实质内涵。从表面层次看，礼的意义似乎是指人事仪节，其中祭祀占据着主要地位。然而从西周起，礼的真正内涵在于谨慎自己的行为。周初的人文精神是必须敬德，天上的神不是毫无保留地庇护人类。人必须对自己的行为负责，人可以凭自己的努力而影响天意。在《诗经》中，以老鼠为喻，指责"人而无仪"，"人而无止"，"人而无礼"，则连老鼠都不如，可见礼仪指人的行为规范。在《左传》中，礼的内涵扩大了许多，"礼，经国家，定社稷，序民人，利后嗣者也"。礼包含了人类政治、宗教、社会各方面生活的规范。可见，在中国的传统文化中礼也是作为人的一种行为规范而存在的。

2. 礼仪中蕴涵的礼——人生规范

把礼从人的行为规范上升到人生规范，这是中国传统文化中最精彩的理论成果之一。春秋以后，礼学在孔子手中得到了发扬光大。孔子对礼最深刻的反省在于他认为礼可以培养一个人的道德人格，或者讲礼是使人格道德化。从孔子的礼学理论上看，人人践礼的最终目的是使人的内在道德性在潜移默化过程中呈现，最后成为一个完整的人格。孔子要求每一个人的视、听、言、行都要合乎礼的规范，只有做到这一点，才能够达到道德的最高境界"仁"。礼之所以能够折射出人的道德精神，主要原因在于人的内在本性本身就包含了实践道德的倾向。

在各种各样的礼仪中，我们的确可以看到许多礼仪行为常常就是一种道德行为的映射，道德是礼仪的基础，礼仪是道德的表现形式，任何一种礼仪都离不开道德，二者是相辅相成的关系，见面时的礼节、称呼，会谈时的态度、言辞等都反映了一个人的道德水准。对此英国哲学家约翰·洛克有过精彩的论述："礼仪是在他的一切别种美德之上加上的一层藻饰，使它们对他具有效用，去为他获得一切和他接近的人的尊敬和好感。没有良好的礼仪，其余一切成就就会被人看成骄夸、自负、无用、愚蠢。""美德是精神上的一种宝藏，但是使它们生出光彩的则是良好的礼仪；凡是一个能够受到人家欢迎的人，他的动作不但要具有力量，而且要优美。……无论办什么事情，必须具有优美的方法和态度，才能显得漂亮，得到别人的好感。"这就是说，良好的礼仪能体现人的高尚的道德修养，使他获得人们的尊敬和好感。实际上，也只有优良道德修养的人，才会有得体的礼仪形式和良好的仪表风度。

（二）礼仪与职业道德

每一种职业都有其特殊性，都有该职业从业者所必须了解、掌握并身体力行的各种行为规范。所谓职业道德就是指各类职员在从事职业活动中所必须遵守的各种行为规范的总和。

职业道德与社会公德息息相关，从某种意义上说，职业道德属于社会公德的有机组成部分，二者在内容上有着许多相同之处。各种职业道德中都包含着社会公德的因素。如热情周到，以礼相待，诚实待人等，既是职业道德的要求，也是社会公德的内容。

职业道德是人们在长期的职业活动中逐渐地总结积累起来的，它对于协调社会组织与职员之间的关系，约束和规范职业工作者的思想观念和行为，乃至调整职业之间的关系，都起着重要作用。它也是提高社会文明程度的一个重要因素。由于社会的不

207

断发展，职业范围的不断扩大，使得当今社会各行各业出现了许多背离职业标准的不文明行为。尤其是随着社会主义市场经济的进一步发展，市场竞争日趋激烈，人们的价值观念发生了很大变化，在名誉、金钱和物欲的面前，许多人的道德天平出现了倾斜。这样一方面亵渎了职业的尊严和荣誉，另一方面也丧失了自身的人格，而且还污染了社会风气。比如，医务工作者收受患者的红包，国家公务人员收受贿赂和以权谋私，教师体罚学生，运动员服用兴奋剂，商人弄虚作假、以次充好等都是违反职业道德的行为。

职业道德的内容因职业不同而有所差异，但其基本内容是相似的。无论从事何种职业，都必须忠于职守，爱岗敬业，热情服务，诚实待人，讲求信誉，尊重人权，无私奉献，不谋私利，作风端正，态度和蔼，廉洁奉公，遵纪守法，文明礼貌，互敬互助，谦虚谨慎，仪容整洁等。目前我国各行各业都制定了相应的职业道德规范，比如，教师职业道德规范、全国职工守则、医生职业道德规范、公务员职业道德规范、科技工作者职业道德规范、商业工作者职业道德规范、新闻工作者职业道德规范、服务行业职业道德规范、外事工作者职业道德规范、大学生守则、中学生守则、小学生守则、城市市民守则，等等。其中我们不难看出，讲究礼仪是职业道德的基本要求。只有掌握一定的礼仪规范，才能提高职业道德修养。

二、培养员工礼仪素质的途径

（一）加强快递行业的职业道德建设——礼仪修养的前提

服务行业的职业道德，主要包括对于服务人员在思想品质、服务态度、工作作风和职业修养等几个方面的规范化的要求。职业道德包含着体现自己的社会地位与社会关系的三大要素——责、权、利。所谓"责"，就是本职业所必须承担的一定的社会责任。例如遵守职业规则，承担社会义务，与其他职业者进行有序的合作等。所谓"权"，是指本职业所享有的一定的职权，也就是拥有一定的社会权利。这些职权是社会公共权利的一部分，在如何承担和行使职业权利方面，体现着人们的社会公德。所谓"利"，是指各种职业实际上都体现着一定的利益关系。尤其是像快递业务这样，以全体公众为服务对象的行业，都是以国家利益、公众利益为本的。

"爱岗敬业，诚实守信，办事公道，服务群众，奉献社会"是现代社会提出的职业道德标准。加强职业道德建设是快递服务规范与礼仪的前提。快递服务职业道德的核心思想，是要为人民服务，对服务对象负责，让客户通过享受服务人员提供的服务感到放心满意，并且通过全体服务人员的一言一行，传达出快递业务对客户的关心、体贴与尊敬，反映出企业积极进取的精神风貌。

（二）提高员工科学文化素质——礼仪修养的基石

科学文化素质是指对以下内容的掌握程度：人类在认识自然物质属性和运行规律，在改造物质世界过程中积累起来的数学、物理学、生物学、化学、电力学、机械学等科学技术成果；人类在认识社会和人与人之间的关系，认识自我精神世界过程中积淀下来的哲学、伦理学、历史学、艺术、文学等文化成果。

在人才的诸多素质中，科学文化素质是一种基础性的素质，它对其他素质的形成和发展具有很强的渗透力和很大的影响力。具有良好的科学文化素质主要包括如下几个方面：

具有较广泛的知识。知识，是人们在生活和工作中所获得的认识和经验的总和，是人类智慧的结晶。一个人的知识越全面，越丰富，适应社会的能力也就越强。

具有较强的分析归纳能力。有较敏锐的观察力和反应力，还要有掌握和操纵一定技术的能力。

具有分析和观察问题的方法。要实事求是，不走极端，减少片面性。

（三）学习礼仪服务知识——礼仪修养的根本

提高员工的礼仪修养水平，要从一点一滴的礼仪规范开始，学习最基本的仪表、仪容、仪态、语言等各方面的礼仪要求，注意每一个细小的环节，通过学习和实际工作相结合，不断积累经验，才可能从根本上提高礼仪修养。

很多快递企业员工原来基本上很少接触礼仪知识，在工作中仅是凭着对工作、对客户的热情，按照规章制度要求来完成各项操作程序；另一方面，有很多员工在服务过程中态度过于冷淡，行为过于机械化，这对于今天面对市场竞争的快递企业来说是非常危险的；也有的员工在工作中，把经济效益放在第一位，过分考虑企业及个人的得失，对待不同的客户、不同的业务，所提供的服务水准也不一样，态度也大不相同。

为了更好地向客户提供服务，适应社会发展的需要，工作中仅仅有热情、有干劲是远远不够的，快递员工在服务过程中必须学习掌握礼仪服务的知识，进行规范化的操作，用正确标准的礼仪规范来完成服务工作，本着"尊重客户，满意至上"的原则，用客户更愿意接受的方式提供服务，只有这样才可能适应市场需求，被客户所接纳，最终实现企业的经济效益和社会效益的双丰收。

礼仪是有一定之规的，是有章可循的，有标准的，因此，提高礼仪修养需要踏踏实实地学习礼仪规范，改正工作中不符合规范的言行，从小事做起，加强训练，不断巩固和完善自身良好的行为，使礼仪成为一种自觉自愿的行为习惯。

（四）提升业务技术水平——礼仪修养的基础

业务技术水平是指企业员工在工作岗位上通过学习与实践，在业务上所达到的水准及其待人处事的基本态度。

没有熟练扎实的业务功底，服务人员就不可能更好地完成客户交办的任务，无法使"客户满意"落到实处。只有业务技术纯熟，才有可能在提供服务时应用所学的礼仪标准，坚持礼仪规范自觉按照规范要求去工作，否则，连业务还不熟练，对基本的技术操作尚没有掌握，就更谈不上按照礼仪规范来进行服务。另一方面，在业务技术要求中也包含有礼仪的内容，是否达到了规范化礼仪服务的要求是考核员工业务技术水平的一项重要指标。因此，业务技术水平是礼仪修养的基础，提高业务技术水平可以让礼仪服务落到实处，更加行之有效。

快递企业服务人员要努力钻研业务，积极学习快递方面的最新动态，用科学的理论武装自己。还要积极开展岗位练兵，不断提高服务技能，真正做到理论联系实际。同时，面对技术的迅速发展与日趋激烈的竞争，快递服务人员要敢于发现新情况，研究新问题，加强对于新开展业务的学习，注意增加其科技与知识的含量，对于计算机、英语、营销、礼仪等新技术、新知识要不断学习，认真把握，在实际工作中灵活运用。只有真正做到这一点，才能向客户展示快递企业员工自身的较高技能与素质、良好的精神面貌，树立快递企业的崭新形象。

（五）重视法律法规教育——礼仪修养的保证

具备良好的法制观念是现代社会对公民的基本要求，也是快递企业对于所有员工的要求，公民法制意识的强弱是社会文明程度的一个重要标志，是一个企业精神文明建设的表现方式。员工的法律意识、法制观念并不是生来具有的，需要企业有意识地加以培养。在当前，随着社会主义市场体系的逐步健全与发展，企业需要根据法治经济的内在要求，学会运用法律手段对企业进行经营和管理，依靠法律武器解决在市场经济中碰到的各类问题。

法律法规和礼仪服务是相辅相成的，礼仪服务只有在合法经营、诚实守信的基础上才能更好地被客户、社会接受。只有知法懂法、守法经营，快递业务才可能获得良好的声誉和信誉，赢得客户的尊重和信赖，礼仪服务才可以更加顺利地开展。快递员工必须守法，才能为客户提供更好的服务，否则可能损害客户的利益。

在当今市场经济活动中，诚信守法，是企业经营发展的根本，也是每一个员工行动的出发点。快递员工只有具备法制观念，在工作中懂法守法，维护客户利益，在服务过程中才可能做到有礼更有理，个人礼仪修养才会更加完善。

第二节 快递企业员工的服务规范与礼仪教育方法

一、快递企业员工教育的基本任务

（一）树立服务意识——客户至上

所谓服务理念，指人们从事服务活动的主导思想意识，反映人们对服务活动的理性认识。服务理念不是天生的，而是在一定的经济、文化环境影响下，在人们长期的营销服务实践中逐渐形成的。

随着我国社会经济的发展和企业经营观念、经营方式的变化，快递业务的服务理念也在悄然改变。改革开放以来，市场经济的发展，促进了市场的繁荣，商品供求关系的紧张状况逐渐缓解，这时，服务水平的高低对企业经营活动和经济效益影响很大，而且越来越成为企业竞争力大小的一个重要标志。企业开始把服务纳入经营范畴，从提高企业经济效益的角度抓服务。在市场经济的环境下，企业应该树立现代服务理念，谋求奉献与获取经济效益的高度统一。实际上，近几年随着科学技术的不断发展，消费需求变化速度加快，产销矛盾和市场竞争加剧，客户地位不断提高，以客户为中心，并为之提供高质量的服务，也是快递业务发展的方向。

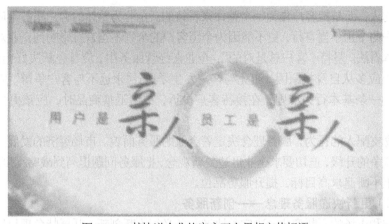

图 11.1　某快递企业的客户至上思想宣传标语

坚持"客户至上"的思想，要把客户视为企业的主宰。这既是由企业的经济属性，即企业谋求更高盈利的原始经营动机决定的，也是企业的社会性质决定的，是奉献与获取经济效益相统一的服务概念的具体体现。首先应尊重客户的权利，依据《中华人民共和国消费者权益保护法》的规定，把尊重客户在购买商品和接受服务时的安全权、知情权、选择权、公平权、被赔偿权、受尊重权、监督权等作为自己的天职，认真履行应尽的义务。其次，根据客户的需要确立企业的经营方向，根据客户的需要选择企业的经营战略。再次，建立"客户满意"的服务标准，并依标准增加服务投入，增设服务项目，改善服务设施，建立全面服务质量管理保证体系，使企业各部门都围绕着"客户满意"这个目标而开展工作，最终保证企业服务质量得以全面提高。

坚持"客户至上"的思想，要把客户当成亲朋好友。在与客户交往中，不能单纯地把企业与客户的关系视为"一手钱，一手货"的金钱交换关系，而应该看到企业与客户之间还存在着相互支持、相互信赖、相互促进的非金钱关系。只有用高质量的情感服务对待每一位客户，才能使客户以更大的热情购买更多的商品来回报企业，企业与客户的关系才能步入良性循环轨道。首先应以微笑的面孔、百倍的热情欢迎每一位客户的光临。其次，在为客户服务中，应该想客户之所想，体察客户心理，当好客户参谋，解决好客户购物中的各种难题。再次，努力创造高品位的购物环境，提供高品位的服务，使客户融购物于文化享受之中。

坚持"客户至上"的思想，要牢记"客户总是对的"这一经营方针。"客户总是对的"是"客户就是上帝"这句口号的具体化。"客户总是对的"，从表义上看显得绝对化，因为客户也是人，人非圣贤，孰能无过，客户在购物和接受服务过程中，也不可避免地说错话，做错事，即客户不可能"总是"对的。但是，这里倡导的服务思想，其内涵显然不是从具体的一时一事角度界定的，而是从抽象意义上界定的。在快递业务为客户服务过程中，企业是服务者，客户是被服务者。服务者为被服务者提供服务，自然应该以被服务者的需要和意志为转移。况且，这里所说的"客户"也不是单指某个具体的人，而是把客户作为一个整体来看待的。企业为整体的客户服务不应该挑剔个别客户的个别不当言行，更不能因为个别客户的个别不当言行影响到企业对整体客户的根本看法。坚持"客户总是对的"，企业在经营服务中，应首先解决好柜台矛盾，营业人员应多从自身找原因，避免与客户发生矛盾，"永远不与客户争辩"应成为营业人员的一条基本行为准则，在接待客户投诉，或者退换商品时，应该更主动、更热情。

理念支配人的行为，服务理念决定着企业的服务面貌。市场经济的发展，带来企业服务竞争的升级，迫切要求企业迅速更新观念，把服务问题提高到战略高度来认识，在服务上不断追求高目标，提升服务品位。

（二）更新快递服务理念——创新服务

客户和市场的不断变化，决定着快递业务必须不断创新，开展特色项目。在市场竞争日益激烈的今天，快递业务效益的高低，更多地取决于服务水平和创新能力的高低。

快递企业面临的是整个快递行业的竞争，靠服务赢得市场，靠服务赢得客户，靠服务赢得效益。服务竞争的核心是在于服务创新，快递企业只有不断服务创新，才能保持旺盛的生命力。服务创新是指在快递的经营活动中，服务主体为取得竞争的优势地位而向客户提供带有独创性的服务。也就是通过细致的客户调查，了解客户的潜在需求和存在的实际困难，从而根据客户的需要来重新整合自己的服务流程和组织结构，以超乎常规的服务内容和方式使用户得到更加全面、周到、完善的优质服务。它不仅是原有服务项目的延伸和延续，甚至需要超出自己的专业领域。

目前，经营环境的变化使得快递越来越依赖于服务创新来谋求发展。一是国内外快递企业不断增多，二是由于人员和渠道成本的增加，使得服务的总成本不断增加，这两个方面是不可逆转的大潮流，因此，对快递业务的发展来说，服务创新显得更为重要。

客户状况的变化使得服务创新成为快递企业赢得客户和稳定客户的根本战略。一是客户的知识水平越来越高，对服务的鉴别评价能力不断增强，快递企业如果缺乏服务创新，就很难满足客户不断变化的新需求；二是客户对服务的要求越来越高，从单纯的收寄邮件发展到现在的多种要求，既要价格低，又要提高效率和时效性，尽量地节省时间，所以快递企业只有不断创新服务，方能拥有忠诚客户。

创新服务从以下几个方面考虑。首先，突出自身的快递业务的特性。即在提高投递的准确性和及时快速性的基础上，出于竞争的需要，在服务特色上要多动脑筋，推出特色增值服务，如电子商务快递、收件人付费业务、代收货款等。

其次，服务要突出时代性。任何时代的服务特色都会受到这个时代经济、文化和政治状况的影响。同时，随着人们生活水平的提高和市场竞争的日益激烈，满足客户各种需要的新的特色服务会不断产生。例如，广大客户现在对快递企业投递的及时准确的要求度越来越高，邮件投递过程中信息查询要求的不断增强。今后，任何一家快递企业在快递行业中要生存，既要有信誉形象和资金实力，也要有具有竞争力的科技实力，离开计算机信息技术，快递服务创新很难开展。

再次，创新服务要突出独创性。独创性构成了创新服务的重要内容，也就是在提供功能相同的服务中，是否具有独到之处，这是区别特色服务与一般服务的不同之处，同时可以进一步满足客户需求。此外，创新服务还具有针对性、地方性等特点。

（三）建立服务规范——礼仪服务常态化

建立服务规范主要是对服务进行标准化和常规化。标准化对于服务质量管理和质量控制是至关重要的，它们可以使员工的行为更加有章可循，有据可依，使得企业对服务行为有统一的要求。标准化程度越高，越容易进行质量控制和质量管理。切实贯彻礼仪服务，长期坚持礼仪服务，可以使礼仪服务成为所有快递员工的工作习惯，在工作中自觉自愿地实践和完成，进而使服务行为标准化，使企业能向所有客户提供统一、规范的服务，以礼仪服务作为企业形象的代表，树立企业在社会中的全新面貌，同时也展现了快递员工较高的素质和服务水平。服务规范化可以大大减少客户预期的管理概念与服务质量规范之间的差异，为客户提供更多的心理满足程度。

礼仪服务不是一种表演，而是服务工作中的一项基本规范要求，应当将其作为一项制度常抓不懈。实施礼仪服务不是某一天或者某一段时间的任务，而是应当贯穿于服务人员每一天的工作中。只要在工作岗位上，就应当时刻以礼仪的标准要求自己，不能有一丝一毫的松懈，不能只是摆摆样子走走形式，要从思想上给予充分的重视。我们要的礼仪服务是一种工作常态，而不是刻意追求。

（四）树立快递企业自身的服务形象——创建服务品牌

服务品牌是企业的服务宗旨、服务理念、经营战略、营销措施、企业精神及服务特色的综合反映，是社会主义市场经济条件下精神文明建设的客观要求，是企业文化的具体体现。服务品牌是一种优质服务的规范，它不应是个人行为，必须是一个整体的行为，这需要大家都这样做，如果缺少整体行为的支持，也成为不了品牌。服务品牌是经长时间的考验而被大家一致认可的一种服务规范，并以品牌方式来确定。通过推出一种成熟的优质服务的品牌，不仅使优质服务品牌成为一种现代服务规范，而且将大大提高快递参与竞争的能力。

服务品牌是企业员工经过多年经营实践，探索、创造出来的具有鲜明个性的服务精品。这种服务凝聚着服务人高智慧、高投入和创新思维，因此，服务品牌是企业发展的深层表现。

服务品牌是快递服务的提炼和标志，具有先进性。随着快递业务的发展，品牌是在以客户满意为宗旨的具体服务中提炼而成。而客户满意具有明显的个体差异性，同时满意也没有绝对的标准和规定的模式。由此可见，品牌服务应该针对不同的客户，让客户全方位地满意，而且应该永无止境地追求让客户得到尽善尽美的满足。服务品牌是企业经济和文化的结合，也是社会经济和社会文明的表现。品牌服务让人们在购买服务的同时，享受一份真情和善意，得到一份美的愉悦和人与人之间高尚情感的体验，这种服务远远超出了等价交换的范畴。其中不仅有高超的服务技术和热忱的语言，更重要的是凝聚着一种先进的文化。品牌的服务过程是文明、知识和情操的传播过程。服务品牌的创建是企业文明建设的重要内容，是企业开展思想政治工作的载体，是快递业务服务的具体体现。

创建服务品牌是快递企业员工学习科学文化知识的重要途径，能激励员工的服务热情，约束员工的服务行为，促使员工在服务品牌的旗帜下以特有的观念、道德、行为准则为创建品牌或维护品牌做不断的探索和辛勤的努力，是员工提高自身价值的具体实践。创建服务品牌可以更好地实现"让客户满意，使客户放心"的服务宗旨，真正实现"为人民服务，数行业新风"的社会化服务理念。

服务品牌必须以个性化的服务为特色。如果没有个性化特色，就形不成服务品牌。服务品牌要以情感化营销为载体。服务品牌区别于一般柜台营销的根本特点，就是跳出了一般的买卖关系，提供给客户的不仅是优质商品，而且是精湛出色的情感服务艺术。

服务品牌必须以知识化的技能为依托。面对高科技产品、高层次消费、高标准服务需求的新趋势，快递企业的员工应当注重钻研业务知识和岗位技能，学习营销学、心理学、美学等各种科学文化知识，使服务增加科技含量、知识含量，成为知识上问不倒、技术上难不倒的行家里手。服务品牌必须以明星化的标兵为主体，明星创品牌，通过好的形象代言人对外宣传，对内宣传快递业务中的先进服务明星、服务标兵，这就决定了服务品牌的含金量比较高。服务标兵的共同特点是职业道德好，知识含量高，服务质量优，社会信誉佳，因此服务品牌一经推出，很快就会获得社会公众承认，产生显著的品牌效益。

二、快递企业员工服务的培训

（一）员工培训的含义

员工培训是指一定组织为开展业务及培育人才的需要，采用各种方式对员工进行有目的、有计划的培养和训练的管理活动。其目标是使员工不断地更新知识，开拓技能，改进员工的动机、态度和行为，使员工适应新的要求，更好地胜任现职工作或担负更高级别的职务，从而促进组织效率的提高和组织目标的实现。

员工培训是人力资源管理与开发的重要组成部分和关键职能，是组织人力资源资产增值的重要途径，也是企业组织提高效益的重要途径。众所皆知，21世纪企业的竞争，实际上是人才的竞争，而人才的竞争，很大程度上有赖于企业人力资源的造就与开发，而培训又是人力资源的重要组成部分。世界上很多大公司的成功经验表明，不花时间和金钱去做有效培训，企业很难实现发展目标；培训是企业持续竞争力的"发动机"：培训费用的投入，不是泼出去的水，而是存下来的一份对未来的期望，一份未来的效益；联合国教科文组织已把企业培训称为"内在的财富"。

课堂案例　北京市邮政管理局《快递业务员职业技能培训工作方案》

为贯彻落实《邮政业"十二五"发展规划》和北京市政府《关于进一步加强职业培训工作的意见》精神，北京市邮政管理局研究制定了"十二五"期间《快递业务员职业技能培训工作方案》。

《快递业务员职业技能培训工作方案》提出了"五明确"的工作思路。一是明确"服务快递企业，分层次推进培训"的工作原则。二是明确"进一步提升全市快递业务员持证比例，逐步推进持证上岗"的工作目标。到"十二五"末，要培养建设一支数量充足、结构合理、素质优良、技术精湛的高层次、专业化、技能型的快递业务员队伍，更好地满足广大人民群众对快递服务的需求，进一步促进首都快递市场规范、健康发展。三是明确培训工作将采取政府主导培训、委托院校培训、企业自主培训和校企合作培训等多种方式相结合的培训模式。四是明确培训工作重点内容。既要达到《快递业务员国家职业技能标准》的要求，也要强化国家安全和信息安全教育，要求快递业务员掌握《快递服务》邮政行业标准和禁限寄物品种类，严格执行收寄验视制度。五是明确多样化的培训形式。在现场培训为主的基础上，充分利用现代化科技手段和网络优势，开展网络在线培训，进一步提高培训工作的科学化、专业化和个性化水平。

（二）员工培训的分类

1. 员工培训按培训形式来分，可以分两种：公开课和企业内训。

（1）公开课的形式：是让员工到企业外面参与一些相关的讲师开办的公开培训课程。

（2）企业内训的形式：是企业邀请相关讲师到企业进行调研，有针对性地对企业员工进行培训，这是全面的内部培训，一般不对外公开。

2. 员工培训按内容来划分，可以分为两种：员工技能培训和员工素质培训。

（1）员工技能培训：是企业针对岗位的需求，对员工进行的岗位能力培训。

（2）员工素质培训：是企业针对员工素质方面的要求进行的培训，主要有心理素质、个人工作态度、工作习惯等的素质培训。如现在很多企业开展的野外拓展训练就属于一种员工素质培训模式。

课堂案例　FedEx的员工培训

以FedEx（中国）公司为例，一位递送员在正式投入工作之前会得到40小时的课堂培训，主要目的是让他们了解整个服务的过程，怎样满足客户的需求。谈到对FedEx员工的培训，相关负责人介绍说：FedEx为每位员工每年提供约2 500美元的培训经费。FedEx制订了一个详细的经理培训计划，每年大概有15名一线员工会获得为期15个月的培训。在这15个月内他们需要在不同的岗位上开展工作，以此来全面了解整个公司的业务流程。同时，公司还为他们提供很多课堂培训，使他们不仅具备实际工作经验，还具备一定的理论基础。此外，公司还把员工送到不同的地方进行培训，比如美国、新加坡等，使他们具备一定的国际视野。而更富有特色的是，FedEx在给员工提供培训的同时是不会要求跟员工签任何的协议。如果员工觉得FedEx好，他自然会在公司工作；否则即使用协议牵住他，也牵不住他的心。FedEx只有不断培养好员工，不断完善公司，让员工做得很开心，这才是最重要的。

（三）员工培训的主要形式

1. 集中讲授法

集中讲授法属于传统的培训方式，优点是运用起来方便，便于培训者控制整个过程。缺点是单向信息传递，反馈效果差。它常被用于一些理念性知识的培训。例如，目前快递从业人员通过参加快递业务员职业技能鉴定的培训为快递业务员职业技能鉴定考试做准备。同时，很多有实力的快递企业也为快递员工组织专项服务技能的培训。

> **课堂案例 EMS开展揽投人员服务规范集中培训**
>
> 为坚决打赢速递揽收"攻坚战"，切实抓好速递规范服务工作，打造一支服务规范和服务标准化的速递揽投队伍，提高邮政EMS的品牌形象和服务能力。6月17日晚，某市邮政速递物流公司召集全市揽投人员进行了3小时的速递服务规范的集中强化培训，该公司通过将速递服务规范的全过程通过现场模拟的方式表现出来，然后鼓励大家指出现场模拟操作过程中不规范和不到位的地方，查找问题所在，提出解决对策。现场模拟操作的互动培训教育方式，极大地提高了揽投人员的学习热情和学习兴趣，也大大增强了培训的成效。

图11.2 中国邮政速递物流股份公司揽投人员集中培训班

2. 视听技术法

通过现代视听技术（如投影仪、DVD、录像机等工具），对员工进行培训。优点是运用视觉与听觉的感知方式，直观鲜明。但学员的反馈与实践较差，且制作和购买的成本高，内容易过时。它多用于企业概况、传授技能等培训内容，也可用于概念性知识的培训。

3. 讨论法

按照培训费用与操作的复杂程度又可分成一般研讨会与小组讨论两种方式。研讨会多以专题演讲为主，中途或会后允许学员与演讲者进行交流沟通。优点是信息可以多向传递，与讲授法相比反馈效果较好，但费用较高。而小组讨论法的特点是信息交流时方式为多向传递，学员的参与性高，费用较低。多用于巩固知识，训练学员分析、解决问题的能力与人际交往的能力，但运用时对培训教师的要求较高。

图 11.3　某邮政速递局正在用投影仪进行培训教学

4. 案例研讨法

通过向培训对象提供相关的背景资料，让其寻找合适的解决方法。这一方式使用费用低，反馈效果好，可以有效训练学员分析解决问题的能力。另外，近年的培训研究表明，案例、讨论的方式也可用于知识类的培训，且效果更佳。

5. 角色扮演法

受训者在培训教师设计的工作情况中扮演其中角色，其他学员与培训教师在学员表演后作适当的点评。这种培训方式信息传递多向化，反馈效果好，实践性强，费用低，多用于人际关系能力的训练。

图 11.4　某地快递企业组织人员开展拜访客户角色模拟训练

6. 自学法

这一方式较适合于一般理念性知识的学习，由于成人学习具有偏重经验与理解的特性，让具有一定学习能力的学员自学是既经济又实用的方法，但此方法也存在监督性差的缺陷。

7. 互动小组法

也称敏感训练法。此法主要适用于员工的人际关系与沟通训练。通过学员在培训活动中的亲身体验来提高他们处理人际关系的能力。其优点是可明显提高其人际关系与沟通的能力，但其效果在很大程度上依赖于培训教师的水平。

8. 网络培训法

这是一种新型的计算机网络信息培训方式，投入较大。但由于使用灵活，符合分散式学习的新趋势，节省学员集中培训的时间与费用。这种方式信息量大，新知识、新观念传递优势明显，更适合成人学习。因此，这种方式尤其为实力雄厚的企业所青睐，也是培训发展的一个必然趋势。

小资料

目前中国邮政网络培训学院速递物流分院已经开通。中国邮政网络培训学院速递物流分院的开通，为集约化、低成本开展大规模培训创造了全新的平台，解决了一线员工人数多、分布广、工学矛盾突出等问题。为了更好地利用网络学院平台，各省、自治区和直辖市的邮政速递物流公司建立了省、地市、县三级远程培训组织管理体系，每级设立了相应的管理员。

图 11.5 中国邮政网络培训学院速递物流分院启动仪式

图 11.6 中国邮政网络培训学院登录界面

（四）员工培训的一般流程

（1）各部门填写年度培训计划交与管理部审核，审核通过后可向总经理提交《年度培训计划表》，总经理签批后即可组织执行培训工作。

（2）临时安排的培训计划，相应部门填写《培训申请单》交管理部，管理部将在初审后上报至总经理进行审批，总经理审批通过后方可由管理部组织实施培训工作。

（3）岗前培训。

① 新员工到职培训由人力资源部负责，内容如下：

a. 公司简介、员工手册、人事管理规章的讲解；

b. 企业文化知识的培训；

c. 工作要求、工作程序、工作职责的说明；

d. 请业务部门进行业务技能培训。

② 调职员工岗前培训。培训的方式及培训内容由调入部门决定。

（4）在职培训。在职培训的目的主要在于提高员工的工作效率，以更好地协调公司的运作及发展。培训的内容和方式均由各部门决定。

（5）专题培训。公司根据发展需要或者部门根据岗位需要，组织部分或全部员工进行某一主题的培训工作。

（6）培训后考核。培训后的考核由培训部门自行决定，一般包括：培训教师评核，企业经理评核及员工自评等。

（7）培训结束，由培训教师填写《培训记录》，连同考核表、培训教材、签到表和成绩单等一起交与管理部存档。

（8）培训中如有关公司机密的内容，受培训员工应严格遵守保密原则。如有泄露，公司将根据具体情况给予罚款、记过或辞退处罚。

（五）员工培训的目的

（1）降低员工流失率。往往企业培训组织得越好，员工越愿意留在企业工作。

（2）让员工适应工作，以便减少错误，节省时间。把他需要做的以及规章制度等都告诉他，他以后能少犯错误，节省时间，公司效率就相应地提高了。

（3）展现清晰的职位及组织对个人的期望。要告诉他的职位权责，他是干什么的，组织希望他做到什么。

（4）帮助新入职员工更快地胜任本职工作。

（5）增强企业的稳定程度。其实换句话说也就是降低流失率。

（6）减少员工的抱怨。员工进来受不到关照，他就会产生抱怨。一次好的培训，会减少员工的焦虑和抱怨，他才能真正地专心做工作。

（7）最重要的目的是让快递员工融入企业的文化。不管这个员工有什么背景、经历，来自什么样的公司，用强化的方式让他集训并很快适应本企业的组织文化，大家用同一种声音说话，其实这才是快递企业新员工入职培训最重要的目的。

总之，各个快递企业通过经常性的对企业员工进行系统的培训，可使快递企业的

219

员工服务能力得到提升。

 本章小结

　　快递企业员工的服务礼仪与规范的掌握必须通过培训的形式加以强化，一个成功的企业必须重视员工在服务意识上的培训，并且这种培训是贯穿员工工作生涯之中的，是一个持续的过程。通过必要的服务规范与礼仪教育，不仅能提升员工的服务技能和服务水平，而且可促进员工职业道德的提高和职业素养的养成。

　　本章侧重介绍了快递企业员工礼仪养成、快递企业服务规范与礼仪教育的方式方法等问题。特别是对礼仪与职业道德的关系进行了阐述，并且对一些大型快递企业的员工服务方面的培训情况进行了介绍。快递从业人员的培训也是对员工企业文化意识的一种灌输，能够更好地提高快递从业人员对所在企业的认同感和归属感，并提升其服务能力和水平。

 课后阅读

联邦快递的员工培训制度

　　每一位进入联邦快递的员工都会发现：培训是生活和工作中不可缺少的一部分——你的笑容、仪表、举止，说话的轻重缓急都会得到专门的训练。另外，道德操行方面，公司也有一整套培训测评体系。

　　受训员工被要求递送一件客人急需的物品，途中目睹了一起车祸（事先设计的）。先去送物品，还是先把受伤者送往医院？如果简单地选择了前者而置受伤者不顾，你可能会"不及格"甚至"下课"。如果你妥善处理了受伤者，又想别的办法把物品及时送到客户手中，你就可能得"满分"。——这是联邦快递人力资源主管告诉我们的一个关于培训的小故事。

　　培训是没有贵贱的。即使最普通的员工每年都能得到 2 500 美元去参加培训，每个速递员在递送第一件物品前，都要接受 40 个小时的"刚性"培训。

　　联邦快递亚太区副总裁陈嘉良先生说，速递行业的饭不好吃——全球快递业的前15 强已有 13 个进驻中国，中国邮政手里还捏着"特快专递"这张王牌，中国递送业的开放之门还半开半掩。市场竞争如此白热化，而联邦快递却能业绩骄人，成为"领跑者"，靠的就是"人性化服务"。

　　"服务人性化，靠的就是人及其心智。而这些很大程度是能通过培训得到的。"

　　联邦快递公司在中国的本土化程度相当高，在中国 600 名员工中，外籍人员不足10 人。陈嘉良先生感慨，在服务化程度不算太高的中国，让中国员工真正懂得"服务"还真不是件容易事。为此，公司花费了大量的培训成本。

　　陈嘉良先生用他的带香港味的普通话很认真地强调：服务是重要的，但人性少不了，而且，人性是服务的定语。

　　培训前，员工没有归宿感，感觉是"铁打的营盘，流水的兵"，没有人把公司当做"家"：下班时，不记得关灯、关空调，办公室的电话随便打，办公用品随便用，因为在他们看来，那是"公家"的。

　　培训后，员工把个人的命运与公司的发展紧密联系起来，办公室成了另一个"家"，既然是"家"，过日子就得算计，能省的省，该节约的就节约。"对员工进行培训非常重要，但是与工作联系不是非常紧密的脱产培训并不一定是提高工作效率的最有效的方式。"

另外一种培训方式是基于公司业务内容交流的"内训"，即员工总结自己的工作经验，再传递给同事，同时也增加了自己的经验。给员工一个教别人的机会，可以激励他勤奋工作，也有助于他学习，这可能比让员工参加社会上的培训更有效。

老员工把自己的知识、经验言传身教教给新员工，这对新员工来说，也是一种培训。公司负责人说："其实培训的方式和途径有许多，关键是企业要把培训看做发展的必不可少的一项战略，让员工和企业一起成长。"

 课堂互动

实训主题：主要快递企业员工培训的开展情况。

实训形式：学生每5个人一个小组。

实训任务：每5个人为一个小组对国际四大快递企业或国内快递企业任选一家进行调查了解，总结该企业的员工培训方面的经验和不足。

实训步骤：

（1）学生温习员工培训的主要方法和流程，学生课外搜集某快递企业培训开展的相关情况。

（2）教师向学生提出问题，问题涉及该快递企业开展培训的一些措施和方法。

（3）以小组为单位，学生代表发言，对他们小组的调查结果进行总结，归纳出该企业培训方面的好的做法和需要改进之处。

（4）小组互评，教师点评。

 复习思考题

1. 简答礼仪与道德的关系。

2. 培养快递员工礼仪素质的途径有哪些？

3. 快递企业的员工礼仪教育的基本任务是什么？

4. 什么是员工培训？简述企业员工培训的分类。

5. 简述企业员工培训的主要形式。

6. 企业员工培训的一般流程是怎样的？

 案例分析

为顺应速递物流专业化改革的需要，2009年，B市邮政速递物流分公司完成了两大专业人员的整合，可形式上的合并并不能掩盖员工自身情况与业务大发展的不适应。员工文化水平偏低，大部分专业人员的技能是初级或初级以下水平，业务尖子缺失严重，加之地方区域固有的"知足"、"惰性"和"差不多"等意识，造成员工服务水平参差不齐。

B市分公司现有员工686人，其中劳务用工400多人，占员工总数的近60%。自2009年开始，该分公司针对邮政快递、物流业务的发展情况和对营销人员的素质、技能要求，从基础管理入手，细化专业要求和考核标准，配合业务和流程操作的需要，在及时出台年度考核培训计划的同时，对各专业、各部室进行动态化培训管理，体现"边学边用"、"传帮带"和"请进来、走出去"的培训特点。分公司不断创新岗位培训的形式、手段和内容，做到月度培训不断、培训形式创新和培训内容实用，力求最大限度实现公司发展与人力资源培训之间的紧密衔接，努力培养企业发展所需的"专才"和"全才"，激发出公司发展的活力、潜力和不竭动力。B市速递物流已先后举办了40余期培训班，培训科目涉及速递物流专业知识、营销技巧、服务礼仪等。可以说，经过分公司上下的共同努力，员工的岗位能力、综合素质都得到很大提升。

从重要岗位培训到公司全方位带动

在培训工作中，B市分公司还注重发挥业务骨干、岗位技能标兵的作用，以点带面，提升员工的总体业务能力和素质。

秦某，B市分公司某区分部客户经理，负责××汽车、××高频和电力互感器厂等大客户的营销及维护工作，2009年一年创收240多万元。他一直勤于学习业务，从最基础的业务技能做起，虚心向老员工请教，私下反复揣摩、总结，在积累中不断提高自己。他还主动报名参加了中国邮政网络培训学院组织的营销业务培训班，利用业余时间完成了网上课时学习。由于工作认真、业绩出色，他曾多次荣获B市分公司"优秀投递员"、"优秀揽投员"等称号。

杨某，B市某县营业部客户经理。最初，杨某只是一名普通的邮件投递员，从事速递揽收工作期间，他始终保持着钻研业务的热情，曾在公司岗位技能大练兵中一举击败各路老揽收员，成为公司大比武的冠军。正是在营业部制度化的业务学习、月度考试的大环境中，他逐渐成长为一名业务熟练的岗位标兵。目前，他已经是一名县营业部的业务骨干，承担着对其他业务人员的培训工作。

培训是一项长期的工作，是工作长久发展的重要一环。长期以来，B市邮政速递、物流专业存在着结构性缺员、用工总量冗余、委代办人员多、员工知识层次偏低、综合技能不高等状况。为了顺应专业化发展的需要，2010年，B市分公司针对实际情况，以揽投平台建设为契机，通过优化作业组织、盘活和压缩内部处理人员等一系列灵活性措施，加快总体人员结构的合理配比和优化，提升员工劳动生产率。另外，分公司还本着"精干、高效"的原则，通过业务考试、竞聘上岗等形式对委代办人员进行清理及优化，目前，该分公司的委代办用工已由202人减少到134人。公司注重员工的合理流动，为每一位员工找到适合发展的岗位，据统计，2010年上半年，B市分公司从客户经理、内部处理等岗位共计调整人员76人。

近年来，B市分公司以班组、分部和县部为单位，以阶段性岗位练兵、技能鉴定考试为载体，坚持日常学习培训"进行时"，县、市联动，扫清死角，分层次、分类别、有针对性地进行培训，力争在最短的时间内提高职工队伍的整体素质。

为规范内部培训管理，B市分公司还制定了包括培训工作百分考核办法、公司员工手册、各岗位工作职责标准等在内的一系列内部管理制度和操作实施细则，使各部门做到职责明确、员工岗位内容清晰。特别是2010年3月修订并完善的《B市分公司员工手册》，细化了各部室、各岗位人员的工作标准、职责内容和奖惩办法，公司印制了700多册，做到员工人手一册。

根据上述材料分析以下问题：

1. B市分公司在企业培训上有哪些好的做法？试进行总结。

2. 为何B市分公司在员工服务规范的培训方式上先从与客户联系密切的岗位入手呢？你如果是培训的负责人，你会怎么制定一套服务礼仪与服务规范的培训方案？

附录一

春节法定假日期间快递服务指导规范

为了做好春节法定假日期间的快递服务工作，满足用户的服务需求，现对经营快递业务的企业提出如下指导规范：

一、本规范适用于指导国家春节法定假日（除夕至初六）期间的快递服务。

二、各企业应在每个开办业务的城市提供营业网点收件和指定区域派送服务。

三、营业网点收件和派送服务时间可缩短为每天 10：00～16：00 之间，总体应不低于 6 个小时。

四、根据业务量情况，企业合理安排值班人员，提供快件跟踪查询服务，畅通投诉受理渠道。

五、已收寄快件要及时妥善处理，不得造成在收派网点、分拨中心的滚存和积压。

六、春节法定假日期间，经营快递业务的企业可根据业务量情况，合理安排人员值班，满足用户的服务需求。

七、各企业应通过其网站和营业场所向社会公布春节期间快递服务安排，包括服务网点、服务范围、服务方式、服务时间、服务时限、服务价格等。

八、各企业在春节法定假日期间服务安排有变动时，应通过其网站和营业场所向社会公布，并做好说明和解释。

附录二

快递业务操作指导规范

第一章 总则

第一条 为规范快递业务操作，指导企业提供"迅速、准确、安全、方便"的快递服务，保护用户合法权益，依据《中华人民共和国邮政法》和国家有关法律法规，制定本指导规范。

第二条 本指导规范适用于在中华人民共和国境内提供快递服务的企业（以下简称快递企业）。

第三条 快递企业应当加大投入，改善基础设施，逐步配备满足自动化、信息化处理需求的设施设备，提高业务操作的现代化水平。

第四条 快递企业应当建立健全各项业务操作制度，加强培训，强化考核，杜绝不规范操作。

第五条 快递企业应当科学合理地组织生产作业，不断优化运行流程，加强对全网运行的指挥调度和监督检查，满足《快递服务》标准中对快件全程时限的要求。

第六条 快递企业应当建立完备的安全保障机制，保障寄递渠道畅通。确保快件寄递安全、用户的信息安全，企业生产安全和从业人员安全。

第七条 快递企业应当按照《国家邮政业突发事件应急预案》，建立健全操作过程中应对突发事件的工作机制，预防减少突发事件造成的损害。

第八条 快递企业在经营许可期内不得擅自停止经营快递业务。停止经营快递业务的（包括关闭网络、停开网络班车、停止收寄或停止投递等情况，导致全网不能畅通运行），应当向当地邮政管理部门书面报告，交回快递业务经营许可证，并按国务院邮政管理部门的规定妥善处理尚未投递的快件。

第二章　收寄

第九条　快递企业应当提供电话、互联网等多种方式接收寄件人的寄件要求。接单时，客服人员应当记录寄件人姓名、取件地址、联系方式、快递种类、快件品名、快件寄达地等相关信息，并和寄件人约定取件时间。

快递企业在接单后，宜在 2 小时内取件；取件后，宜在 3 小时内将快件送交快递营业场所。

上门收寄时，要保证已收取快件的安全，严禁将已收取快件单独放置在无人保管的地方。

第十条　快递企业如提供营业场所收寄，则营业场所设施设备应当满足附录一的要求。

第十一条　快递企业应当建立并执行快件收寄验视制度。对寄件人交寄的信件，必要时快递企业可要求寄件人开拆，进行验视，但不得检查信件内容。寄件人拒绝开拆的，快递企业不予收寄。

对信件以外的快件，快递企业收寄时应当场验视内件，检查是否属于国家禁止或限制寄递的物品。寄件人拒绝验视的，不予收寄。

快递企业在收寄相关物品时，依照国家规定需要寄件人出具书面证明的，应当要求寄件人出示证明原件，核对无误后，方可收寄。经验视，快递企业仍不能确定安全性的存疑物品，应当要求寄件人出具身份证明及相关部门的物品安全证明，核对无误后，方可收寄。收寄已出具相关证明的物品时，应当以纸质或电子文档形式如实记录收寄物品的名称、规格、数量、收寄时间、寄件人和收件人名址等信息，记录保存期限应当不少于 1 年。

验视时，如发现法律、法规规定禁寄物品，快递企业应当拒收并向寄件人说明原因。如发现各种反动报刊、书籍、淫秽物品、毒品及其他危险品，应当及时通知国家有关部门处理，并及时报告当地邮政管理部门；发现限寄物品，应当告知寄件人处理方法。

第十二条　快件封装时，应当使用符合国家标准和行业标准的快递封装用品。封装时应当充分考虑安全因素，防止快件变形、破裂、损坏、变质；防止快件伤害用户、快递业务员或其他人；防止快件污染或损毁其他快件。

快件封装时，单件重量应当不超过 50 千克，最大任何一边的长度不超过 150 厘米，长、宽、高三边长度之和不超过 300 厘米。

信件封装应当使用专用封套，不得打包后作为包裹寄递。包裹封装应当综合考虑寄递物品的性质、状态、体积、重量、路程和运输方式等因素，选用适当的材料妥为包装。印刷品应当平直封装，不得卷寄。

第十三条 快递企业应当使用符合国家、行业标准的秤、卷尺等计量用具，确定正确的计费重量，并根据计费重量、服务种类等确定服务费用。快递企业应当在提供服务前告知寄件人收费依据、标准或服务费用。

第十四条 寄件人填写快递运单前，快递企业应当提醒寄件人阅读快递业务合同条款。快递企业应当提示寄件人如实填写快递运单，包括寄件人、收件人名址、电话等联系方式和寄递物品的名称、类别、数量等，并核对有关信息填写完整后，准确标注快件的重量。

国务院邮政管理部门规定寄件人出具身份证明（证件）的，快递企业应当要求寄件人出示有效身份证件。寄件人拒不如实填写快递运单、拒不按照规定出示有效身份证件的，快递企业不予收寄。

寄件人应当按照相关要求填写快递运单，以确保字迹清楚、工整，运单各联字迹都应能清晰辨认；内件品名、种类、数量等信息填写准确；寄件人姓名、地址、联系方式，收件人姓名、地址、联系方式等内容填写完整；在确认阅读合同条款处签字。快递运单填写完成后，应当牢固粘贴在快件外包装上，保持快递运单完整性。

第三章 分拣

第十五条 快递企业的快件处理场所及其设施设备应当满足附录二的要求。

快递企业应当加强对分拣场地的管理，严格执行通信保密规定，制定管理细则，严禁无关人员进出场地，实行封闭式作业，禁止从业人员私拆、隐匿、毁弃、窃取快件，确保快件的安全。

对快件的分拣作业应当在视频监控之下进行。

第十六条 快递企业在分拣前，应当对分拣场地和分拣设备进行检查，确保分拣场地整洁，无灰尘、无油污、不潮湿；分拣设施设备工作正常。

第十七条 快递企业应当根据车辆到达的先后顺序、快件参加中转的紧急程度，安排到达车辆的卸载次序；卸载完成后，应检查车厢各角落，确保无快件遗漏在车厢内。

第十八条 快递企业在分拣前，应当对快件总包进行开拆，开拆前应当检查总包封条是否牢固，袋身有无破损，开拆后应当核对总包内快件数量是否与总包袋牌或内附清单标注的数量一致。

对每一件快件，应当检查外包装是否完整，快递运单有无缺失，并确认是否属于发件范围。

第十九条 快递企业使用皮带机进行快件的分拣传送时，应当确保皮带机匀速流转，快件摆放均匀，防止快件滑落。

第二十条 快递企业由人工进行快件分拣传送时，如需进行较远距离搬运，应当将快件装入货物搬运设备（如手推车）进行搬运，不得对快件进行猛拉、拖拽、抛扔等破坏性动作。

第二十一条 分拣时，应当按收件地址、快件种类、服务时限要求等进行分拣，对于当日进入分拣场所的快件，应在当日分拣完毕。

5 千克以下的快件，放入分拣用托盘，确保小件不落地，并应当建立总包进行中转；5 千克以上的快件，码放到指定的位置，码放遵循大不压小、重不压轻、易碎件单独摆放的原则。快件分拣脱手时，离摆放快件的接触面之间的距离不应超过 30 厘米，易碎件不应超过 10 厘米。

第二十二条　分拣过程中发现问题快件，应当及时做好记录并妥善处理；对破损快件应当在确认重量与快递运单书写信息无误后进行加固处理。

发现禁寄物品，应当立即停止寄递，对各种反动报刊、书籍、淫秽物品、毒品及其他危险品，应当及时通知国家有关部门处理，并及时报告当地邮政管理部门。

第二十三条　5 千克以下的快件，宜建立总包进行装车，总包应牢固加封；5 千克以上的快件可单独装车，码放遵循大不压小、重不压轻、易碎件单独摆放的原则。

若一辆车有 2 个以上（包括 2 个）卸载点，用物流隔离网将不同卸货点的快件隔离，并固定隔离网的位置，防止车辆中途颠簸导致快件混散。

快件全部装车完毕后，应当对车辆进行封车，对分拣现场进行清理，防止快件遗落。

第四章　运输

第二十四条　快件运输应当符合国家有关部门对运输管理的规定，严格遵守相关法律法规和规章。

快递企业应当对快件运输进行统一规划和调度，制定科学的路线，并严格执行，确保快件快速运输，防止积压和滞留。

第二十五条　在快件运输的装载和卸载环节，应对快件轻拿轻放，不得对快件进行猛拉、拖拽、抛扔等破坏性动作，确保快件不受损坏。要核对快件数量，如发现异常快件，及时记录，并注明处理情况。

第二十六条　所有干线运输车辆宜实行双人派押，宜安装全球定位系统终端。对运输车辆要进行日常维护和定期保养，在车辆出发前，应当进行必要的车辆安全检查，保证车况良好。

公路运输途中，如车辆发生故障，运输人员不得擅自离开现场和打开后车厢门。故障车辆装载的快件应当由快递企业及时妥善处理。

如租用社会车辆进行运输，快递企业应与承运单位签署安全保障服务合同，并对车辆加装必要的监控设备。

第二十七条　所有航空快件在交付运输前，应当进行 X 光机检查。在航空快件的交运和提件时，应当认真核对快件数量和重量，保存好相关交接单据。

第五章　投递

第二十八条　快递企业应当对快件提供至少 2 次免费投递。每日 15 时以前到达投递网点的快件，宜在当日完成首次投递；每日 15 时以后到达投递网点的快件，宜在次日 12 时以前完成首次投递。

第二十九条　收派员应当根据自己的服务区域，按照最佳投递路线将快件按序整理装车，每次投递快件不宜超过 10 件。用摩托车或单车进行投递的，用捆绑带将快件固定，小件装入背包内。

投递前，收派员应当电话联系收件人，确认客户地址并且预约投递时间。

投递过程中，妥善放置其他未投递的快件，严禁委托他人投递和保管快件。

第三十条　收派员将快件交给收件人时，应当告知收件人当面验收快件。快件外包装完好，由收件人签字确认。如果外包装出现明显破损等异常情况的，收派员应当告知收件人先验收内件再签收；快递企业与寄件人另有约定的除外。

对于网络购物、代收货款以及与客户有特殊约定的其他快件，快递企业应当按照国家有关规定，与寄件人（商家）签订合同，明确快递企业与寄件人（商家）在快件投递时验收环节的权利义务关系，并提供符合合同要求的验收服务；寄件人（商家）应当将验收的具体程序等要求以适当的方式告知收件人，快递企业在投递时也可予以提示；验收无异议后，由收件人签字确认。国家主管部门对快件验收另有规定的，从其规定。

第三十一条　收件人本人无法签收时，经收件人（寄件人）委托，可由其委托的代收人签收。代收时，收派员应当核实代收人身份，并告知代收人代收责任。

第三十二条　在验收过程中，若发现快件损坏等异常情况，收派员应当在快递运单上注明情况，并由收件人（代收人）和收派员共同签字；收件人（代收人）拒绝签字的，收派员应当予以注明。若联系不到收件人，或收件人拒收快件，快递企业应当在彻底延误时限到达之前联系寄件人，协商处理办法和有关费用。

第三十三条　快递企业应当及时登记无法投递又无法退回的快件，并按邮政管理部门相关规定进行处理。

第六章　信息记录

第三十四条　快递企业应当加强快件寄递过程中业务信息的规范管理，使用计算机应用系统，对各生产环节、场地部位的快件处理进行信息记录。要及时完整地采集信息，满足信息存储和查询的需要。

第三十五条　快递企业应当对以下快件寄递信息进行记录，包括：收寄、进入出口分拣处理场所、封发、离开出口分拣处理场所、运输、到达进口分拣处理场所、分拣、离开进口分拣处理场所、到达投递网点、初次投递、用户签收等的时间和相关情况。

第三十六条　快递企业应当提供覆盖服务范围的快件即时查询服务，快件查询信息保持动态更新。相关信息记录的电子档案保存期限不应少于 2 年。

第七章　附则

第三十七条　本指导规范由国家邮政局解释说明。

本指导规范自发布之日起实施。

附录: 1. 快递营业场所设施设备要求

　　　2. 快件处理场所设施设备要求

附录一　快递营业场所设施设备要求

快递企业宜具有固定的、易识别的营业场所,如搬迁或停业应通过各种渠道和有效方式告知用户,并及时上报邮政管理部门。

快递营业场所应满足以下要求:

——有企业标识,并配备必要的服务设施;

——有符合相关规定的消防设施;

——有符合相关规定的视频监控设备,做到工作区域全覆盖;

——提供各种业务单据和填写样本;

——在显著位置悬挂证明快递企业取得合法经营快递业务资格的快递业务经营许可证、工商营业执照;

——在显著位置粘贴《禁寄物品指导目录》;

——悬挂场所名称牌和营业时间牌,标牌保持干净、整洁;

——在显著位置公布:服务种类;服务范围;资费标准;服务承诺;服务电话、电子邮箱和企业网址;监督投诉电话或者电子邮箱。

附录二　快件处理场所设施设备要求

快递企业设置的处理场所应当封闭,且面积适宜;配备相应的符合国家标准的处理设备、监控设备和消防设施;对快件处理场所进行合理分区,并设置异常快件处理区和贵重快件保管区;保持整洁,并悬挂企业标识;快件处理场所的设计和建设,应当符合国家安全机关和海关依法履行职责的要求。

快件处理场所的面积和设施设备配备宜参照如下标准。

年快件处理量 (万件)	面积	设施设备
50	不少于 200m²	分拣格、称重台、工具架、托盘、电脑、视频监控系统
500	不少于 2 000m²	除上述设备外,还应具备:货物搬运设备(例如手推车)、条码识读器、安全检查设备(例如 X 光机)
1 000	不少于 4 000m²	除上述设备外,还应具备:门禁系统、半自动皮带输送设备
2 000	不少于 8 000m²	除上述设备外,还应具备:快件半自动或自动分拣系统、远程影像监控系统
3 000	不少于 10 000m²	除上述设备外,还应具备:叉车、快件自动分拣系统、场所统一指挥调度系统
4 000 以上	不少于 15 000m²	等同于年处理量 3 000 万件的处理场所

注:所有快件处理场所面积均不应少于 50m²。